高等院校课程思政高质量建设与评价研究

主 编 胡泽民 李 刚 朱帅玲

西安电子科技大学出版社

内 容 简 介

  教师是实施课程思政的主体，对教师德育职责的价值认同是课程思政建设的关键环节。本书按照高校落实立德树人根本任务的要求，首次提出了教师德育领导力的概念，构建了教师德育领导力理论模型，以期提升教师课程思政建设的意识和能力，帮助教师有效实施课程思政。本书还以高校课程思政高质量建设为核心主线，从理论层面廓清课程思政的内涵和价值，提出"宏观认识＋微观设计"的高校课程思政高质量建设策略，分别从系统思维、教师教学、学生获得感三个维度对高校课程思政评价研究成果进行展示。

  本书是为高校管理人员和专业课教师编写的，针对他们在课程思政管理和实施过程中可能遇到的问题，提供实用的指导和解决方案，从而助推高校课程思政的高质量发展。

图书在版编目（CIP）数据

高等院校课程思政高质量建设与评价研究 / 胡泽民，李刚，朱帅玲
主编. -- 西安 ：西安电子科技大学出版社, 2024. 8. -- ISBN 978-7-5606-7342-4

Ⅰ. G641

中国国家版本馆 CIP 数据核字第 20240M38C4 号

策　　划　陈　婷
责任编辑　宁晓蓉
出版发行　西安电子科技大学出版社（西安市太白南路 2 号）
电　　话　（029）88202421　88201467　　　邮　　编　710071
网　　址　www.xduph.com　　　　　　　电子邮箱　xdupfxb001@163.com
经　　销　新华书店
印刷单位　西安日报社印务中心
版　　次　2024 年 8 月第 1 版　　2024 年 8 月第 1 次印刷
开　　本　787 毫米×1092 毫米　1/16　印 张　12.25
字　　数　283 千字
定　　价　35.00 元
ISBN 978-7-5606-7342-4

XDUP 7643001-1

*** 如有印装问题可调换 ***

前　言

2019 年，中共中央、国务院印发了《中国教育现代化 2035》，提出了中国高等教育新的发展战略：到 2035 年，总体实现教育现代化，迈入教育强国行列，推动我国成为学习大国、人力资源强国和人才强国，为到本世纪中叶建成富强民主文明和谐美丽的社会主义现代化强国奠定坚实基础。高等教育作为实现中国第一个百年目标的基础支撑平台，期望成为实现中国第二个百年目标的战略引领力量。

全国教育大会已经对教育发展作出了新判断，提出了新表述、新要求、新措施、新加强和新应对。教育事关国家发展，事关民族未来。教育决定着如何培养国家接班人，决定着国家能否长治久安，决定着能否实现民族复兴与国家崛起。发展好教育是国之大计、党之大计。为培养德智体美劳全面发展的社会主义建设者和接班人，教育要在以下六个方面下功夫：坚定理想信念，厚植爱国主义情怀，加强品德修养，增长知识见识，培养奋斗精神，增强综合素质。广大教师要有大胸怀、大境界和大格局。学校管理者要具有"办好学校为天大的事业"的使命感，要以立德树人为目标，要把高校建设为人才培养的摇篮、科技创新的重镇、人文精神的高地，助推高校成为国家创新发展的引领力量。高校应加强课程思政和专业思政建设，促进全员育人新风气。

高等教育的核心理念是坚持立德树人，德育为先；坚持以学生为中心，全面发展。要把思想政治教育贯穿高水平本科教育的全过程，把思想政治工作体系贯通人才培养体系(包括学科体系、教学体系、教材体系和管理体系等)，全面提高教师教书育人能力，构建全方位、全过程、深度融合的协同育人新机制。教学体系是最为关键的环节，教师是关键的实施者。高校教师一要做到"德高"，即以德立身、以德立学、以德施教；二要做到"学高"，即下苦功夫、求真学问，以扎实学识支撑高水平教学；三要做到"艺高"，即提升教学艺术，善于运用现代信息技术，提升改造学习、改造课堂的能力。"以德施教"是教师角色的本质。

习近平总书记在全国高校思想政治工作会议上指出："满足学生成长发展需求和期待，其他各门课都要守好一段渠、种好责任田，使各类课程与思想政治理论课同向同行，形成协同效应。"课程育人应成为教师在知识传授和技能提升过程中必须要落实的要求，也是实施专业课教育时对课程思政的本质要求。

国内各所高校按照中央的要求积极开展课程思政建设，积累了很多经验。但是在具体的实施过程中，部分高校对课程思政在认知和实际操作过程中存在偏差，制约了高校课程思政的深化实施，具体表现在以下方面。一是部分高校缺乏对课程思政内涵科学而准确的认识，缺乏关于课程思政整体规划的顶层设计，尚未形成科学化、标准化、精细化的课程思政建设实施方案，同时，课程思政教育过程的协同创新优势尚未显现，部分高校缺乏规范的课程思政建设职能部门，致使思政课教师和专业课教师沟通不畅、教学交流融合共享较少，难以形成协同育人合力。二是教师在专业课中实施课程思政的能力有所欠缺，在课程思政实施过程中普遍存在"不理解其意义""理解后不明确其内涵""不知道其方法和策略"等问题，很难润物无声地实现对学生的思想教育和价值引领。三是专业知识与思政元素在融入上存在难度，存在"泛化不聚焦、肤浅没深度、片面不系统"的困境。在实践过程中出现了课程思政建设泛化，思政元素与专业知识结合机械化、空泛化，建设的课程标签化等现象，使得通过知识传授实现价值引领的全课程育人理念没有完全树立起来，没有系统按照教学目标对知识、能力、素养进行融入性设计。如何破解以上难题是本书研究的落脚点。

课程思政的落实，关键在教师，教师对履行德育职责的价值认同，是主动开展课程思政的关键。当然，要让课程思政作为一种教育理念，为知识的灌输赋予价值灵魂的引领，就需要教师具有落实德育职责的能力，这种能力就是领导力，它能帮助教师对所要传播的知识及其价值引领进行全面布局，在实施过程中选取有效的手段和策略，完成教书育人的任务。因此，在教师德育领导力认知的基础上进行课程思政建设是非常关键的一环。

本书主编胡泽民教授目前承担管理学专业硕士研究生"组织领导力"课程的教学任务，该课程中关于领导力的内涵与实践意义的内容对本书的编写有很大助益。领导力是使不同角色共同努力促进目标达成的一种综合能力，跨领域、跨部门的各种任务都可以通过领导者的领导力得以完成。教师在对自身德育职责实施赋予自觉行动的价值认同时，具有落实德育职责的领导力尤为重要。为此，作者原创性地提出了"教师德育领导力"的概念，按照此思路于 2018 年申报了全国"十三五"教育规划课题《立德树人要求下高校教师德育领导力的价值认同和促进机制研究》(课题批准号 FIB180530，已结题)。该课题的成果对"教师德育领导力"的内涵和基本构成要素进行了定义，阐述了教师德育领导力的机制和影响因素，并设计出"教师德育领导力"多维度模型，帮助教师在教学过程中科学而有规划地履行德育职责，这也是本书第一篇的内容。同时，作者依据广西教改重点课题《以课程思政提升专业课程育人价值的教学模式探索和实践路径研究》(项目号 2020JGZ156)和广西"十三五"教育规划重点课题《基于系统论视角的高校课程思政体系评价研究》(项目号 20210A031)研究的成果，构建了本书第二篇、第三篇和第四篇的内容。这几篇的内容是在"立德树人"的任务要求下，以课程思政作为一种教育理念，在衍生、认识、高质量推进策略方面研究的成果展示。本书第五篇全面研究了课程思政评价体系的构建，包括学校制度层面的课程思政评价指标的构建、教师教学全过程中课程思政评价指标体系的构建和学生获得感视角下课程思政评价指标体系的构建。

本书由胡泽民、李刚、朱帅玲担任主编。胡泽民教授统筹全书的撰写思路和框架设计，李刚、朱帅玲负责整合处理编写过程中的具体问题。编写分工如下：第一篇由胡泽民、冯文雄、李刚、杨元妍执笔；第二篇由胡泽民、朱帅玲、李刚执笔；第三篇由胡泽民、李刚、钟洁执笔；第四篇由胡泽民、李刚、朱帅玲执笔；第五篇由朱帅玲、陈哲、曾繁权、杨薪宇执笔。

教师德育领导力、课程思政探寻、课程思政评价等是本书中相对独立的部分，又是相互联系的有机整体。通过对它们的深入研究，希望能对高等院校高质量推进课程思政建设起到一定的帮助作用。

胡泽民

2024 年 1 月

目　录

第一篇　教师德育职责的落实：高校教师德育领导力

第二篇　教师德育职责的核心——"立德树人"课程价值的实现及德育政策的发展

第三篇　教师德育领导力核心理念——课程思政

第四篇　教师德育领导力支撑下的课程思政高质量推进策略

第五篇　课程思政评价研究

第一篇　教师德育职责的落实：高校教师德育领导力

发挥教师德育领导力，主要基于教师对德育职责的价值认同，具体表现是教师在实施课程教学的过程中，主动挖掘专业知识的价值内涵，合理规划和布局课程内容，以生动的方式对学生实施德育影响力，加强师生的情感交流，回应学生的内心需求，从而实现教书育人的目标。认知教师德育职责，明晰教师德育领导力，从教师发展的角度提升专业课程的德育实施能力，是本篇着重研究的内容。

第1章

教师德育职责的认识与价值认同

1.1　教育学研究视角：教师角色本质逻辑

1.1.1　教师育人特征的历史图景

教师形象作为教师角色的社会期待以及自身角色行为的外化与表征，是一定历史条件和文化背景下，人们对于教师这一职业的职能、特点、行为所形成的一种较为稳固而概括的总体评价与整体印象。它具有一定的文化性和时代性，是一种"继承"与"演变"的呈现。中国教师教书育人的形象特征，正是历代教师与其所生长和发展的社会文化不断互动而"构建"出来的，这些形象传承了以往的文化内涵，代表和践行着当下的文化特征，是社会文化与教育文化的一个缩影。

远古时代，生产力极为低下，教育工作者主要通过言传身教传授基本劳作技能和经验。后来随着人类逐步定居在村落中，教育工作者转而向年轻人传授各类知识，慢慢出现了师德意识，这一时期为"师德"的萌芽时期。春秋战国时期，诸子百家争鸣，学者们各自传播自己的思想和文化，再之后，私学兴起，教师职业道德和德育逐步发展和形成，各阶级和知识分子阶层随之涌现，这些人中首推孔子、墨子、荀子等一批著名的思想家和学者，他们在游说和讲学的过程中，阐述了各自对师德的看法和观点。古语亦云"百行德为首"，可见，中国自古以来都重视道德品质的培养。西汉时期，董仲舒主张三纲五常，将其作为社会伦理道德体系的核心，提倡内外兼修、知行统一。在董仲舒的德育理念中，十分强调在德育过程中采用自我修身法、榜样示范法、道德修养法以及德智结合法等方法。唐朝，韩愈曾提到"师者，所以传道授业解惑也"。"传道"包括言传身教，向学生传递正确的世界观和价值观，不仅传授专业知识，更要锤炼学生品格，陶冶学生道德情操；"授业"是培养学生的发现问题意识、专业知识技能和解决问题的思维与能力；"解惑"是充分发挥学生主观能动性、积极性和创造力，鼓励学生勇于探索和思考，在教师的引导和启发下有效解决问题，提升自我，实现人生价值。宋代，大量文人墨客和知识分子开始传播儒家学说和思想，建立了诸多书院。宋代书院的德育宣传，对社会德育教育、国家治理与发展起到了促进作用。儒家知识分子对于德育思想实施的内化认同感和文化自觉，潜移默化并持续加深了社会各阶层对于德育思想的认同和接受，对推动社会秩序的合理构建和社会文明的进步与发展具有重要意义。明清时期，学校系统逐步建立完善，学校众多，其中明太祖朱元璋设立的国子监为中国古代教育的最高学府，为国家培养人才。朱元璋也形成了以德为本的治国思想，始终以民为本，把礼仪教化作为重要途径。他强调道德教化，认为将道德仁义用于治理天下，可发挥无穷无尽的良好作用，对国家安定、社会平稳发展尤为关键。近现代时期，教师作为价值观教育主体的溯源，作为"德性存在"的重要载体，作为人类灵魂的工程师，其德育感和责任感不可或缺。教师应从内心深刻认同德育，并坚定不移地履行德育职责，引导和塑造学生树立正确的世界观、人生观和价值观。

1949 年中华人民共和国成立后，我国很多领域的发展处于落后地位，百废待兴，教育教学研究处于摸索期和迷茫期，德育的发展也是如此。该阶段德育并没有明确的标准和界定，但通过言传身教和身体力行在积极发展，每个人都努力投身于国家的建设当中，艰苦奋斗、无私奉献作为当时社会的主流精神，影响着一代又一代年轻人。但在随后的特殊时期，德育工作受到破坏和摧残，德育方向被误导，中国千万少年的思想、道德和精神受到伤害，进而持续影响到国民素养的提高，以及良好社会公德和高尚文明的树立，导致中国教育工作发展水平严重下滑。

改革开放以来，德育发展的首要任务是对德育观念和思想的拨乱反正，原来的德育观念和思想早已经不能适应社会主义市场经济的发展与变革，德育目标、内容、方法和功能都需要不断调整和变化，以适应新的社会需求和社会变化。因此，德育从政治化转变为人本化，坚持以人为本，并坚持将科学文化知识和德育相融合，不断深化和促进德育的发展，推动德育的不断完善和进步；同时进一步加强对德育的深入研究，不断丰富大学生思想道德教育的途径。此后，思想政治理论课的陆续重建，对学校的教育教学和学生道德品质的塑造起到了重要的引导和规范作用。

党的十八大以来，国家不断推进马克思主义的中国化和时代化，坚决抵制西方错误思潮和不良价值观的渗透，以实际行动坚定拥护"两个确立"、坚决做到"两个维护"。党的十八大也提出"把立德树人作为教育的根本任务，培养德智体美全面发展的社会主义建设者和接班人"。党的十九大再次明确："要全面贯彻党的教育方针，落实立德树人根本任务，发展素质教育，推进教育公平，培养德智体美全面发展的社会主义建设者和接班人。"2021 年 4 月，习近平总书记在清华大学考察时强调："要坚持把立德树人作为根本任务，把服务国家作为最高追求，把学科建设作为发展根基，把深化改革作为强大动力，把加强党的建设作为坚强保证，不忘初心、牢记使命，为党育人、为国育才。"

1.1.2　国家对教师履行德育职责的师德要求

百年大计，教育为本；教育大计，教师为本。教师担负着教书育人、传播知识、塑造灵魂的重任，是国家富强、民族振兴的重要基础。"加强师德师风建设，培养高素质教师队伍"，是党的二十大立足新时代教育高质量发展作出的重大部署。中共中央、国务院《关于全面深化新时代教师队伍建设改革的意见》对新时代师德师风建设作出了总体部署，强调加强教师团队师德师风建设，履行教书育人的神圣职责。此外，国家制定了《高校教师职业道德规范》《新时代高校教师职业行为十项准则》，对广大教师落实立德树人根本任务提出了更高要求，进一步增强了教师的责任感、使命感、荣誉感，通过规范职业行为、明确师德底线，引导广大教师努力成为有理想信念、有道德情操、有扎实学识、有仁爱之心的好老师，着力培养德智体美劳全面发展的社会主义建设者和接班人，足见国家对师德师风建设的重视程度和治理决心。

随着时代发展与社会进步，国家不断加强新时代教师队伍师德师风建设，通过全国高校教师网络培训中心、国家智慧教育公共服务平台等线上平台，与线下各学校、学院等组织开展师德师风相关研修、讲座与培训，不断提高教师思想道德素养，加强师德修养，提升职业道德修养。教育部不断强化"四史"教育，加快推进师德师风建设常态化，引导广大教师养成良好的行为规范，恪守道德底线，坚守原则，坚定理想信念，全面提升教师思想道德素养和意识。国家德育政策的不断发展与完善，教育理念的不断探索实践与创新，是新时代党和国家对广大人民教师的期待和要求，高校教师作为履行德育职责的重要力量，必须积极参与其中，坚决拥护党和国家的最新德育方针政策，并将其坚定不移地贯彻落实到日常的教育教学工作当中，不仅要做到"教书"，更要做到"育人"，切实履行教师的德育职责，促进学生德智体美劳全面发展。教师要不断提升自身的政治素养，在国家德育政策的支持下，将道德素养融入日常生活和工作的言行举止中，以身作则，为学生作榜样，进而实现全员育人、全方位育人和全过程育人，真正将政策落到实处。

教育部不断出台各种政策，实施师德考核，推出"一票否决制"，更体现出国家对师德问题的高度重视。通过整治不良风气，营造良好的校园环境和氛围，严惩违反师德师风等不良行为，对教师形成了政策约束与规范，能够进一步督促教师严格履行德育职责，规范行为，遵守师德师风。上述政策的推行完善了高校德育规范，优化了高校德育体系，促进了德育政策的不断发展与进步，并取得了一定成效。

1.1.3　德育职责落实的教育学研究概述

德育是指教育者根据一定的社会要求和受教育者的身心发展规律，有目的、有计划、有组织地在受教育者身上培养所期望的政治素质、思想素质、道德素质。教师德育职责落实的研究应该是基于对德育实施途径的研究，现有文献主要从高校德育建设路径、高校教师德育职责和高校德育评价体系三个方面开展研究。

1. 高校德育建设路径的研究

高校德育建设路径是一个相对宽泛的概念，它不仅仅指教师德育工作的落实，更是指整个高校德育建设的路径，不过对这些路径的研究没有太多涉及具体课堂中的德育教育。如李晓航等人的《新时代高校德育系统建设路径研究》(2022年)探索了高校德育系统建设的具体路径，对高校德育的影响因素进行了分析，并基于模糊评价法搭建了高校德育工作指标体系，对新时代高校德育工作的开展与德育职责落实具有一定的启发和参考意义。孙亮的《"三全育人"视域下新时代高校德育工作的路径创新》(2022年)中提到，高校德育工作必须紧紧围绕立德树人根本任务，全面贯彻落实新发展理念，树牢"三全育人"(全员育人、全程育人、全方位育人)理念，全面完善四大育人体系，推进德育十大工程。

2. 高校教师德育职责的研究

高校教师德育职责的研究主要关注德育职责的内涵。如高嘉蔚的《论高校专业教师的德育职责》(2010年)中提出，高校专业教师在传授专业知识的同时，要以人为本，有意识地培养学生的职业理想和职业操守，同时要增强职业责任感和使命感，充分认识到教师职业的特殊性和重要性，自觉加强师德建设，时刻注意发挥自身的表率作用。欧金华的《英美高校德育主体的构成和职责》(2008 年)中强调，英美高校德育主体的构成和职责有其特殊性，英国高校的德育主体为高校的教学机构和教师，美国高校的德育主体除了以上两者，还有学生工作组织和心理咨询机构。不同的德育主体承担不同的德育责任，共同培养学生的世界观、人生观、价值观和爱国主义精神。李涛的《深入贯彻落实科学发展观构建高校和谐德育体系》(2009 年)中提到，在高校德育工作中深入贯彻落实科学发展观，以更好地管理、服务大学生为目标，坚持以人为本，推动辅导员队伍建设，建立健全德育工作体制，完善工作职能，统筹兼顾构建高校和谐德育体系。

3. 高校德育评价体系的研究

高校德育评价体系既检验教师德育职责的落实，也根据评价指标的要求，促进教师更加明确德育职责落实的方向。如戎静的《以人为本视域下高校德育评价体系探析》(2021 年)中认为，评价体系是高校德育工作的"指南针"，通过构建以人为本的多元化、多维度、差异化、客观科学的高校德育评价体系，让教师清楚如何通过德育评价促进学生的道德发展和人格提升，为每一个体强化道德认知，指引道德规范，促进成长成才。印丹榕的《高校学生德育评价指标体系构建初探》(2013 年)中提到，建立高校学生德育评价指标体系，是提升高校德育工作水平的关键。文章从高校学生德育评价指标体系的科学内涵、确定方法及指标含义等方面着手，结合高校德育工作实际，立足于道德品质、日常行为和社会规范等三方面对高校学生德育评价指标体系的构建进行了初步探讨。

1.1.4　教师专业发展理论中对德育职责的要求

教师专业发展是指通过专业的训练，把教师专业发展的理念贯穿于教师的整个职业生涯中，通过终身教育理念的指引，提升教育专业技能，满足专业需求，展现专业道德水平，最终实现教师对职业的认同并提升职业素养，引导教师成长为良好的教育专业工作者。图1-1 展示的是有效的教师专业发展内涵特性。可以看出，专业发展的内涵特性带来的有效性可以从教学效能感、师德效能感和职业效能感三个方面得到体现。

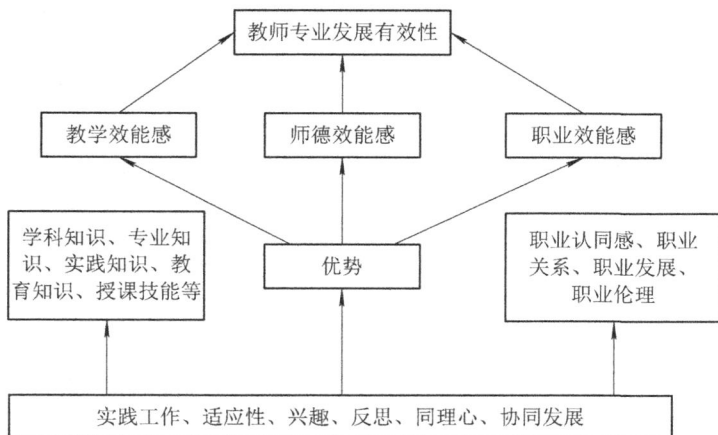

图 1-1　有效的教师专业发展内涵特性

关于教师专业发展理论中对德育职责的要求，可以从三个要素来分析，即专业知识、专业技能和师德境界。专业知识是教师开展教学活动的基础，是专业的学科知识、教育学理论知识、教师实践知识和教育文化的基础知识等的结合。专业技能则是教师在教学方法、学生和同行的评价、科研水平、课堂管理、教学反馈等多方面的综合，从专业技能中能反映出教师的职业理想、专业情操、专业自我。师德境界则展现出教师对职业的态度、教师的价值理想信念和职业兴趣，是从教师教学过程中展现出来并逐步形成的比较稳定的道德观念、行为规范和品质的总和。师德境界是教师德育职责落实的重要支撑，师德是教师在实际工作中所体现出来的道德情况，决定了其落实德育职责的水平，师德规范是教师必须要具备和坚守的。

教师通过言传身教影响和引领学生的成长。具有高尚情操、渊博学识而又有人格魅力的教师，会对学生产生深远的影响。师德境界就是教师职业道德意识的自觉体现，具有渊博知识和人格魅力的教师通过自己在教学过程中的主导作用，传递给学生正能量，对学生的影响是一辈子的。师德水准的高低可以体现教师对其职业和职业道德的认知水平，是对道德行为规范的认识，对学生的行为也有着深远的影响。师德的示范性则体现在教师平时的言行中，师德的深远性则体现为对学生的教育具有持久、深远和积极的影响。

1.2　价值认同研究视角：教师德育职责的实现

教师德育职责是指教师在实施课程教学的过程中，主动结合教材内容以生动的方式对学生实施立德影响，目的是加强师生的情感交流，回应学生的内心需求，从而实现教书育人的目标。

1.2.1　教师德育职责价值认同的内在表现

在高校中，往往存在这样的观点：德育工作是思政课教师和辅导员的职责，与专业课教师的关联不大。专业课教师对其要履行德育职责没有形成价值认同，在教学中往往只集中于专业知识的传授和指导，对于国家提出在高校开展课程思政建设的要求，其德育意识、德育认同感和德育能力素养都难以与之相匹配。国家明确了高校教师要履行德育职责，要求专业教师要改变思维，重视德育工作，提升对德育职责落实的价值认同，不断提升自身的德育素养和能力，通过课堂渠道对学生实施思想政治教育。要完成这一任务，教师对德育职责的价值认同非常关键。我们可以研究一下高校教师德育职责价值认同的内在表现。

1. 心理认同

教师能够发自内心地主动承担德育工作职责，形成责任意识和观念，进而结合自身将德育融入日常的教育教学实践工作中。教师作为德育教育的主体，要起到主导作用，因为教师与学生接触得最多，对学生的影响也往往最大，教师道德教育的职责和义务显得极其重要。

2. 职业认同

职业认同就是对教师角色的认同，伴随着对教师各种职责的认同。很多教师已经对课程思政有了初步认识和认知，但对课程思政内涵、课程思政元素的挖掘等，还存在认识不足、运用不准的问题。各高校对课程思政的推进不够系统全面，未对各专业课教师进行足够的培训，导致部分高校专业课教师存在畏难等心理情绪，且自身缺乏相应的德育素养和能力，影响了推进的效果。

3. 情感认同

人的情感往往是复杂而多样的，在专业课教师形成对德育职责的价值认同过程中，情感发挥着重要的引导作用。专业课教师应当不断强化个人情感对德育的能动作用，发自内心地主动认同德育职责的重要性和必要性，认识到德育工作具有的重要价值和实践意义，从而在情感上主动认可和践行德育职责，这既是心路历程，也是认知结果。专业课教师只有真正对德育工作和德育职责产生价值认同后，才有助于正确认识自己在学校整体德育工作中承担的角色，进而在教育教学工作中主动践行德育，培养学生高尚的道德品质和人格。

4. 实践认同

价值认同的最终目的是将德育真正落实到具体的实践当中，即教师在教学和科研活动中将德育加以贯彻落实，将理论与实践相结合，既实现教师个人教学和科研事业的不断探索与发展，也培养学生思想道德品质和素养，使教师的使命和责任逐步形成思想与行为的统一。这也符合教师的职业发展需要，使专业课教师更容易产生价值认同。

1.2.2　基于教师德育职责认知的情况分析

国家之所以提出课程思政教育理念，更多是基于对现状的了解。现实中很多教师把自己的角色定位为对学生讲解知识和传授技能的教书匠，而过去也主要是从专业知识、专业技能、心理素质等维度评价教师的能力，对教师在教学过程中落实德育职责的重视程度不够，导致教师育人的主动性不强。

必须承认，绝大部分教师还是能发扬爱岗敬业、乐于奉献的优秀文化传统，能够为人师表。但我们也不得不正视，由于价值取向多元化的趋势，以及功利化精神思潮的影响，在利益的诱惑之下，一些教师不注重追求自身的价值，而是更多地去关注和重视眼前的利益和那些可获得的实惠，把注意力主要集中在个人发展的相关问题上。价值主体的自我化和社会化是共同存在的，很多教师在个人和社会关系的处理上、在义务和利益的权衡上、在该奉献还是该索取的选择上，会不自觉地把天平向自我倾斜。

教师对职业价值的理解凸显出两个特点，一是功利心太强、注重实惠，二是重视成就和自我价值的实现。由此可以看出，在社会结构的转型时期，教师越来越关注自己当下的生活应该是怎样的，能够得到什么眼前利益，而这些会阻碍他们去追求更高层次的目标，也会无形中影响他们的选择，从而出现学术道德失范、学术风气不正的现象。

1. 道德境界层次不均

高校教师应该是一群有奋斗力、激情和干劲的团体，但近年来，教师违反师德师风的例子屡见不鲜，从侧面也反映出高校教师的道德"天平"在某些情况下可能存在失衡的现象。每位高校教师都有自己的道德素养和行为准则，但由于成长环境、教育背景、工作经历等多种因素的影响，教师之间的道德观念和行为标准可能存在差异。第一，作为个体的老师在品德和道德素养方面有所差异，这会影响到他们在教学和研究工作中的行为和决策。第二，不同课程教师的教育经历和背景可能影响他们对道德问题的认知和处理方式。特别是一些非师范类教师可能没有接受过德育或伦理教育，对道德问题没有深刻的理解和关注。第三，高校教师面临各种工作压力，如教学任务、科研要求、岗位竞争等，在这样的工作环境下，一些教师可能在保障自身利益或追求个人成就时，忽视了道德原则和社会责任。

2. 职业价值体现缺位

目前高校对教师的评价还是偏向于市场化和利益化。一方面，通过行政这只"看得见的手"来介入和约束学术水平，同时那些"看不见的手"，如市场、经济等会越过学术的边界，制约知识的提升、对学术成果的期待。另一方面，政府部门对高校进行各种评估，这些评估结果又会导致政府的拨款金额有所区别，在无形中加剧了大学和教师急功近利的心态，由此造成了荣誉和成绩与实际能力水平不相匹配。目前来看，国家还没有一个针对如何提升教师教学能力的保障制度和法律，这也使得大学在制订培训计划的时候，没有政策依据。

1.2.3　教师德育职责实现的认知基础

高校教师应恪守职业道德，遵守职业道德规范，包括爱国守法、爱岗敬业、关爱学生、教书育人、乐于奉献、为人师表等。要让专业课教师重视履行自身的德育职责，就要让他们对德育职责有以下认知基础。

1. 认知和认同感基础

高校教师应深刻认识德育职责，形成德育意识和德育责任感，明确教师角色定位，做到言传身教。高校教师作为德育工作的主体，应当充分发挥模范作用，规范自身言行举止，热爱祖国，满怀教育热情，掌握教育规律，根据学生的不同特点和基础，因材施教，发挥教师对学生德育的潜移默化的作用和影响，努力成为正确思想的宣传者，真正做到关爱学生，诲人不倦，不断提升自身的职业素养和涵养，做有教育情怀的老师。在日常的教育教学工作中，不断践行社会主义核心价值观，正确塑造学生的思想观念、价值取向，帮助学生树立远大志向，培养高尚的道德情操。

2. 落实德育职责的心态基础

教师应保持稳定的心理状态，提升执行德育的积极性和主动性，自觉践行和贯彻立德树人的原则理念，不断探索课程思政，强化教书和育人的有机结合，切实做好德育工作，做到知行合一；应从心理活动和实践行为中，强化对德育职责的认知，进而转化为实际行动；应为人师表，始终坚持社会主义核心价值观，坚持立德树人，遵守师德，真正做到为社会主义现代化建设事业培养合格人才。

3. 对课程思政内涵的认知基础

教师要了解课程思政产生的背景、来源和重要性，进而强化对德育职责和工作的深刻认识，理解和认识知识传授和价值引领的双重作用和有效性，努力做到以德立身、以德立学、以德施教，不断提升自身道德素养，以高尚的师德师风感染和影响学生。要明确德育目标，提高德育意识，避免对课程思政产生厌倦或畏难情绪。要更为清晰地认识课程思政和德育职责，激发工作激情和活力，提升德育职责的认知能力和认同感。应从国家和社会层面的高度认识德育的价值，要依据大学生的实际学习情况，遵循大学生的成长规律，理解大学生的思维方式，帮助他们坚定文化自信，加强对中华优秀传统文化的认识，厚植高尚思想道德品质，坚定理想信念。"学高为师，德高为范"，教师应始终坚持不忘育人初心，牢记使命，争做新时代"四有"好老师，切实履行教师德育职责，不断为国育人，为党育才。

1.3　教师履行德育职责能力的生成逻辑

教师德育职责的生成，源于教师本人的道德修养和人格品质，源于教师的职业信念和对教育本质的坚守，源于教师对学校教育的主体责任意识。立德树人，师德为范，高校教师作为青年学生的指导者和引路人，首先要明道、信道，要做到树人先正己。打造一支学高身正的教师队伍，增强教师对于德育领导力的认同，是有效落实立德树人根本任务的关键。因此，从学校层面探索促进教师德育领导力提升和落实的措施必不可少。

1.3.1　教师德育职责能力生成逻辑的基本内涵和显著特征

教师的职业道德，是教师在从事教育工作时应当遵循的行为准则和规范。教师职业道德主要由两部分构成，一是教书育人、塑造学生灵魂的基本素养，二是履行教师基本教职的特殊素养。基本素养主要来自社会对大多数一般社会成员的素养要求；特殊素养则是针对教师职业提出的特殊要求和标准，是职业所承担的特殊职责。

1. 教师职业道德标准具有高度的严格性

教师必须做到严于律己，坚守道德底线，坚持立德树人的根本任务和要求，以高度严格的职业道德标准约束自我、规范行为。唯有清醒地认识教师职业道德标准，才能真正在内心深处接纳和履行教师德育职责，进而不断提高履行德育职责的能力，形成德育职责履行的高度主动性和积极性。教师职业道德标准是对教师行为规范和道德思想的一种高度要求，也是社会对教育行业和教师的一种期待和要求，具有高度的严格性。教师自身的思想、言行、举止和学识，会直接影响到学生。教师是灵魂的工程师和塑造者，这也是教师职业道德区别于其他职业道德的重要表现。

2. 教师职业道德意识具有强烈的自觉性

教师通过德育思想和德育实践行为的统一，生成履行德育职责的自觉性，这种自觉性，有助于推动教师德育职责的有效履行和实践。良好师德师风的形成，需要教师发自内心地自觉正确贯彻和落实党和国家关于高校教师德育职责能力的要求和教育方针政策，做到对学生负责，关爱学生，坚持三全育人，落实立德树人的根本任务，充分发挥中国特色社会主义教育的育人优势，以理想信念教育为核心，以社会主义核心价值观为引领，提高站位，以知促行，强化担当，以行践知。

3. 教师职业道德行为具有独特的示范性

教师职业道德行为的独特示范性，主要体现在高校教师的教育对象是青年大学生，由学生的向师性、模仿性和可塑性所决定。在教育活动中，教师需要具备较高的道德意识水平，更要以高尚人格和模范言行潜移默化地影响学生。教师高尚的道德品质、强大的人格魅力和规范的言行举止，对学生是无言的教育力量，能够激励学生不断完善自己的人格和道德品质。学为教育之基础，德为教育之本源，为人师表，在于教师需要用自己的言行、思想和知识去影响和塑造学生。教师是学生的行为示范、榜样典型，只有时刻严格要求自己，发挥表率和榜样的作用，才能更好地为社会培养德才兼备的专业人才。

4. 教师职业道德影响具有潜在的深远性

教师在社会的发展中承担着培养一代新人的历史重任，其工作是以自己的学识、情感、世界观和灵魂去教育、塑造人，这种工作不仅是知识的传授，更重要的是灵魂对灵魂的塑造。因此，教师作为人类灵魂的工程师，较之其他社会成员要有更高的道德境界。教师职业道德比其他职业道德影响更广、更深、更远。教师职业道德对学生的影响范围更广，主要体现在教师职业道德不仅广泛作用于在校学生，更通过所教育的学生影响他们的家人、朋友等其他人群；在学生毕业进入社会以后，教师职业道德仍深刻作用于学生的心灵和灵魂，全面塑造着学生的道德品质和价值观念。在高校中大学生与教师接触时间较长，日常交流也较为深入，在教师的引导下，学生不断进步，不断成长。教师对学生灵魂塑造的影响深刻长远，对学生高尚思想道德品质和良好文明习惯的养成发挥着关键作用。教师职业道德不仅影响个体的学生时代，还会影响个体的一生，具有潜在的深远性。

5. 教师职业道德内容具有鲜明的时代性

当前国内外形势不断变化，正逢百年未有之大变局，教师职业道德内容也需要不断适应社会和时代发展的需要，坚持理论与实践相结合，紧跟社会和时代潮流。应始终坚持教师的主导地位，充分发挥教师的德育作用与功能，以造就"四有"新人为目标，以爱国守法、爱岗敬业、热爱学生、教书育人、严谨治学、廉洁从教、为人师表和终身学习等为具体内容和要求，充分体现社会主义教师职业道德的时代性和先进性。新时代中国特色社会主义发展的基本要求，也对师德提出了新诉求和新期望，高校教师必须时刻保持学习，正确和深刻认识教师职业道德内容的鲜明时代性，不断紧跟时代潮流，提升立德树人能力，做一名忠诚于党和人民教育事业的时代"大先生"。

1.3.2 教师德育职责能力生成逻辑的保障机制

高校若要让教师的德育职责能力得到发展，就必须在制度上对教师进行管理。要促进教师自主生成德育职责，激发教师不断创新的活力，应坚持以下两项机制。

1. 国家师德师风建设方针政策和考评长效机制

教育部等多个部委联合建立和完善了师德师风建设的政策制度，通过建立系统、合理、科学的监督机制，将师德考评纳入教师考评制度，考评结果与教师的职业发展即晋升、晋级、评优、受聘、续聘等各方面挂钩，引导广大教师团队加强自身师德师风培养，提高自身思想政治素养和道德水平，严于律己。新时代教师德育职责能力的培养，要根据教师职业道德的内涵与范畴，明确把握教师职业角色定位，构建教师职业道德的保障和考核机制，建立长期稳定的教师德育工作有效落实的保障机制，实现德育工作监督和考评常态化。2019 年，教育部、中央组织部等七部门联合印发《关于加强和改进新时代师德师风建设的意见》，进一步明确了新时代师德师风建设的指导思想、基本原则、工作目标及任务举措，健全了师德师风建设长效机制，倡导全社会尊师重教。文件从全面加强教师队伍思想政治工作、大力提升教师职业道德素养、将师德师风建设要求贯穿教师管理全过程、营造全社会尊师重教氛围、加强师德师风建设工作保障等 5 个方面，提出了 15 项任务举措。各地各校也将加强师德师风建设、弘扬尊师重教传统作为教师队伍建设的首要任务，夯实学校主体责任，压实学校主要负责人第一责任人的责任，建立健全责任落实机制。

此外，通过建立长效合理的师德考评制度，考评教师师德素养，对教师形成约束力，健全教师激励机制，培养教师德育职责与能力，并对高校教师德育职责的履行起到督促和规范作用。

2. 教师职业道德规范和准则约束机制

原国家教委和全国教育工会联合印发和不断修订各类新时代教师职业道德规范准则，各高校积极配合和履行相关规章制度，通过明确师德底线和具体要求，对广大高校教师的行为形成约束力。规范教师行为准则，对教师工作具有促进功能，对社会文明具有示范功能，同时潜移默化地对高校教师的修养产生引导和影响，帮助教师明晰德育职责，强化德育意识，进而完成德育职责能力的实践。教育部定期公开曝光违反教师职业行为十项准则的典型案例，要求各高校各单位、各部门加强对教职工的师德师风警示教育，做到师德师风教育常态化，对师德违规问题"零容忍"，引导广大教师自律自强，形成自觉践行良好师德、维护良好师风学风的有利环境。

同时，随着时代的不断发展与变化，教师职业道德规范和准则也应与时俱进，结合社会实际情况，不断修订与调整内容，确保加强师德师风建设，营造良好的师德师风氛围。教师职业道德规范既需要教师自身自觉遵守和履行，同时也需要学校、教育行政部门和相关机构保证实施，通过行为规范准则来对教师行为作出必要的约束，以达到规范教师职业行为的目的，有利于教师道德品质的完善。教师优良的品德修养对学生思想品德的发展具有巨大的榜样作用，加强教师的职业道德修养也有利于做好教育工作。教师道德品质对学生的影响直接关系着社会主义的精神文明和道德风尚，关系着祖国的未来和民族的希望。可见，教师职业道德规范和准则作为重要的行为准绳，对规范教师德育职责和职业行为发挥着极其重要的约束和保障作用。

第 2 章

教师德育领导力的提出：管理学领导力的发展

2.1 管理学层面：领导力理论的本质特征及领导力构建模型

2.1.1 领导力概念的管理学阐述

1. 对领导力的认识

领导力(Leadership)是指领导者在自己管辖的范围内，充分地利用人力和客观条件，以最小的成本办成所需的事，从而提高整个团队的办事效率的能力。"领导"并不等同于"领导力"。领导是影响一个群体实现目标的过程，而领导力是一种影响力(领导能力)，这种影响的来源可能是正式的，也可能是非正式的。关于领导力的定义和概念，学者们众说纷纭。表 2-1 列出了不同管理学者关于领导力的各种观点。

表 2-1　名 家 观 点

彼得·德鲁克	领导力就是把一个人的视野提到更高的境界，把一个人的成就提到更高的标准，锤炼其人格，使之超越通常的局限。然后才能把一个人的潜力、持续的创新动力开发出来，让他做出他以前想都不敢想的那种成就
约翰·麦克斯威尔	领导力即影响力，领导力就是能够对他人施加影响，赢得追随者的能力
杰克·韦尔奇	当你不是个领导者，成功是让自我成长；当你成为一个领导者，成功是帮助他人成长
沃伦·本尼斯	最具危险的观点就是把领导力看成是天生的，是遗传的。这是胡说！事实正好相反：领导力不是天生的，而是塑造出来的
哈里·S. 杜鲁门	人创造历史，而不是历史创造人。在人类历史中，当缺乏领导力时，社会就停滞不前。当勇敢的、有能力的领导者抓住机会改变社会、创造未来的时候，社会就开始进步
约翰·肯尼迪	对领导者最大的挑战是学习的能力
罗纳德·海菲兹	领导力就是能激发社会或组织的人们去解决难题、适应社会并促进社会发展的能力

罗伯特·凯根	当人充分释放自我潜力，发展出更成熟的心智模式的时候，他的领导力是最优秀和完美的
路易斯·郭士纳	领导力即影响力，是指一个人对人们施加影响，使人们追随他，服从他的领导，按照他的想法/指导而行动的能力
马文·鲍尔	给员工自信和自尊，让他们自我感觉良好；保持员工的精神和士气；帮助员工了解自己的责任，让他们作为个体成长发展
约翰·桑顿	领导力反映的是人的本质。领导力首先与个人的经历和处事经验有着相当大的关系，它是自我意识的显现，不可造就，需要觉醒，需要学习。领导力最重要的一点是反映人的真正本质，它发自内心
张瑞敏	能够让下属在没有领导的时候，仍能够正常工作，成为有活力的员工、有合力的组织，这就是领导力
柳传志	领导力就是发动机文化。第一把手是一个大的发动机，把副手、各个子公司和主要部门的负责人都培养成同步的小发动机，而不是齿轮

2. 管理学层面领导力的素质支撑

对于一个组织来说，管理者的领导能力决定了组织发展的高度，因此提升管理者的领导力至关重要。领导力的素质支撑包括良好的品格和职业素养、知人善用、善于沟通、善于倾听、注重持续提升个人综合素质等。

2.1.2 素质支撑下的领导力模型

领导力的发挥，关键是对领导力所蕴含的各种作用力的挖掘和认知，在管理学层面通过建立领导力模型来实现。我国学者在综合国内外领导力理论的基础上，从领导力要素解析和知识重组入手，提出了领导力五力模型。领导力五力模型具体包括感召力、前瞻力、影响力、决断力和控制力。

1. 五力模型的内涵解析

(1) 感召力：本质上是一种吸引力。感召力是指一种不依靠物质刺激或强迫，全凭人格和信仰的力量去领导和鼓舞人的能力。感召力主要来自于以下五个方面：具有坚定的信念和崇高的理想；具有高尚的人格和高度的自信；具有代表一个群体、组织、民族、国家或全人类的伦理价值观和臻于完善的修养；具有超越常人的智慧和丰富曲折的阅历；不满足于现状，乐于挑战，对所从事的事业充满激情。感召力基于团队更加有效。

(2) 前瞻力：本质上是一种预见力。洞察未来、具备远见卓识，是前瞻力的表现。对于团队来讲，领导者能否看清组织的发展方向和路径，能否有远见地规划长远策略、正确预测未来，决定着能否实现团队的目标。前瞻力带来的是一种变革，是科学、前卫的思想，是掌控未来、把握未知的能力。

(3) 影响力：是领导者积极主动地影响被领导者的能力。影响力包括权力性影响力和非权力性影响力。权力性影响力是一种强制性的影响力，它对人的影响带有强迫性、不可抗拒性，是通过外推力的方式发挥其作用。在这种方式作用下，权力性影响力对人的心理和行为的激励是有限的。构成权力性影响力的因素主要有法律、职位、习惯和武力等。非权力性影响力是一种非强制性的影响力，它主要来源于领导者个人的人格魅力，来源于领导者与被领导者之间的相互感召和相互信赖。构成非权力性影响力的因素主要有品格、才能、知识和情感。

(4) 决断力：本质上是一种运筹力。古人云"将之道，谋为首"，即领导者的首要任务在于谋略，主要职责在于决策，高超的决策能力是领导者的重要品质。决策就是判断，是在各种可行方案之间进行选择。作为一个成功的领导者，标志是拥有高超的决策能力，做事果断，而不是优柔寡断。通过决策把可能转化为现实，使企业持续盈利，是领导者成为企业家的关键所在。作为领导力的重要一环，在团队成员适应团队发展环境后，领导者应尽量避免在团队管理的日常事务中出现错误判断、决策失误等，还需要在突发紧急事件时保持冷静，做到及时到场、妥善处理、不忘善后等。领导者处理每一次事件的决策能力都会体现出对团队的影响力。

(5) 控制力：本质上是一种整合力。控制力能防止领导者行为失范，保持正确的价值取向。控制力主要表现为：确立组织的价值观并使组织的所有成员接受这些价值观念；制定规章制度等并通过法定力量保证组织成员遵守这些规范。当团队开始稳定发展后，领导者的控制力就是团队向前发展的重要保障。当团队成员出现浮躁情绪时，不良现象开始"冒头"时，或当团队取得好成绩时，团队领导者应充分展现自己对团队的掌控能力，适时"站出来"主持全局，引导团队成员戒骄戒躁，保持平稳而积极的心态，带动团队良性发展。

2. 模型中五力之间的关系

感召力是最本色的领导能力，一个人如果没有坚定的信念、崇高的使命感、令人肃然起敬的道德修养、充沛的激情、宽厚的知识面、超人的能力和独特的个人形象，他就只能成为一个管理者而不能修炼为一个领导者，因此，感召力是处于顶层的领导能力。但是，一个领导者不能仅仅追求自己成为"完人"，领导者的天职是带领群体或组织实现使命，这就要求领导者能够看清组织的发展方向和路径，并能够通过影响被领导者实现团队的目标。就此而言，前瞻力和影响力是感召力的延伸或发展，是处于中间层面的领导能力。同时，领导者不能仅仅指明方向就万事大吉，在实现目标的过程中随时都会出现意想不到的危机和挑战，这就要求领导者具备超强的决断力和控制力，在重大危急关头能够果断决策、控制局面、力挽狂澜。也就是说，作为前瞻力和影响力的延伸和发展，决断力和控制力是处于实施层面的领导能力。

2.1.3 管理学领导力在其他领域的发展

管理学领导力在发展过程中逐渐向其他领域扩展，演化出很多的领导力细分。在社会层面有组织领导力、团队领导力等，在教育层面有校长领导力、道德领导力等。

1. 组织领导力

组织领导力是由个体领导力积极作用而成的合力。组织领导力不是所有个人领导力的简单加总，它还涉及组织系统内的个体、团队、情境等因素的相互作用，这种相互作用有功于生成有效的动力机制，促进各利益相关者共同完成领导任务。组织领导力的发展通过在实体、关系和集体情境三个层次上增进组织的人力资本、社会资本和组织资本而得以实现。组织领导力的形成与发展是组织内的实体(个人和团队)在组织情境因素的影响下，在多个系统层次、多种方向上相互作用的过程和结果。表 2-2 所示为组织领导力模型。

表 2-2   组织领导力模型

明确组织使命	组织领导力的组成要素	提升组织领导力
组织领导者在制定决策时，既要明确组织的发展远景，又要根据组织内部成员的实际状况，确定符合组织发展现状的组织使命	组织系统内的个体、团队、情境等因素的相互作用；三个层次：实体层次、关系层次、集体层次	提高决策的谋略能力 提高凝聚能力 提高工作创新能力

2. 团队领导力

团队领导力是指担任团队或其他群体的领导者角色的意图，含有想要领导他人的意思。团队领导通常与团队合作结合，尤其最高主管和较高层级的经理人更是如此。高层管理团队的领导人至关重要，他们是团队与外部环境中的中介，负责协调、整合、指导、激励成员，使团队顺利前进。如果一个团队领导者设立较高的绩效目标，鼓励团队成员达到目标，并提出可行的行动战略且付诸实践的话，会比没有这样做的团队获得更高的团队效能和内聚力。

团队领导力主要表现在管理者为其所在团队设立绩效目标，在更宽泛的组织层面上维护所在团队的利益，为团队争取所需要的资源。领导力不只和领导者有关，一个企业团队领导力的好坏是与企业内所有人相关联的，也就是说不仅要在团队领导者之间，而且要在领导者和干部职工之间形成一种聚合关系，这种聚合可以产生很强烈的凝聚力。表 2-3 所示为团队领导力模型。

表 2-3   团队领导力模型

确定团队使命	管理团队流程	建立良好的学习环境	提升团队领导力
明确目标 交流目标	提升管理质量 构建管理监督与评价指标 设定必要的团队目标 激发团队成员的学习热情	创设安全、有序的学习环境 提供有意义的实践机会 培养团队成员的团队合作精神	要善于凝聚团队 要善于管理团队 要善于激励团队

3. 道德领导力

道德领导力主要指领导者借助于道德的自我建构和基于道德的领导风格与范式，生成可以影响他人的领导权能，引导并鼓励共同体成员依靠自身的能力去承担责任和义务，以此实现组织发展目标的影响力。道德领导力的基本逻辑脉络是领导者不断提升自身道德境界，并在共同体之中践行自己的道德情操，引起共同体中其他成员的心理共鸣、内心钦佩、向往追随，从而使领导者通过道德修养和道德行为本身产生领导力量。

道德领导力是一种成于内、行于外、达于治的不断循环往复的过程。道德领导力的基础来源于领导者本身的道德和素养。强调领导者的道德魅力实际上强调的是"要做事，先做人"。彼得·德鲁克认为正直的道德是领导者应具备的唯一的绝对条件，但却不是每个人都可以学到的。道德作为一种内在的品质和涵养，必须通过个人的内在修炼，通过持续的自我省察和反馈改进的方式获得改善。但是，这并不妨碍领导者在管理中通过榜样来塑造正直的道德。道德品质作为一个人生命中最重要的组成部分，对一个杰出的领导者而言尤为重要。领导者既是群体、组织活动的指挥者，同时也在接受下属的道德审视和心理评判，是下属观念和行为的引导者、示范者，领导者的个人行为会对下属产生深远影响。道德领导力对于领导者来说具有非常重要的意义，是领导者自身获取合法性和可靠性的基础。领导者只有在管理中真正展示道德领导力，才能确保其所作所为符合伦理标准，才能确保组织或机构的运行合乎道德要求。表 2-4 所示为道德领导力模型。

表 2-4　道德领导力模型

德行修养素质	人文关怀能力	批判反思精神	专业教研能力
公平公正 奖罚分明 富有正义感 诚实守信	尊重他人 乐于沟通	榜样示范 批判性思维 自我反思	学术功底 科研能力 学术价值力

道德领导力在教育教学方面的扩展便是教师德育领导力。教师德育领导力是指以德育的方式并以德育作为重要目标的领导能力，是对教师领导力研究的细化，突出了教师在教育教学过程中立德树人的根本任务和主体作用。考虑到教师德育领导力在当今高校教育中发挥的重要作用，下文将重点阐述教师德育领导力。

2.2　理论借鉴层面：教师德育领导力的首次提出

2.2.1　教师德育领导力的由来——教师领导力

教师德育领导力源于教师领导力。教师领导力这一概念是传统领导力理念不断发展并与教育学相融合的产物，最早由利伯曼(Lieberman)、萨克斯(Saxl)和迈尔斯(Miles)等人于 1988 年在《教师领导力：理念与实践》(*Teacher Leadership: Ideology and Practice*)一书中提出。

学者们对于教师领导力的定义是借鉴领导力的内涵展开的。他们认为教师领导力是指教师在教育过程中带领周边人群共同进步的能力，是多样能力的集合，将影响整个团队的工作氛围、文化氛围、价值取向。同时，学者们还对教师作为领导者应当具有的专业技能提出要求。学者们认为，教师作为教育的领导者，必须具备较强的教学能力、扎实的理论基础和专业知识，以及良好的团队沟通能力、协作能力，并且具备致力于个人发展、团队发展、组织发展的精神。

对教师领导力内涵的界定是不断发展的，主要有三个发展过程，即教师领导力研究的"三次浪潮"。在教师领导力的第一次研究浪潮中，把教师领导力的主体定义为拥有正式权力或拥有行政职务的人，如校长、院系主管等。此时，这些领导者发挥教师领导力的目的在于维持学校的运行、推进学校的发展、提高学校的运行效率。在第一次研究浪潮中，教师被认为是行政权力的延伸者，主要是为了维持现有学校体系的正常运转。在教师领导力内涵的第二次研究浪潮中，教师被赋予了某种角色，目的是帮助其他教师来改进教学，教工领导、课程领导等相关概念也是在这一阶段提出的。对教师领导力内涵研究的第三次研究浪潮中，教师被看作培养对象，出现了教育者先受教育的发展趋势。第三次研究浪潮是第二次研究浪潮中教师帮助其他教师改进教学观点的进一步拓展延伸，在第三次研究浪潮中，研究者认为，应关注教师在学校的大环境中、在教学的过程中应当承担的角色和所发挥的作用。

通过梳理以往文献发现，大多数的研究者赞成第三次教师领导力研究浪潮中对领导力的定义。随着领导力研究去行政化的发展，教师领导力也产生了去行政化的发展态势。教师领导力不再专属于具有行政职务的某一个人，而是属于组织当中的每一个人，不具备正式行政职务的人也能发挥领导力。教师领导力是在教育环境中，有意识地对他人施加影响，当教师开始参与和助力学校改革，影响学生发展时，教师就具备了领导力。所以，每一个参与教学的人都具有领导力。教师可以通过其特有的力量来加快教学改革的进程，帮助学生实现学习的目标，提高学校运行的效率，推动学校的发展。

2.2.2 教师德育领导力的内涵及分析框架

1. 教师德育领导力的内涵

相较于教师领导力，教师德育领导力将重点落在了"德育"二字上。古希腊著名哲学家苏格拉底曾说过"教育的本质是唤醒，是开发你的内心"。由此可见，教育给予学生最重要的并非知识，而是对其灵魂的唤醒与塑造。因此，实现教育真正的价值不仅需要教师有丰富的学识，更需要教师具备高尚的师德。孔子言："其身正，不令而行；其身不正，虽令不从；不能正其身，如正人何？"教师德育领导力源于教师自身内在的人格修养、对教育价值的坚守以及对教育的主体责任意识和认同。教师德育领导力是指教师在实施教育教学的过程中，借由课堂这一教育的主战场，主动结合课程教学，以生动的、学生易于接受的方式对学生实施的立德影响力，从而实现教书育人的目标。

国内学者对德育领导力的研究日益增多，通过对文献的梳理可以发现，德育领导力的主体也从校长转变为全体教师。经过三次关于教师领导力的研究浪潮，领导力的主体也由个人转变为集体。蔡其勇、李学容的《校长德育领导力的意蕴及提升》一文中认为，校长德育领导力是推动学校德育工作的关键，主要从校长自身角度出发，通过自身能力的提升来推动学校德育发展。徐向英的《中小学校长德育领导力提升的现实困境及实践路径》一文中分析了校长在德育工作中的重要性，认为要加强理论创新和实践创新，促进校长德育领导力的提升，进而影响学校的德育工作。胡泽民在《教师德育领导力的三重维度》一文中，拓宽了德育领导力的主体，认为教师要履行好德育责任，也应当具有相应的德育领导力，并分别从认识力、规划力、整合力、影响力、沟通力和创新力这六个维度，阐述了教师德育领导力的构成。朱帅玲分析了教师德育领导力现存的问题，提出要从自信力、整合力、感染力、共情力四个方面提升教师德育领导力，助推教师更好地履行德育职责。姚兰则是依托课程思政探究如何提升教师德育领导力，通过建章立制、提高认识、以赛促教、专项激励等方式促进教师提升德育领导力。

2. 教师德育领导力分析框架

借鉴先前学者们从物理学中力的视角出发来考察校长领导力的方法，我们提出了教师德育领导力分析框架(如图 2-1 所示)，具体包括以下几个方面：教师德育领导力的来源、方向、组成部分、大小及作用点。

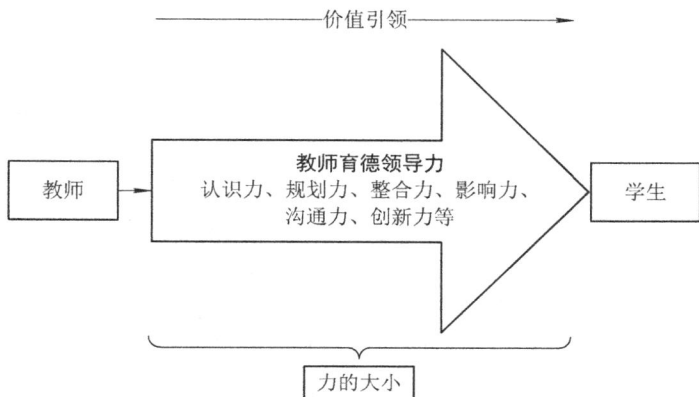

图 2-1　教师德育领导力分析框架

1) 教师德育领导力的来源

教师德育领导力的来源即教师德育领导力的发起者，也就是从事教学工作的专业课教师。专业课教师活跃在教学一线，与学生保持着密切且直接的交流。作为课程思政建设的重要实践者和课程思政建设课堂一线的执行者，专业课教师应当通过自身具有的人格魅力影响学生，实现价值引领。这就对专业课教师提出了相应要求，要求专业课教师正确认识德育职责，与时俱进地保持政治敏感度，丰富政治理论的同时也要适应新形势下学生思想的变化，提高自身的德育素养、德育能力，充分发挥在培养学生过程中的导向作用。

2) 教师德育领导力的方向

教师德育领导力的方向体现了教师教学的价值引领，把准教师德育领导力的方向至关重要。正确的方向应该与学校的办学方向、国家的育人方向相一致。教师必须要有正确的政治立场、政治方向，政治上要强，情怀上要深，思维上要新，视野上要广，自律上要严，人格上要正。教师要不断加强对理论知识的学习，筑牢理论功底，擦亮马克思主义这个鲜亮的底色，正视立德树人的责任，将"立德树人"这一育人的根本原则贯穿教育的始终。

3) 教师德育领导力的组成部分

教师德育领导力是一种"合力"，由认识力、规划力、整合力、影响力、沟通力和创新力等构成。具体而言，以"认识力"明确教师德育领导力的主体责任意识；以"规划力"明确教师德育领导力的内容，助力教师合理规划教学内容，对学生进行价值观、道德观引导；以"整合力"增进教师德育领导力的融合，充分整合各类资源，实现知识传授与价值引领的有机统一；以"影响力"落实教师德育领导力的目标，教师要注意自己言行中所形成的一种自然的影响力，在点滴间为学生树立典范；以"沟通力"发挥教师德育领导力的作用，能在教育教学过程中与学生进行有效的沟通和交流，构建和谐融洽的师生关系；以

"创新力"促进教师德育领导力的提升，创新教学设计，灵活运用各种教学手段。

4) 教师德育领导力的大小

教师德育领导力的大小取决于两方面，一是专业知识的传授，二是价值引领。专业知识、专业技能是学生未来发展的立身之本，是学生未来成长道路上的重要基石，所以需要专业课教师做好知识传授，帮助学生打好专业根基。价值引领是从教育的本质出发，从"师者之所以为师"的角度出发，作为教师，要注重培养学生的道德观念，以个人魅力影响学生，提高学生专业能力、道德素养，促使学生形成正确的三观。

5) 教师德育领导力的作用点

教师德育领导力的作用点指教师德育领导力的作用对象，也就是广大学生。学生是学校存在的前提条件，也是学校存在的终极目标，教师作为学生的引路人，是影响学生成长成才的主要力量。教师自身所拥有的专业知识，对待教学的态度、行为，以及日常的作风，在教育教学的过程中，无时无刻不在影响着学生。教师德育领导力的发挥能够让学生感受到教师不再是简单地传授专业知识、培养专业能力，而是更加关心他们的成长和发展，更加负责任地、积极地对他们进行引导，为他们树立良好的榜样。当学生感受到教师严于律己的态度和对他们的严格要求是出于对他们成长与发展的真切关怀时，他们便会更加敬重教师，也更愿意努力学习，从而获得更好的发展，以此来回报教师。可见，提升教师德育领导力的最大受益者是广大学生。

2.2.3　认识教师德育领导力的三重维度

我们可以从历史、价值、实践三个维度更深入地理解教师德育领导力的内涵。

1. 历史维度

从历史维度看，迄今为止，对教师领导力的研究可分为三个阶段，第一阶段是 20 世纪 80 年代，认为教师领导力体现在让教师领袖展现他们在专业教学方面的才能上。第二阶段是 20 世纪 90 年代，认为教师领导力体现在让教师领袖参与学校决策和创立专业学习共同体上。第三阶段是 20 世纪 90 年代末至今，体现在教师领袖的教学领导职责上。从教师领导力研究中可以看到，发展教师领导力是为了让教师参与领导，从而积极有效地影响学校的运作和发展，有利于形成教师学习共同体，为卓越教师个体的成长提供广阔空间，使他们能够脱颖而出，实现个人与集体的双赢。

现阶段，教师领导力可以分为教师的管理领导力、学科领导力、人际领导力和德育领导力。新时代，教师的育人方式已经面临四大转变，即教学方式由知识育人向文化育人转变；教学内容由单纯知识逻辑向融合知识背景转变；教学链条由单门课程向整个教学体系培养转变；教学任务由普通的灌输式判断学生的接受度向实现立德树人根本任务转变。这"四个转变"的实现就需要教师在做学生的引路人时充分发挥其德育领导力作用，使教师通过在实施教学过程中体现模范影响、鼓舞动机、智力激发和个性化关怀等来实现立德树人目标，在教书育人中懂得如何回归本分，认清角色，找准定位，明确职责。

2. 价值维度

从价值维度看，在学校不断发展的进程中，领导、教师、学生成了一个价值共同体，共同进行着价值创造，共同推动着学校这个复杂系统的发展。要通过教师德育领导力建设，将教师群体纳入领导力建设体系之中，加强师德师风建设，增强教师的主体责任意识，构建以学校领导、行政管理人员为外圆，以教师群体为内圆的学校发展价值体系。要进一步强化教师在教书育人过程中应秉承的"以德立身、以德立学、以德施教"理念，让其自觉坚持教书与育人、言传与身教、潜心问道与关注社会、学术自由与学术规范的"四个统一"，把社会主义核心价值观融入自身的道德修养中，增强育人主体责任意识，展现良好的师德风范。

3. 实践维度

从实践维度看，教师不能只做传授知识的教书匠，而要成为塑造学生品格、品行、品位的大先生，应该依靠自身的人格魅力、道德修养、工作态度等来影响学生，将德育领导力内化为教育教学过程中的育人影响力，解决目前课堂教学中存在的教书与育人相脱节的问题，不负习近平总书记对广大教师的殷切期望。要让教育回归本质，自觉坚守立德树人根本任务，深入挖掘各学科专业知识中所蕴含的价值观和思政内涵，把价值引导融入知识传授和能力培养过程，融入教育教学各环节。我国教育家陶行知先生曾说过："学高为师，德高为范。"教师不但要用其广博的知识教书，更要用良好的道德品质育人，要努力树立自我形象，规范自身行为，为学生做好榜样，充分发挥教师德育领导力，建立师生互相学习、互相尊重的和谐关系。

2.2.4 教师德育领导力基本构成要素的六力维度模型

六力维度模型作为领导力最基础的模型，能充分体现出领导力各方面的内容。因此，研究者通过六力维度模型的构建来把握教师德育领导力的深刻内涵，即通过把握不同维度的内涵形成其基本构成要素，从而建立相应的维度模型。在教师德育领导力的六力模型中，教师德育领导力由认识力、规划力、整合力、影响力、沟通力和创新力这六个维度构成，以期实现教师以至诚之德泽润学子、教学相长的目的。教师德育领导力的六力模型如图 2-2 所示。

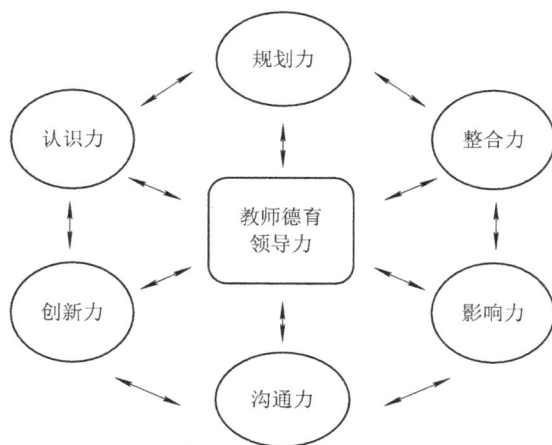

图 2-2 教师德育领导力的六力模型

1. 认识力

认识力指教师对德育职责的认识能力。以认识力拓宽教师德育领导力的主体，即教师德育领导力首先体现在教师对于德育工作的价值认同度上。长期以来在德育工作中，一直存在着"两张皮"的问题：认为德育工作是思政课教师、思政课堂的工作，与专业课教师没有关系。这就造成了专业课教师对德育工作的价值认同度低，德育工作的积极性低，其德育能力、德育素养难以适应课程思政建设的需要。在当前推进课程思政建设、完成立德树人根本任务的大环境下，德育工作的主体由思政课教师拓宽到了所有教育工作者。专业课教师要转变认知，深入理解、把握课程思政内涵，明确德育职责，提升对德育的价值认同，为完成立德树人根本任务做出自己的贡献。

2. 规划力

规划力指教师将德育职责融入教学规划的能力。以规划力明确教师德育领导力的内容，即从纵向上对教师德育领导力的把握，在课程思政建设中体现为专业课教师对于未来如何实现德育目标的总体设想和具体的计划安排，它是挖掘德育元素、融合德育元素、对学生更好地开展价值观塑造的分阶段实施计划。

3. 整合力

整合力指教师对专业知识和知识价值的有机整合能力。以整合力增进教师德育领导力的融合，即专业课教师要有对育人资源的横向整合能力。课程思政建设需要所有教育工作者共同发力，需要专业课教师和思政课教师形成合力，专业课堂和思政课堂同向同行，发挥教师横向上对育人资源的整合能力。通过对育人资源的整合，实现不同课程的相互借鉴、教育经验的相互交流、教育资源的共享，提升课程思政建设的实效性。

4. 影响力

影响力指教师通过德育影响学生的能力。以影响力落实教师德育领导力的目标，即强调专业课教师作为主体，向客体学生传达思想意识的能力。课程思政追求的是在专业课教学中融入德育因素实现对学生的道德培养，教师德育领导力追求的目标就是教师在日常的教学活动当中发挥自身的影响力，通过道德品行、个人魅力等对学生产生潜移默化的影响。

5. 沟通力

沟通力指教师在领悟教师德育领导力的基础上进行沟通交流的能力。以沟通力发挥教师德育领导力的作用，即教师在教学中发挥育人作用。课程思政建设中，无论是知识传授还是价值引领，都需要教师发挥沟通力。专业课教师在课程思政建设中，通过提升沟通力来提高课程思政建设实效、达成目标。实现思政课堂与专业课堂同向同行，也需要专业课教师增加与思政课教师的沟通交流，提升对德育领导力的领悟，共同推动课程思政发展。

6. 创新力

创新力指教师德育教学方式的创新能力。以"创新力"促进教师德育领导力的提升，即课程思政是德育工作的创新发展，在课程思政实践中，专业课教师要想更有效地发掘德育因素、提升自身的德育能力和德育素养、开展课程思政建设，就需要从创新的角度出发，探索多种多样的教学模式，不断提升自身的教师德育领导力，推动创新性的发展。

教师德育领导力的价值目标就是追求教育的本质：知识传授、能力培养、价值引领。这三点应该都要融合在日常的教育活动当中。在以往的专业课教学活动中，受关注更多的是知识传授和能力培养，价值引领多被归结为思政课的内容、思政教师的任务。长期以来，专业课教师在专业上过硬但是德育素养、德育能力不足，而课程思政建设要利用专业课教师的价值引领作用，对专业课教师的德育素养、德育能力提出了更高的要求。提升德育领导力表现在课程思政中就是增强专业课教师的育人意识，找准育人角度，提升育人能力。

通过六力维度模型，教师可以清晰地把握教师德育领导力的内在构成，充分认识教师德育领导力的深刻内涵，正确把握"立德树人"的发展方向，学校可以制定最优的发展规划和进行最优决策，真正实现教师德育领导力的全面均衡发展，提升教师队伍的整体德育领导力，建立高水平的师资队伍。

2.2.5　在教学过程中发挥教师德育领导力的路径分析

教师是德育领导力的发起者，发挥专业课教师的德育领导力归根到底还是要落实在教学过程中。基于上文对教师德育领导力的分析，归纳出以下四种在教学过程中发挥专业课教师德育领导力的路径。

1. 增强专业课教师的德育自信力

专业课教师是授课育人的一线执行者，作为培养社会主义人才的重要力量，要具有坚实的自信力。专业课教师只有拥有了一系列的自信力，打牢自信的根基，拥有了自信的立身之本，才能够在课程思政建设中熏陶学生、影响学生，进而帮助学生树立对中华民族、对国家、对历史的自信。

2. 提高专业课教师的德育整合力

首先，教育并不是简单地说教，不是把书本上的内容简单地、教条地对学生展开游说，而是要发挥整合力，结合专业知识的内容、学生的特点，有效地开展教育。其次，思政元素是多种多样的，专业课知识也是纷繁复杂的，要实现两者有机融合，也需要专业课教师发挥自身的整合力。

3. 加强专业课教师的德育感染力

专业课教师要具有营造良好课堂氛围的能力。要把一门课程上成学生喜欢的课程，就需要授课教师富有感染力。专业课教师要善于营造轻松活跃的课堂氛围，寻找学生的兴趣点，结合专业课知识，增强教学的亲和力，这离不开专业课教师的感染力。提升教师德育感染力的方式有：刻苦钻研教材，提高自身的专业素养；拥有渊博的学识、高尚的道德修养、健全的人格魅力，增强课堂吸引力；改革传统教学模式，探索新的教学方法，丰富教学手段，增强课堂的趣味性；多采用激励性评价机制，刺激学生的兴趣点，提升学生的课堂专注力。

4. 提升专业课教师的德育共情力

在教学过程中专业课教师要有共情力，要有情怀，用真心教带动真心学。这就要求专业课教师要具有独特的个人魅力、扎实的理论功底，关注学生需求，善于换位思考，站在学生的立场上思考问题。同时，专业课教师要拉近与学生之间的距离，常常与学生开展沟通。教师应"有理想信念、有道德情操、有扎实学识、有仁爱之心"，这是习近平总书记心中好老师的四条标准。常怀仁爱之心，以心育心、以德育德、以人格育人格。

要提升教师的共情力，就要求教师进行共情训练，掌握正确的共情技术和方法。首先，教师要能设身处地地理解学生。共情不是要求必须与学生有相似的经历，而是学会换位思考，站在学生的角度去体验他们的内心世界，学会倾听，学会宽容与坚持，学会表达与尊重，利用同理心让学生信服。其次，教师要学会用发展的眼光看待学生。有时候学生遇到的问题或困惑，源自他们的成长经历或自身的知识基础，教师要耐心地与学生进行有效沟通，对学生的学习、生活、心理进行恰当的引导，帮助他们解决问题，引导他们走出困惑。

第 3 章

教师德育领导力的提升——教师专业发展新途径

3.1 教师德育领导力实施中遇到的瓶颈

"教育大计，教师为本。"教师不仅是师者，更是使者。作为学生发展的引路人，教师的"德"在立德树人的教育过程中具有举足轻重的作用。要意识到这一点，教师的角色定位和职责认知很重要。因此，通过对教师德育职责的价值认同研究，帮助教师规划和落实德育职责主体责任，对于教师回归本分、认清角色、找准定位、明确职责具有重要的意义。

就目前调研的情况来看，高校中仍然存在一部分教师缺乏对德育领导力的正确认知，在教育教学的过程中淡化、漠视对学生的价值引领，甚至出现行为偏差。

1. 教师德育领导力意识淡薄

立德树人是高校的立身之本，德育是立德树人的途径，要明确课堂教学是发挥人才培养作用的主渠道和主战场。首先，高校在重视教师回归课堂的过程中必须加强对教师德育领导力的建设。当前，高校教师的德育领导力意识比较淡薄，特别是新入职教师，只重视传授专业知识，忽略了育人的实质，不能很好地将传授知识与育人结合，对"三全育人"实施不够深入。其次，对于教师个人发展而言，科研成果的积累更加有利于职称评定和职务晋升，这样无形之中加重了教师的科研压力。因此，很多教师为了评职称不得不申报更多课题、发表更多论文，这占用了教师大量时间和精力，导致教师忽视了教学，没有在提升教学质量上下功夫，教学水平不高。最后，现今社会，一些负面新闻和不良的社会现象会对高校教师产生潜移默化的干扰和影响。教师的人格及言行都对学生的成长和发展起着至关重要的作用，特别是高校教师。面对自我意识趋于成熟的大学生，有些教师育人意识淡薄、师表欠缺，不能有效地将德育运用到教学中，甚至在课堂上肆无忌惮地传播不成熟及有偏差的想法，对学生造成负面影响。

2. 教师缺乏提高德育领导力的方法

高校大学生普遍已成年，心智比较成熟，有独立分析和解决问题的能力。大部分学生希望能与教师平等对话，更多地探讨理论指导实践或现实的问题。但高校现阶段重灌输、轻渗透，重理论、轻实践，重教化、轻内化的现象仍然十分突出，对于学生的具体生活关怀不够，开展活动的方式和途径不够"接地气"，仍浮于表面，停留在形式阶段，没有充分考虑到学生的差异性，没有充分调动学生的积极性，造成现阶段德育领导力的培养不够深入。除此之外，大多数高校的德育途径比较狭窄，除常设政治课外，其他德育途径受到的重视程度相对较低。高校不断强调要提高教师的德育领导力，但现实情况是教师缺少德育领导力的培训体系和平台。大部分高校提倡和引导教师不断加强政治理论学习，切实落实立德树人的根本任务，但教师除了利用课余时间进行理论学习，并没有其他方式与途径进行德育领导力的学习和实践。这导致教师自身的德育领导能力欠缺，无法针对学生特点开展教学，使实践活动流于形式。

3. 教师德育领导力评价体系单一

很多高校的德育评价体系仍属于静态评价，缺少动态评价，把教育对象看成被动的接受者。但是，单向灌输无法实现德育教育的最初预想，无法真正实现学生德智体美劳全面发展。在互联网时代，大学生知识获取途径多样化，思维和视野不断扩大，同时，网络上一些不良文化也对其产生了负面影响。面对个性特征多样化的学生群体，单一的评价体系对学生思想道德素质情况的反映的真实性有待商榷，多带有教学工作者的主观成分。德育评价体系的单一性会影响到高校整体德育工作的实效性，德育评价内容的局限性也从侧面反映出高校德育评价载体存在的困境。德育评价载体也就是教育工作者，是德育工作顺利有效开展的重要组成部分，载体墨守成规的教育方式已然无法满足时代变化的新需求，保证不了德育内容能被学生有效接受，无法实现内化于心、外化于行。

3.2 内动力与外推力有效联动——教师德育领导力提升的关键

根据竞争理论，可以看到社会关系中每个系统的地位和作用。竞争理论为领导力提供战略方向和目标，激发竞争能力，建立团队协作，帮助领导者在激烈的竞争环境中取得成功。将竞争发展观运用到教师德育领导力上，开辟另一个新的观察视角。

1. 内动力(微观角度)

教师德育领导力在教师专业发展中体现出的个人内生力量由知、情、意、行四个要素组成，也就是专业知识、专业情感、专业信念和专业能力的结合。

在一个学校里，学生的素质会受到教师素质的影响，而教师素质也会对高校的文化建设和组织形态有影响。因此，必须发扬教师的正确价值观，把教师的师德规范作为标准去树立，并要引导教师对科学的追求、对真理的追求和对学术的崇高信仰。这其中，教师扮演着育人的角色，因此他的职业道德也注定会比其他职业有更高的规范、更多的行为约束和要求。高校每个成员都在自己的岗位上扮演着不同的角色，深刻体现了各自独特而富有特色的价值理念。

2. 外推力(中观角度)

从教师德育领导力的认识力、规划力、整合力、影响力、沟通力和创新力来看，要通过对措施和手段的施行来改变教师在自我发展中的滞后现状，而最有效的手段就是进行战略规划。构成中观系统的要素是学校，具体可以从学校的规章制度、管理风格、管理重点、公共信任以及社会对学校的期待与各专业社团组织几个方面去着手。教师所在高校的管理规章制度实际上对教师的专业发展起着调节、规范和保障的作用，同时从中也可以看到学校的人才培养目标和发展方向。

通过榜样的树立，将榜样和岗位实践相结合，发挥教师在学校发展中的核心作用，引导教师发挥其人格魅力，扎实其学术造诣。名师之所以能走在一般人的前列，除了有本身的知识积累，还因为他掌握了各个领域的学术发展动态，具有敏锐的洞察力和直觉，并能在教学过程中展现出人格魅力和人格特征，这也是他们能以前瞻的高度来维护其学术权威、获得较高的社会声望和感召力、逐渐成为现代大学学术权力中心的根本原因。因此，大学教师在专业建设过程中，必须要尽力发挥好核心作用、榜样作用，要在自身的岗位上为人师表，在教学的各个环节争做教书育人的楷模。

3. 社会环境因素(宏观角度)

从宏观角度分析就是探讨社会环境因素，要着眼于制定具有战略宏观角度的规划，根据各个专业在高校中的结构和关系去进行战略规划。组成宏观系统的因素包括与教师发生间接关系的教育行政机构、教育制度、文化习俗和教育习俗等。专业的建设一直以社会需求为目标和导向，社会需求也体现出不同的层次。我们可以把社会需求划分成两种，一种是显性需求，也就是社会所需要的人才类型、办学规模和人才数量；另一种是隐性需求，是指虽然不是社会普遍认识，但能够体现出社会需求以及社会需求发展的趋势。对于社会来说，显性需求能够非常明确地体现出来，是能够反映出社会进步的。人才市场可以及时将对人才的需求和对人才层次结构的要求反馈给高校，方便高校和教师作好规划。

3.3　推进教师专业发展的策略

教师的德育领导力可以通过塑造学生的人格、引导学生身心健康发展以及激发学生对美好事物的追求等来体现，需要教师灌输给学生身心健康知识、社会公德意识、专业技能等，这也与国家教育方针提出的培养德智体美劳全面发展的人才要求是一致的。教师要把培育人的完整性放在首位，并且把育人和教会学生学习融合到一起，只有这样才能真正体现教师专业发展的内涵，才能让教师感受到工作的价值感和真正的幸福感。教师通过授课的过程，给予学生心理上的安全感和信任感，这也体现了教师的精神关怀。对于教师来说，只有具备专业上的认同并学会精神上的关怀，才能更有效地从事专业的工作，从而引导学生去学习，并能结合育人和服务，真正在工作中反映出专业精神。

3.3.1　强化基础——以组织体系建设强化教师德育领导力的构建

教师把知识和技能传授给学生，是为了培养学生的世界观、人生观和价值观，学生作为接受教育的主体，在接受知识的同时不断对自己的知识进行内化并将其反馈给教师，促进教师对自身的教学成效和专业价值进行反思。以学生为本、以教师为本和以社会为本这三个不同的价值维度是相互影响、相互发展的，也能彼此在价值上进行传递。

1. 高校以融入为目标为教师营造价值生态圈

共生就是要共赢、共存和共荣。对于高校来说，要想着怎样通过为地方经济发展服务来体现教师专业发展的价值。根据地方产业发展和区域经济发展需求，学校可依托重点学科和特色专业，积极开展与企业、行业的协同创新。例如高校与行业、企业深度合作建立行业学校，开发行业和高校合作的课程模块，高校学生可在完成规定的公共课程和专业基础课程后，根据个人兴趣和所具备的素质进入某个行业学校选读开设的专门课程模块。该行业高校通过采用项目化的管理教学法，在所创设的行业的具体工作环境中培养学生参与企业实践的能力并建立对行业的认同。大学所设置的专业应主动对接区域产业需求，形成专业群对接区域产业群。学校设置的专业要主动对接区域主导产业链、特色产业链，要围绕这些产业链打造专业群，将学生培养成适应地方区域生产、建设、管理需求，服务一线的高层次应用技术技能人才，达到毕业和就业的无缝衔接。

2. 以共荣为目的促进教师自身和谐发展

教师专业发展是提升教师专业水平和学术道德标准，以师德培养为目的的生态进化进程，它本着生态系统协调和平衡的特征，将教师与其生态环境、文化、制度等构成一个有机的、与其专业发展密切相关的生态系统，其运行规律也就是教师的成长规律。通过"引进来"，促进教师实践能力的提升。提升教师专业发展水平有以下方法：从行业企业聘请国内行业专家、企业能手担任兼职教授；定期选派专业教师到合作单位参加不少于 3 个月的专业实习；支持教师考取行业特许资格证书；激励教师提升创新实践能力，提升双师型教师的数量。同时，教师应合理规划自己的专业发展，明晰自己的职业发展目标，合理评估自身专业发展的状态和水平，对所从事的教学工作具有接纳和肯定的心理倾向和能力。

3. 以顶层设计为引导促进教师的共赢

教学管理制度通过约束教师与学生的行为来协调教学活动中的各种关系，保证教学活动的正常运行和控制教学活动的方向，从而保证人才培养的质量。教学管理制度之间通过一定的相互关系和相互作用构成了管理制度体系，形成了人才培养的管理制度生态。加强教学管理制度建设，一是以顶层设计为指引，完善产教融合的制度建设；二是严格执行淘汰制度，促进教学质量的提升。

3.3.2　系统集成——实现教师德育领导力构成要素的有效互动

从系统联系来看，首先就是要将专业知识的理论融合到专业实践之中。所以对于教师来说，在专业发展期间，要充分利用自己学到的专业理论知识，将理论与具体的教育情境结合起来，不断去反思、去实践，再重构自己的知识体系。这种建构的过程与外在的输入和引导有些区别。建构专业知识是把自己在实际教学过程中的认识和思想放到实践和反思之中。所以，对于实践知识的获得，需要教师在大量的实践中去反思。然而，由于教师之间有竞争和差异，或者因为工作的安排，有部分教师并不能马上投入教学岗位，这就导致大家通过实践进行建构的方式不同。面对此困境，教师必须要有专业发展的理念，以共同成长为目的，消除彼此间的歧视和隔阂，并用关怀和信任互相鼓励，在实践中不断反思，从而实现理论知识与实践知识的协调运用。

专业情感和治学态度也是促进教师专业发展的一个非常重要的方面。从一般层面上来说，教师对专业发展在精神上的认同就是对自己职业的认同。因此，教师在专业精神上必须时刻把握国家的期望，融入民族情感和时代精神，要把爱国精神和改革创新的中国精神内化为对专业的认同、对职业的敬畏、对教师使命的领悟。只有努力发展专业精神，教师才能达到专业认同，才能全身心投入到教育教学工作中。

3.3.3　协同高效——以教师德育领导力推进教学有效开展

用教师德育领导力推进教学开展，应该以知识传授、能力培养、价值引领为出发点。这三点应该融合在日常的教育活动当中。长期以来，专业课教师在专业上过硬但是德育素养、德育能力不足，而课程思政建设需要专业教师的价值引领作用，于是对专业课教师的德育素养、德育能力提出了更高的要求。提升德育领导力表现在课程思政中就是增强专业课教师在课程思政中的育人意识，找准育人角度，提升育人能力。如何有效实现教师专业发展就必须要有专业的引领，如何建设具有教师德育领导力的、持续发展的专业体系，是目前我们在研究高校教师专业发展时面临的一个非常重要的问题。

1. 引进合作共赢理念，突破教师专业发展的孤立感

对高校决策层来说，首先要端正教育理念，对教师的专业发展有明确的认识，并能够科学合理地进行思考，以便制定出有利的政策和措施，提供顶层设计和服务。在此设计中，需要尊重高校办学规律和办学要求，根据学校的实际情况找到其特色，明确定位，确定学校的教学目标。作为政府来说，要和学校一起给教师提供后勤保障服务，在经济、环境和物质上，通过组织各类活动，鼓励教师开展改革创新。在机构设置上，学校通过设立教师发展培训中心，为教师主动参与培训、积极提升自我创造机会，也能提高教师在自身发展中的地位和作用。在评价上，要通过科学合理的评价体系，增强教师的专业发展能力。

2. 以教师合作共同体推动教师间和谐共生

以学科和专业为单位建立共同体，是指把相同专业或者同一个研究领域的教师组合起来，因为这些教师在教学实践过程中所遇到的问题、所接触的事物都具有相关性，可以共同探讨。若以同一个学院或同一个专业的教师来组建共同体，则面对同样的教学对象，教师可以互相探讨遇到的问题和采用的教学方式，这样针对的对象具有一致性，可以真正做到因材施教。组建教师的科研共同体，是基于教师在进行科学研究时对所遇到的问题可以互相进行探讨，在集体的研究和讨论中，教师不仅能拓展自己的专业技能，大家还能互相学习、共同进步，让教师在面临压力和挑战时，得到学校和其他教师的支持，达到共生的

目的。教师合作共同体的作用如图 3-1 所示。

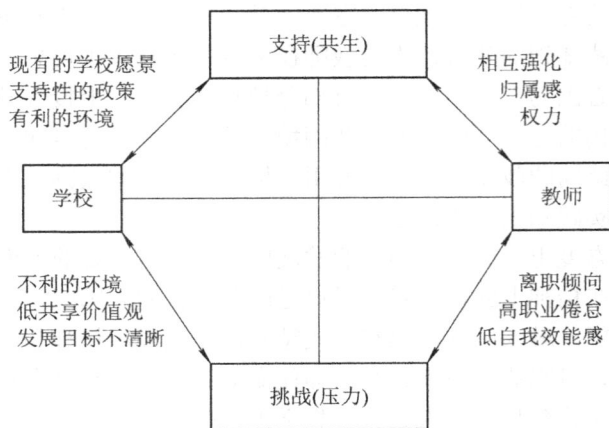

图 3-1 教师合作共同体的作用

建立教师合作共同体或教师合作工作坊，旨在通过合作和研修，让每一位教师都能有专业的发展。对于参与其中的教师来说，能在合作和交流中不断保持工作的热情和活力，能够以高质量的积极性完成任务。要重视教师合作共同体在激发教师学习动机、强化教师行动力上的积极作用。要明确教师团队中每个人所承担的任务以及扮演的角色。这对大家形成自我角色的认可、发挥自身优势有积极的推动作用，也能满足团队成员不同的期待。要在平等、互助的基础上，营造良好的分享氛围，让教师愿意表达自己的想法，在教师间建立起丰富和立体的情感联系，增强教师间的信任感和归属感。

3. 以激励带动共赢，满足教师教学的需要

教师在工作、生活和学习中常会遇到各种各样的困难和挫折，此时也是他们情绪波动的时刻。如果学校管理者能够看到教师的心理变化，有意识地深入到他们中间去，多沟通和交流，了解他们的思想动态，及时排解他们的困难，就可以缩短彼此的心理距离。同时，建立向教师适度倾斜的教师绩效评价体系，充分了解教师的需要，采取相适应的有效激励手段，能最大程度地调动教师的工作积极性。此外，还需建立公平公开合理的薪酬制度，将绩效考评作为依据确定薪酬标准，将薪酬公开化和透明化；打破按资排辈的旧制度；破除只重视教学研究的数量而不关注质量的做法；重视对教学、管理等一线岗位上成绩突出、积极创新的教师进行奖励，以此激励青年教师不断提升自己。而教师也要尽快明确自身定位，找寻到适合自己的发展途径，突破发展的瓶颈，远离孤立无援的状态。

第二篇　教师德育职责的核心——"立德树人"课程价值的实现及德育政策的发展

"人只有接受过一种合适的教育之后，才能成为一个人。"

——夸美纽斯

第 4 章

从课程价值的视角探寻课程理念的价值意义

4.1　课程、课程价值及课程具有价值引导的理论分析

4.1.1　课程的词源学考查及课程的时间流变和空间特征

让我们从纵向流变的角度，看看课程一词的词源。课程一词最早出现在南北朝时期，北魏凉州慧觉译《贤愚经》提到"尔时有一比丘，畜一沙弥，恒以严敕，教令诵经，日日课程"。这里的课程指检查、考核功课的分量、内容和进程。唐代孔颖达在为《诗经·小雅·巧言》中"奕奕清庙，君子正之"一句作疏时提到："以教护课程，必君子监之，乃得依法制之。"这里的课程指规定数量和内容的工作和学习过程。宋代，朱熹多次在《朱子全书·论学》中提到 "宽着期限，紧着课程""小立课程，大作功夫"。这里的课程是指学习的功课内容及其进程。近现代以来，课程内容不断演变，分为文学、自然和社会科学等。在西方，斯宾塞认为："课程指教学内容的系统组织。"当代，我们把课程定义为：学校开设的教学科目及其进程。

从横向空间的角度理解什么是课程，研究者有多家之言，以下几种最具代表性。一是科目进程说，认为课程是由特定的知识系统组成的教学科目，或把课程界定为，为实现各级学校的教育目标而规定的教学科目及其目的、内容、范围、分量和进程的总和。二是计划说，课程作为学校为实现其目标、完成其任务的手段和媒介，就是指在学校教育环境中，旨在使学生获得促进其迁移进而促进其全面发展的、具有教育性经验的计划。三是经验活动说，认为课程本质上是一种特殊的经验，就是学生通过学校教育环境获得的、旨在促进其身心全面发展的教育性经验。这种观点注重学习者的学习效果，关注学习者的学习体验和自我感悟。四是媒体说，认为课程是由一定育人目标、基本文化成果及学习活动方式组成的，用以指导学校育人的规划和引导学生认识世界、了解自己和提高自己的媒体。这种观点从课程内涵的构成与课程工具性价值的角度，将课程界定为一种媒体，比较形象地指出了课程的基本特征。五是包容说，指对于课程的定义比较多，应该包容百家之言，每一种定义都有一定的指向性，对于教育工作者来讲，重要的是要关注和认识各种观点所要解

决的问题，以便根据课程实践的要求作出选择。我国台湾地区学者黄政杰认为，要理解课程不仅要分析已有的定义，还要形成自己的观点，并认为完整的课程概念包含学科、经验、目标、计划等内涵。

以上这些观点让我们从多元视角认识了课程的实质。从广义上讲，课程是一种教育性经验，是对主体产生积极影响的各种因素的总和；从狭义上讲，课程专指学校场域中存在和生成的有助于学生积极健康发展的教育性因素以及学生获得的教育性经验。

对于大学课程，潘懋元先生与王伟廉教授这样论述："根据教育是一种有目的的活动，并结合我国高等教育当前的研究状况，'课程'这一概念采用这样的定义是比较恰当的：课程是指学校按照一定的教育目的所建构的各学科和各种教育、教学活动的系统。大学课程是在大学的培养目标指引下由具体的育人目标、学习内容及学习活动方式组成的，具有多层次组织结构和育人计划性能、育人信息载体性能的，用以指导大学教育、教学活动的育人方案，是大学教育活动的一个组成部分。"教育的主体是人，而人的发展又具有阶段性，所以对人的教育必然要有计划性。计划性是人在一定阶段发展和成长的目的性趋向。课程既是教育者促进学生发展的行动指南，又是引导学生发展的"跑道"。计划性表现在课程能为教育提供系统的育人目标、不同门类和领域的学习内容以及各种学习方法上，此外最重要的是课程还包含周密的教育进程，为教育教学活动的开展提供指导，具有育人信息载体的性能。课程不仅为学校教育提供具体的育人目标，而且承载了分门别类的学习内容，即课程不仅指导育人方向，而且包含育人内容。根据育人计划性，制定课程标准，编制各类教材，从而给受教育者提供符合其生长发育、心智发展的具有多种间接经验和一定直接经验的育人信息，促使学生在德、智、体、美、劳方面得到全面发展。

4.1.2　课程的价值意义

"价值"原意是从经济学层面来理解的，哲学也对此有一个相应的认识。所谓价值，是指作为主体的人的需要与作为需要对象的客体的属性之间的一种特定关系。课程的价值在于弄清楚作为客体的学生现有身心发展水平是否存在满足主体需要的价值属性，大学教育目标是否得到满足以及在何种程度上才能得到满足。其实，课程价值本质上就是大学教育目标与学生身心发展的关系。

理解课程价值，就要明晰价值的本义。从上面的论述可以看出，价值这一概念是从经济学层面逐步演变到社会学、哲学等领域的。哲学层面主要从主体和客体两方面界定价值。如果从价值的客体性出发，就是以客体自身的功能或属性规定价值；如果从价值的主体性出发，就是以主体和主体需要来规定价值；如果从价值的关系性出发，就是以主体和客体的关系来规定价值。学术界还注重从主体和客体的逻辑关系角度来思考和解释价值问题，因此主要还是强调主体和客体的统一。价值是客体中所存在的对于满足主体需要、实现主体欲望、达到主体目的的具有效用的属性。

课程是教育的基本问题，课程价值的研究与教育价值的研究密不可分。课程实践在本质上是一种价值创造活动，对价值问题的思考是课程建设的根本出发点和决定因素，任何国家在任何时期的课程建设首先考虑的是课程价值的问题。

从主客体的角度来看课程价值，作为客体的课程能满足主体的一定需要，而这个主体就是人和社会的需要。课程价值是指课程对于人某种需要的满足，是课程内容自身所具有的效用和课程作为工具所起到的作用的统一体。课程价值包括内在价值和外在功能两个向度。

课程的内在价值表现在三个方面：一是课程作为学校教育内容的主要载体，是历史文化的积淀和人类经验的总结，课程自身具有强大的逻辑力量，对受教育者的理性发展和心智成熟具有推动作用；二是知识是构成课程体系的核心要素，课程实践通过知识的传承能够达到发展学习者能力的目的；三是培养什么样的人是教育的永恒主题，课程就是育人。

课程的外在功能也体现在三个方面：一是课程是一种社会性价值的活动，课程的社会本质，是社会对其成员加以控制的一种中介；二是作为独立的教育活动，课程本身并不直接参与社会的政治、经济活动，课程的文化功能在继承和传递文化的过程中存在和运行，对主流文化和价值观念进行保持和传递；三是社会化是社会行为塑造的过程，学校课程体系强调课程内容在整个社会环境中的突出作用，试图把课程与社会发展结合起来，将课程视为处理社会问题的手段，从而通过课程内容促进学生的社会化发展。

4.1.3 课程价值的主要取向

课程价值取向是指课程主体在课程活动中根据自身需求进行价值选择时所表现出来的价值倾向性。由于主客体之间需要关系的复杂多样和不断变化，课程价值的表现形式和内容结构也呈现出流变性和多样性的特征，故在课程实践中必然表现出不同的价值取向，这些价值取向主要归结为知识本位、学生本位和社会本位三种。

1. 知识本位的课程价值取向

知识本位的课程价值取向是指学科知识本身，重点探讨学校教育应该选择什么知识，如何组织知识等问题。课程的主要目的是向学习者传授人类长期积累起来的科学文化知识。课程的价值就是传授共同的文化要素，教育的使命就是把这些最基本的文化要素传授给青年一代，授予他们社会所必需的共同知识和共同价值，从而使学习者掌握社会所需要的起码的知识、能力和态度。教育的主要目的在于向学生传授人类发展过程中积累的系统知识，强调知识的完整性，主张根据知识的逻辑顺序编排课程。知识本位的课程价值取向，从概念界定、理论推演到框架结构，均具有严密性和有效性，为学科课程奠定了坚实的理论根基。然而正是其对知识严密的逻辑性与系统性的强调，也带来了诸多现实困境，如过分强调知识的学术性、专门化与结构性，在一定程度上削弱了教育教学中教师与学生创造课程资源的能动性与主动性等。

2. 学生本位的课程价值取向

学生本位的课程价值取向强调按照学生的兴趣和需要组织课程与教学。课程的目的是满足自我发展和自我实现的需要，促进个人的成长和个人潜能的自我实现，进而促进人性的全面发展和人格的自我实现。学生本位的课程价值取向强调意义学习，即涉及事实累积的学习，而且是使个体的行为、态度、个性和情感等发生重大变化的学习；倡导以学生为中心的非指导性教学，提出非指导性教学主张，通过自我反省活动和情感体验，在融洽的心理氛围中自由地表现自我、认识自我，最后达到改变自我、实现自我的终极追求，构建学生自我评价和教师鼓励性评价相结合的课程评价体系。然而学生本位的课程价值取向过于强调以学生为中心，在一定程度上削弱了教师的地位和作用，容易使学生放任自流。在课程目标、内容进程和评价等方面都以学生为中心，很可能影响到学生对系统知识的接受，使学生在学习上走弯路，浪费学习时间。

3. 社会本位的课程价值取向

社会本位的课程价值取向强调以社会问题为中心，赞同打破传统学科课程的界限，通过对社会问题的分析，而非以学生的经验活动来组织课程。课程的最终目的是要发展学生改造社会的各种能力，如参加社会运动的能力、塑造新的社会秩序与社会文化的能力等，从而帮助学生积极参与社会实践，成为改造社会、推动社会发展的主人。课程组织以社会问题为核心，主张打破原有学科课程的界限，实现一种整体课程观。强调课程应该从社会中产生，以社会改造为中心来构建核心课程。社会本位的课程价值取向主张加强社会与课程的联系，要求师生担负起教育变革的重任，这些无疑具有一定的意义，但它过于夸大了学校课程的社会功能，容易忽视系统知识的学习和传播，如果走向极端难，难免会弱化课程的个体发展功能。

以上三种基本的课程价值取向，分别强调了课程某一方面的价值，但同时又排斥和忽略了其他方面的价值，因而难免产生非此即彼、以偏概全的极端化、片面化错误。在这个问题上，马克思主义的科学价值给我们带来十分重要的启示。马克思认为价值不单纯是客体的属性，也不单纯是主体的需要，而是客体的属性在多大程度上能够满足主体的需要。从马克思主义的观点来看，课程的价值应该体现为社会发展价值和个人发展价值的辩证统一，至于把课程价值分为知识本位、学生本位和社会本位三种基本取向，主要是出于理论分析的需要，在实践中它们是一个统一的整体，不可能将其强行分开，所以任何将三者分离和对立的课程价值取向都是片面的，在实践中都是站不住脚的。

总的来说，课程价值取向是通过对课程体系内诸多因素的作用，最终对教学目标产生重要的影响。这种影响主要体现在两个层面：一是课程价值取向影响和决定教学目标的来源，即学生、社会和学科体现了三种基本的课程价值取向，同时也是教学目标的三个重要来源；二是课程价值取向以课程目标、课程设计、课程编制和课程评价为中介，对教学目标产生重要影响。

4.1.4　课程理念是课程价值呈现的引领和灵魂

课程价值体现课程的意义，课程价值取向成为课程如何变得有意义的关键，因为它是课程服务于学生成长的定向器。

课程一定是定位在人的发展上的，具体指向以能力和个性为核心的发展。课程改革要培养学生分析问题和解决问题的能力、终身学习和创新的能力以及生存和发展的能力，也要注重培养学生的良好个性品质。也就是说，在课程的设计和实施过程中，不能把学生仅仅看成是知识的容器，要关心的是整个的人，而不只是作为产品的人，要以一种能促进学生全面发展的理念，指导课程的开展，即课程理念是课程的灵魂。

理念是一个人所具有的准备付诸行动的信念，它是一种观念，是人们在对某一事物现实的深刻分析和未来的展望的基础上所形成的，具有时代性和前瞻性，是课程的灵魂和支点。而课程理念是指人们对课程的理性认识以及在此基础上所形成的对课程的认同和追求。

课程理念是对认识的集中体现,同时也是人们对教学活动的看法和持有的基本态度和观念,是人们从事教学活动的信念。可以这样说,课程理念形成于对现实教育的深刻分析和对未来教育的展望,它是课程的灵魂和支点。

课程理念是不断发展的,课程理念的发展其实就是课程建构的基础——课程观的发展变化。课程观是对课程的各种认识和看法的总称,包括对课程的概念、课程的编制、课程的实施和课程的评价等各个方面的认识。在不同的时代,甚至在同一时代,都存在着不同的甚至是相对立的课程观。课程观的发展到底受哪些因素的影响呢?一般来说,课程观受到政治、经济、文化三大因素的影响。政治因素主要指社会的政权形式及与之相适应的上层建筑;经济因素主要指以科技发展水平为代表的生产力水平;文化因素主要是指存在的哲学思潮和心理学的发展水平。课程观的发展决定着课程理念的变化,课程理念的变化程度,可能会给教育带来前所未有的深刻变革。当然,课程观也会带来微观层面的教学变化。课程是由教材、教师与学生、教学情境、教学环境构成的一种生态系统,这一生态系统在教育学层面提出必须落实三维教学目标:知识与技能、过程与方法、情感态度与价值观,以此促进学生在知识习得、思维训练、人格健全方面的协同培养。

4.2 对教育本质的认识及立德树人要求下课程思政理念的兴起

4.2.1 时代维度:立德树人成为教育的根本任务

教育的本质一定是要解决"培养什么样的人、如何培养人、为谁培养人"三个根本问题。高等院校的根本任务是培养人,我国给予新时代高等院校的历史使命和根本职责是培养德才兼备、具有健全人格和现代文化意识的高层次人才,这也是衡量人才培养质量的根本标准。"人无德不立,育人的根本在于德",这个德指个人品德,也指社会公德,更指报效祖国和服务人民的大德。德"立"住了,人才能"树"起来,才能真正成为对国家、社会有用的人才。

立德树人作为一项教育的根本任务在党的十八大上首次被提出,是基于时代的迫切需要。党的十九大进一步提出要"落实立德树人根本任务"。党的十九届四中全会对完善立德树人体制机制提出了新的具体要求。党的教育方针始终坚持德育为先,把坚定正确的政治方向放在第一位,培养了一代又一代听党话、跟党走、扎根人民、奉献祖国的社会主义建设者和接班人。

大学阶段是人生的"拔节孕穗期""灌浆期",是人一辈子最关键的知识体建构期、价值观形成期和情感心理成熟期。现在的学生是在和平稳定、生活无忧、家长呵护的环境下成长起来的,他们没有经历过民族的生死存亡,没有接受过血与火的考验,应该说阅历有限。同时,在资讯发达的今天,很多成长的负面因素又在不停地影响他们,如消费主义、拜金主义、功利主义等,特别是敌对势力从意识形态领域腐蚀拉拢大学生,把这个领域作为他们颠覆我们社会的角斗场。如果缺乏对大学生的恰当引导,他们极有可能会误入歧途。教育要避免工具人培养倾向,要避免对人的价值终极追求的忽视,要避免被资本逻辑和享乐主义主宰。

人才培养要凸显博大的人类情怀，人才培养是育人和育才相统一的过程，而育人为本。"培养什么样的人、为谁培养人"一直是教育要面对和必须回答的问题，"如何培养人"已经成为高校关注的焦点。从古至今，不管什么国家和社会都是根据自身的政治要求培养人的，只有政治稳定，才能达到维系社会稳定的目的。所以我们培养的人要有人类情怀和爱国情怀。立德树人揭示了教育的本质，揭示了道德发展与人的全面发展的辩证关系，它强调德性成长是人全面发展的根本保障。习近平总书记强调："我们的教育绝不能培养社会主义破坏者和掘墓人，绝不能培养出一些'长着中国脸，不是中国心，没有中国情，缺少中国味'的人！"立德树人，关系党的事业后继有人，关系国家前途命运，不管什么时候，我们为党育人的初心不能忘，为国育才的立场不能改。其核心要义就是培养的人要树立共产主义远大理想和中国特色社会主义共同理想，这就是我们要立的"德"。

新时代立德树人应昭示正向的价值引领。习近平总书记多次以"人生的扣子从一开始就要扣好"比喻青年教育的重要性，教育的根本目的就是育人。事实证明，没有正确的价值导向，教育只会滑落为技能训练和获取个人利益的工具，培养出"争权夺利"的精致利己主义者。立德树人规定了教育的根本任务，强化了立德的基础性与先导性要求，扭转了以往不科学的教育评价导向，强调大学教育应该承担塑造学生健全人格与价值观的任务，这不仅有助于他们的智力与职业发展，而且有助于培养具有创新精神、使命感、事业心和进取心的社会主义建设者和接班人。当前我国社会已经进入到一个经济、政治、文化、社会、生态等全面协调发展的时期，在新时代背景下，要坚持科技文化与人文文化、科学精神与人文精神、传统文化与现代文化的辩证统一。学校要切实解决教育过程中存在的知识与文化、知识与素质、知识与能力、知识与人的现实生活实践之间脱节的问题。

4.2.2　认识维度：对落实立德树人的系统性认识

对高等院校而言，立德树人的落实是一项整体推进的工程，它以教学活动为主体，在校园文化、管理服务、学校管理制度等方面对大学生在学校的学习、生活、成长进行全方位的影响。因此，立德树人根本任务的完成需要教学、管理、科研和服务等各个环节协同发力。学校要运用系统观念推动立德树人任务的落实，具体就是由学校层面系统进行立德树人体系的构建，充分调动全域、全员的育人积极性，实现立德树人效果最大化。

关于如何完善立德树人的体制机制，一些专家提出建立立德树人体系。体系的构建就是按照系统协调发力的思维，从顶层设计入手，形成能促进学校各部门履行德育职责，针对学生特点，围绕德育实施要求同向发力的育人机制。立德树人体系不是另起炉灶，而是在对 1949 年新中国成立以来高等教育形成的人才培养规律和社会发展需求的深刻认识进行高度总结的基础上的升级改造和拓展延伸。其核心就是将立德树人体系与人才培养体系融为一体，将立德树人教育体系嵌入人才培养体系之中，将立德树人体系拓展到学校各领域，将立德树人任务系统化、常态化。在学校办学理念上更加突出立德树人，以立德为根本，调整学校各项制度，特别是在办学资源保障和履行育人职责的评价制度调整上进行强化，有效拓宽立德树人可能的路径，统筹教学、科研、管理、实践与服务育人，强化立德树人制度保障，提升立德树人实际成效。

　　教育部 2017 年印发了《高校思想政治工作质量提升工程实施纲要》(以下简称《纲要》)，提出了"十大育人"体系，即课程育人、科研育人、实践育人、文化育人、网络育人、心理育人、管理育人、服务育人、资助育人、组织育人。"十大育人"体系的提出，旨在挖掘育人要素、完善育人机制、优化评价激励、强化实施保障，其实就是学校立德树人体系的框架。这一体系的提出，旨在解决高校实施教育过程中存在的立德树人主体责任泛化、路径举措窄化、目标任务虚化、考核评价弱化，看起来谁都有任务，但是实施时又成为学生部门的任务等问题。立德树人体系的提出，使得发力的方向更加具体，任务更加明晰，有助于破解制约立德树人成效的体制机制障碍，理顺权责关系。《纲要》本身就是立德树人体系的整体凸显，而提出的"十大育人"体系从功能上可以认为就是构成立德树人体系的十大子体系，学校的顶层设计和实施过程在充分挖掘各子体系育人功能之外，还要有效促进各子体系整合成一个协调一体化的育人大体系。

　　教育部曾对《纲要》中提出的"十大育人"体系作出如下解读：

　　一是课程育人质量提升体系。大力推动以"课程思政"为目标的课堂教学改革，优化课程设置，修订专业教材，完善教学设计，加强教学管理，梳理各门专业课程所蕴含的思想政治教育元素和所承载的思想政治教育功能，将其融入课堂教学各环节，实现思想政治教育与知识体系教育的有机统一。

　　二是科研育人质量提升体系。发挥科研育人功能，优化科研环节和程序，完善科研评价标准，改进学术评价方法，促进成果转化应用，引导师生树立正确的政治方向、价值取向、学术导向，培养师生至诚报国的理想追求、敢为人先的科学精神、开拓创新的进取意识和严谨求实的科研作风。

　　三是实践育人质量提升体系。坚持理论教育与实践养成相结合，整合各类实践资源，强化项目管理，丰富实践内容，创新实践形式，拓展实践平台，完善支持机制，教育引导师生在亲身参与中增强实践能力、树立家国情怀。

　　四是文化育人质量提升体系。注重以文化人、以文育人，深入开展中华优秀传统文化、革命文化、社会主义先进文化教育，推动中国特色社会主义文化繁荣兴盛，牢牢掌握高校意识形态工作领导权，践行和弘扬社会主义核心价值观，优化校风学风，繁荣校园文化，培育大学精神，建设优美环境，滋养师生心灵，涵育师生品行，引领社会风尚。

　　五是网络育人质量提升体系。大力推进网络教育，加强校园网络文化建设与管理，拓展网络平台，丰富网络内容，建强网络队伍，净化网络空间，优化成果评价，推动思想政治工作传统优势同信息技术高度融合，引导师生强化网络意识，树立网络思维，提升网络文明素养，创作网络文化产品，传播主旋律，弘扬正能量，守护好网络精神家园。

　　六是心理育人质量提升体系。坚持育心与育德相结合，加强人文关怀和心理疏导，深入构建教育教学、实践活动、咨询服务、预防干预、平台保障"五位一体"的心理健康教育工作格局，着力培育师生理性平和、积极向上的健康心态，促进师生心理健康素质与思想道德素质、科学文化素质协调发展。

　　七是管理育人质量提升体系。把规范管理的严格要求和春风化雨、润物无声的教育方式结合起来，加强教育立法，遵守大学章程，完善校规校纪，健全自律公约，加强法治教育，全面推进依法治教，促进教育治理能力和治理体系现代化，强化科学管理对道德涵育的保障功能，大力营造治理有方、管理到位、风清气正的育人环境。

八是服务育人质量提升体系。把解决实际问题与解决思想问题结合起来，围绕师生、关照师生、服务师生，把握师生成长发展需要，提供靶向服务，增强供给能力，积极帮助解决师生工作学习中的合理诉求，在关心人、帮助人、服务人中教育人、引导人。

九是资助育人质量提升体系。把"扶困"与"扶智"、"扶困"与"扶志"结合起来，建立国家资助、学校奖助、社会捐助、学生资助"四位一体"的发展型资助体系，构建物质帮助、道德浸润、能力拓展、精神激励有效融合的资助育人长效机制，实现无偿资助与有偿资助、显性资助与隐性资助的有机融合，形成"解困—育人—成才—回馈"的良性循环，着力培养受助学生自立自强、诚实守信、知恩感恩、勇于担当的良好品质。

十是组织育人质量提升体系。把组织建设与教育引领结合起来，强化高校各类组织的育人职责，增强工作活力，促进工作创新，扩大工作覆盖，提高辐射能力，发挥高校党委领导核心作用、院(系)党组织政治核心作用和基层党支部战斗堡垒作用，发挥工会、共青团、学生会、学生社团等组织的联系服务、团结凝聚师生的桥梁纽带作用，把思想政治教育贯穿各项工作和活动，促进师生全面发展。

4.2.3　发展维度：立德树人内涵发展的课程思政理念衍生

立德树人作为概念或理念，在中国的发展史中有着相当久远的历史渊源。《左传》云："太上立德，其次立功，其次立言，虽久不废，此之谓不朽。"据研究者考究，它是最早在中国典籍形成"立德"一词的文献。"太上"是最高的意思，"太上立德"就是说，人生最高境界就是要立德。立德、立功、立言一经提出，"立德"即作为人的根本为世人所认同。"三立"作为原则，成为古人的人生观和价值观的最高境界，并以一种形而上的力量，成为读书人追求的境界和激励人们奋发向上的精神力量。《管子》曰："一年之计，莫如树谷；十年之计，莫如树木；终身之计，莫如树人。"《管子》中提到的"树人"，经考究也是首次作为一个概念在中国传统的典籍中出现，它深刻地表述了古人对人在社会发展中的决定作用的认识之深。"树人"不管是目标还是理念，本质的表达是社会的发展和进步，人能否"树"起来将起决定作用，培养人才是长远之计和治国的根本大计。"树"什么人、如何"树人"成为社会文明发展的最高追求。既然"树人"是国之大计，"立德"必然成为"树人"之本，"立德"与"树人"是辩证统一的关系，"树人"是"立德"的最终目标，"立德"是"树人"的前提条件。

"才者，德之资也；德者，才之帅也。"德是首要、是方向，一个人只有明大德、守公德、严私德，其才方能用得其所。从内涵上讲，立德树人是在对传统教育理念的创新性继承和发展基础之上，对新时代中国特色社会主义"立什么样的德，树什么样的人"的深刻回答。德因人而立，人因德而树。德与人的具体价值内涵随着时代的发展变化不断丰富。中国共产党历来重视德育在人才培养中的重要作用，始终将"德"放在人才标准的首位，强调德才兼备、以德为先。在北京大学师生座谈会上，习近平总书记强调："要把立德树人的成效作为检验学校一切工作的根本标准，真正做到以文化人、以德育人，不断提高学生思想水平、政治觉悟、道德品质、文化素养，做到明大德、守公德、严私德。要把立德树人内化到大学建设和管理各领域、各方面、各环节，做到以树人为核心，以立德为根本。"习近平总书记关于立德树人根本任务的重要论述，抓住了教育本质，明确了教育使命，为人才培养指明了方向。

　　理解立德树人的"德"，要立足于培养担当民族复兴大任的时代新人、社会主义建设者和接班人的战略高度，做到以"树人"为核心，以"立德"为根本。"德"之首要为政治品德，就是要有坚定的理想信念，对党忠诚、热爱祖国、热爱人民。高校承担为国家培养各行各业建设者的任务，除了对本专业知识的传授，更重要的是对未来从事职业的道德准则教育。社会公德与家庭美德是为人处世的基础，个人组成家，家组成社会，齐家、治国、平天下，前提是个人要修身，修身就是修德，修德从身边、从家庭做起，积"小德"成"大德"。2021 年 4 月 19 日，在清华大学迎来建校 110 周年校庆之际，习近平总书记到清华大学考察，对广大青年提出希望："要肩负历史使命，坚定前进信心，立大志、明大德、成大才、担大任，努力成为堪当民族复兴重任的时代新人。"

　　立德树人对传统的智育与德育的二元区分进行了颠覆性的超越，它将德育置于教育的灵魂和统率地位。立德树人成为思想政治教育的核心任务，同时，国家要求将立德树人融入教育教学的各个环节，使高校形成以立德树人为中心的多维育人格局，将课程育人、科研育人、实践育人、文化育人、网络育人、心理育人、管理育人、服务育人、资助育人、组织育人的"十大育人体系"与"全员、全过程、全方位"的"三全育人格局"融合起来，形成立德树人的合力。而课程是教育思想、教育目标和教育内容的主要载体，可以集中体现国家意志和社会主义核心价值观，是学校教育教学活动的基本依据，直接影响人才培养质量。课程是教书育人的依托，因此，引领课程人才培养的价值，在立德树人任务提出后不久，就形成了一个课程新理念——课程思政。

第5章

多视角课程思政理念的衍生——立德树人要求下思政教育的政策发展研究

5.1 我国德育政策的发展

1. 德育一词提出的考究

20世纪初，"德育"一词最早出现在1904年王国维的《叔本华之哲学及其教育学说》一文中，文中提及"知育""美育""德育"三词；1906年，王国维在《世界教育》第56期上发表《论教育宗旨》一文，在文中明确提出培养"智育、德育、美育和体育四育"全面发展的"完全之人物"，"德育"概念在中国传播开来；1912年，蔡元培在《对于新教育之意见》一文中提出军国民教育、实利主义教育、公民道德教育、世界观教育、美感教育"五育"并举思想，"德育"一词成为教育界普遍使用的术语。

2. 德育政策的演进

洪婕的《新中国70年德育政策的历史变迁研究——基于历史制度主义的分析视角》(2019年)将德育政策的变迁分为四个阶段：渐进性制度转换阶段(1949—1965)、激进性制度断裂阶段(1966—1977)、探索性制度置换阶段(1978—2000)和建构性制度微调阶段(2001—2018)。左殿升、张莉、冯锡童的《新中国成立70年来高校德育的发展进程及启示》(2019年)将高校德育发展的进程分为五个时期：1949—1966年——高校德育孕育与萌生时期；1966—1978年——高校德育衰微与异化时期；1978—1992年——高校德育恢复与重建时期；1992—2012年——高校德育调整与完善时期；2012年至今——高校德育丰富和创新时期。

1988年以前，"德育"一词并不多见，常用的是"思想政治工作"。1988年全国中小学德育工作会议正式确定统一使用"德育"这个名称。1994年8月，《中共中央关于进一步加强和改进学校德育工作的若干意见》全面分析了新形势下学校德育工作的新形势和新任务，系统回答了如何坚持社会主义意识形态主导地位，如何引导学生树立正确的世界观、人生观、价值观，如何培养学生良好的道德品质等问题，并作出了战略部署。1999年

9月，《中共中央关于加强和改进思想政治工作的意见》发布，分析了改革开放新形势下思想政治工作面临的严峻挑战，提出了加强和改进思想政治工作的要求和措施，成为新时期加强和改进思想政治工作和德育的纲领性文件。

进入 21 世纪，中共中央先后印发《公民道德建设实施纲要》和《中共中央关于构建社会主义和谐社会若干重大问题的决定》，这些都为加强高校德育工作提供了良好的外部支撑和政策环境。2007 年 10 月，胡锦涛在党的十七大报告中明确提出，教育要坚持育人为本、德育为先，实施素质教育，提高教育现代化水平，培养德智体美全面发展的社会主义建设者和接班人。这一时期高校德育的一个重大进步就是德育与思想政治教育进行了有机融合，课程内容越发科学，课程体系越发完善，德育中新增加了爱国主义教育、民主法制教育、中华传统美德教育等内容。2001 年，教育部又提出"大学生心理健康教育工作是高等学校德育工作的重要组成部分"，德育开始由外到内地关注学生个体成长。中宣部、教育部先后联合颁布思政课"98"方案和"05"方案，高校思政课程设置不断优化，育人效果不断提升，高校德育体系得到初步完善。

党的十八大报告首次将"立德树人"确立为教育的根本任务。2016 年 12 月，在全国高校思想政治工作会议上，习近平总书记再次强调"坚持把立德树人作为中心环节，把思想政治工作贯穿教育教学全过程，实现全程育人、全方位育人"。党的十九大报告进一步指出要"落实立德树人根本任务"。2019 年 8 月，随着《关于深化新时代学校思想政治理论课改革创新的若干意见》的印发，中央对高校德育从指导思想、基本原则、体制机制、内容措施、激励保障等方面进行了全新的部署，高校德育开启了战略上布局、系统化构建、创造性转化和创新性发展的崭新时代。

2014 年，上海市委、市政府印发《上海市教育综合改革方案(2014—2020 年)》，构建了三个制度体系，坚持"育人为本、德育为先"，把"立德树人"作为教育的根本任务，把培育和践行社会主义核心价值观有机融入整个教育体系，全面渗透到学校教育教学全过程，充分体现在学校日常管理之中，在落小、落细、落实上下功夫。在这个阶段的探索中，上海逐步形成"课程思政"理念，推出了《大国方略》等一批"中国系列"课程，选取部分高校进行试点，发掘专业课程思想政治教育资源。2020 年，教育部印发了《高等学校课程思政建设指导纲要》，全面推进高校课程思政建设，围绕"培养什么样的人、如何培养人、为谁培养人"的根本问题，系统阐释了新时代课程思政建设的目标、要求、内容等。

5.2　我国高校思想政治教育工作在政策视角的发展

追溯我国高校思想政治教育政策的发展，本书以改革开放政策开始实行的 1978 年作为起点来归纳。

5.2.1　思想政治教育的恢复与重构

1949 年中华人民共和国成立后，我国重视大学生思想政治教育工作，但由于历史原因，高校思想政治教育真正意义上的恢复是在 1978 年改革开放之后，它是一个恢复和重构的过程，可以从以文件方式出现的政策制度看出其发展性变化。

教育部 1980 年印发的《关于加强高等学校学生思想政治工作的意见》，重新确立了大学生思想政治教育的地位、目标和内容。强调必须把学生的思想政治工作放在首要地位，忽视和削弱思想政治工作必将犯历史性错误。1987 年中共中央在《关于改进和加强高等学校思想政治工作的决定》中明确，大学生应当有坚定正确的政治方向，爱祖国、爱社会主义，拥护共产党的领导，热心于改革开放，有艰苦奋斗的精神，努力为人民服务，自觉地遵纪守法，有良好的道德品质。根据大学生思想政治教育目标调整的需要，在教育内容上强调"要有的放矢地继续坚持对学生进行马克思主义理论教育，要经常地、有针对性地进行党的路线、方针、政策和形势教育，爱国主义、国家主义和革命传统教育，理想、道德和纪律教育，社会主义民主和法制教育"。

改革开放之后，我国逐步形成了实施思想政治教育的课程框架。在马克思主义中国化理论创新的推动下，我国高校思想政治教育理论课程经历了"85 方案""98 方案""05 方案"等阶段，并通过不断调整，最终形成了符合现阶段学生发展的思想政治教育课程体系。1980 年教育部印发的《改进和加强高等学校马列主义课的试行办法》指出，把马克思主义理论教育课作为必修课，对大学生进行马克思主义基本理论教育，体现了社会主义高等学校的特点和优势。1984 年颁发的《关于加强和改进高等院校马列主义理论教育的若干规定》、1985 年发出的《关于改革学校思想品德和政治理论课程教学的通知》，规定了高校思想政治教育理论课的主要内容和任务，即进行马克思主义基本理论的教育，进行中国特色社会主义建设和改革的理论知识的教育，特别是设立思想品德课程。之后，国家又出台了一系列政策对思想品德教育课程进行调整。1984 年教育部下发的《关于高等学校开设共产主义思想品德课的若干规定》、1985 年中共中央发出的《关于改革学校思想品德和政治理论课程教学的通知》、1986 年的《关于在高等学校进一步贯彻〈中共中央关于改革学校思想品德和政治理论课程教学的通知〉的意见》、1986 年国家教委发出的《关于在高等学校开设"法律基础课"的通知》、1986 年下发的《关于对高等学校学生深入进行形势政策教育的通知》、1988 年下发的《关于高等学校开设〈形势与政策〉课的实施意见》等，对大学生思想政治教育课程作出了较大幅度的调整，增设了符合学生需要的品德教育、法制教育课程。

1986 年《国家教委关于加强高等学校思想政治工作的决定》和 1987 年中共中央发出的《关于改进和加强高等学校思想政治工作的决定》都明确指出，思想政治教育工作是一种思想性、政策性很强的科学，思想政治教育是一门综合性和实践性都比较强的科学。1995年，原国家教委印发《关于高校马克思主义理论课和思想品德课教学改革的若干意见》，规定通过教学改革，逐步形成结构合理、功能互补的"两课"课程体系。1996 年，马克思主义理论与思想政治教育二级学科正式设立，进一步加强了高校"两课"建设。1998 年中宣部、教育部颁布了《关于普通高等学校开设"邓小平理论概论"课的通知》，1998 年中宣部、教育部下发了《关于印发〈关于普通高等学校"两课"课程设置的规定及其实施工作的意见〉的通知》，规定四年制本科开设"马克思主义哲学原理""马克思主义政治经济学原理""毛泽东思想概论""邓小平理论概论"和"当代世界经济与政治"等 5 门马克思主义理论课，以及"思想道德修养"和"法律基础"等 2 门思想品德课。

5.2.2 思想政治教育以理论课为主渠道的深化建设

2004 年《关于进一步加强和改进大学生思想政治教育的意见》中，中共中央、国务院全面阐述了加强和改进大学生思想政治教育的指导思想、基本原则、主要任务，对高校思想政治理论课的改革和建设作出了明确的要求。2005 年中共中央宣传部、教育部《关于进一步加强和改进高等学校思想政治理论课的意见》中对高校思想政治理论课进行了设置：开设"马克思主义基本原理概论""毛泽东思想、邓小平理论和'三个代表'重要思想概论""中国近现代史纲要""思想道德修养与法律基础"等 4 门必修课；同时开设"形势与政策"和"当代世界经济与政治"等选修课。

标准化建设是明确思想政治教育工作尺度的内核彰显，是新时代我国思想政治教育迈向内涵化、高质量发展的主要标志。2015 年教育部印发的《高等学校思想政治理论课建设标准(暂行)》对高校思想政治理论课程设立了七项核心指标，为高校思想政治理论课程的发展提供了方向。2018 年 4 月，教育部出台了《新时代高校思想政治理论课教学工作基本要求》，从教务、教学、管理等三方面深化了高校思想政治理论课建设标准。2019 年 2 月23 日，中共中央办公厅、国务院办公厅印发的《加快推进教育现代化实施方案(2018—2022年)》提出了推进教育现代化的一项重要任务是"实施新时代立德树人工程"。在该阶段我国高校思想政治教育政策主要围绕提升思政课程教师专业能力、推进思想政治教育工作标准化建设、提出课程思政教育新理念、深化高校实践育人工作体系等内容进行展开。

对于教师队伍建设，2013 年《教育部办公厅关于组织 2013 年高校思想政治理论课骨干教师研修的通知》提出，通过理论与实践相结合的培养方式，提升高校思政课教师的能力素质；通过颁布《关于加强和改进高校青年教师思想政治工作的若干意见》《普通高等学校思想政治理论课教师队伍培养规划(2019—2023 年)》等相关政策文件，从组织思政课教师的培训，到建立实践研修基地，再到为高校思想政治课教师制定培养规划，将理论与实践两个方面相结合，促使思政课教师培养计划落实、落细，从而使得高校思政课教师的理论和业务知识逐渐深厚，提高思想政治教育质量。

5.2.3 思想政治教育"三全"育人及课程思政的推进

2017 年，中共中央、国务院印发了《关于加强和改进新形势下高校思想政治工作的意见》，明确提出了应坚持"全员、全程、全方位"育人的理念。2018 年 5 月教育部出台了《"三全育人"综合改革试点工作建设要求和管理办法(试行)》，从教育部至各省市各级教育主管部门及各个高校都深入推动了"三全育人"综合改革试点工作，为提升高校思想政治工作的有效性与实效性作出了极大的努力。

"三全育人"的实施，改变了德育的孤立化和运行状态，符合品德形成的复杂性和发展性之要求，彰显了德育的全面性和立体性，使得德育真正成为树人、成人的德育。

课程是落实立德树人重要任务的关键环节。课程育人是"三全育人"中十大育人体系的重要组成部分。2018 年课程思政教育理念在全国高校兴起，大家进入探索期和经验积累期，教育部也及时颁布了《高等学校课程思政建设指导纲要》，从课程思政建设的重要性、建设目标和内容、教学体系、具体实施办法等方面为我国课程思政的建设进行了相应规定。

这是我国颁布的首个关于课程思政的文件，规范和指导了我国课程思政的建设。此外，《高等学校课程思政建设指导纲要》还提出了专业思政、学科思政等促进系统化推进课程思政教育理念实现的概念，使得课程思政从单个突破升级到群体的集聚，逐步形成协同育人大格局。

5.3　课程德育要求的政策发展视角：改革开放以来课程德育的历史变迁

课程总是随着社会的发展而处于一种动态的发展过程之中，结合改革开放历史进程的基本脉络，我国课程德育政策的发展过程大致经历了重建与探索、改革与完善、系统与整合以及创新与深化四个阶段。

1. 课程德育政策的重建与探索时期(1979—1989)

党的十一届三中全会后，高等学校在摸索改进和加强思想政治工作方面作了许多努力，也有一些成绩。但这一时期许多地方在政治思想战线上存在着一定程度的混乱现象，许多高等学校不同程度地削弱了党的思想政治工作。为了改变思想政治教育的内容、形式和方法不适应新形势要求的现象，我们党和一部分教师开始通过以下途径进行摸索。

1) 设立思想政治教育专业

1984 年制定的《国营企业职工思想政治工作纲要(试行)》中提出，有条件的高等院校应创立政工专业，要在全国逐步建立起初级、中级、高级政工人才正规化培训网络。为落实这一精神，教育部召开了政工专业论证会，确定学科名称为"思想政治教育学"，专业名称为"思想政治教育专业"，初步议定了专业的课程设置，并决定从 1984 年开始招生。经教育部审批，第一批开办思想政治教育专业的高校有 12 所。

2) 用社会实践、业务课、思想疏导等多种方法进行思想政治教育

针对资产阶级自由化思潮侵袭导致在个别高等学校出现学潮的深刻教训，1987 年，中共中央作出《关于改进和加强高等学校思想政治工作的决定》，指出要坚持不懈地全面阐述党的十一届三中全会路线的两个基本点；要积极引导学生参加社会实践；要把思想政治教育与业务教学工作结合起来；要对学生严格要求，积极疏导。

3) 发掘课程中的德育元素

各科教材中有着丰富的德育元素，以教材为载体，结合教学过程使其有机有序地传授给学生，其教育效果是其他任何德育活动所不能替代的。如王树林在《谈谈化学教学中的爱国主义教育》一文中提出用"大力宣传我国的化学成就，介绍我国化学家的爱国思想和行为，紧密结合教材内容，给学生讲述一些化学史上有名的爱国主义小故事"等方法，进行思想政治教育。

4) 尝试将图文并茂的教学工具、材料加入课程

在使用传统的板书作为教学工具的基础上，尝试运用插画、图片使思想教育形象化、

生动化。姚兴耕在《根据数学课特点进行思想政治教育》一文中提出，用富有教育意义的、形象生动的插图和有说服力的数学材料，使学生受到初步的辩证唯物主义观点的教育。

总之，这一时期，有部分教师在教育教学中自发地进行思想政治教育，他们主要通过讲授的方法进行爱国主义、集体主义、共产主义、社会主义的教育，还重点加强了对资产阶级腐朽思想和各种错误思潮识别力的教育，特别是加强对坚持一个中心、两个基本点(即坚持以经济建设为中心，坚持四项基本原则、坚持改革开放)的教育。

2. 课程德育政策的改革与完善时期(1990—1999)

在科学技术迅速发展、社会主义市场经济体制逐步在我国建立的情况下，如何培养大学生坚持社会主义意识形态，树立民族自尊、自信、自强、自立的精神？在新旧体制转换过程中还存在各种矛盾，如何引导学生树立正确的世界观、人生观和价值观，培养良好的道德品质？如何培养学生具有自力更生、艰苦奋斗的精神和坚强的意志品质？如何指导学生在观念、知识、能力、心理素质等方面尽快适应新的要求？面对学校德育工作需要研究和解决的这些新课题，我党和许多高校教师开始在以下方面进行探索。

第一，科学地规划各教育阶段的具体内容、实施途径和方法，编写适合不同年龄层次学生的教材、读物，拍制影视片，广泛宣传，反复教育，长期熏陶。各教育阶段的德育课程、教学大纲、教材、读物，教育和管理方法，学生思想品德表现的评定标准及方式等要据此加强整体衔接，防止简单重复或脱节。

第二，建立高校马克思主义理论课程体系。1995年，为了贯彻落实《中共中央关于进一步加强和改进学校德育工作的若干意见》，指出政治理论课和思想品德课是系统地对学生进行马克思主义理论教育和品德教育的主渠道和基本环节，要重点进行教学内容和方法的改革。1998年，中共中央宣传部、教育部印发了《关于普通高等学校"两课"课程设置的规定及其实施工作的意见》，提出加大"两课"教学改革的力度，积极推进邓小平理论"进教材、进课堂、进头脑"的三进工作。设置的马克思主义理论课包括马克思主义哲学原理、马克思主义政治经济学原理、毛泽东思想概论、邓小平理论概论、当代世界经济与政治等；设置的思想品德课包括思想道德修养、法律基础、形势与政策等。

第三，德育内容和方法的思索。探索与社会主义市场经济相适应的德育内容和德育方法，是这个时期重要的课题。潘懋元在《改进高校德育工作的两个问题——〈社会主义市场经济与高等学校德育建设〉序》中指出："经济体制改变了，德育工作也应当进行改善，从而与社会基础相适应。但对于社会主义道德观与市场经济的价值取向怎么一致的问题，许多人还是很困惑。这一时期德育方法上存在的问题主要表现在形式化、简单化而不讲求实效，习惯通过课堂灌输、行政命令、虚张声势来规范学生的行为，而不善于从学生的角度进行心理分析，以心理咨询的方法引导学生。"杨亦阳发表的《课堂德育的意见和方法浅谈》一文中论述，教师在课堂上要把课本的知识内容与思想内容融合在一起，不同学科的教师应根据不同教材内容，在课堂上言传身教，让学生耳濡目染，从而培养出高质量人才。徐宏兰在《各科教学中渗透思想政治教育是学校德育工作的重要途径》一文中提出，教师不能忽视教学中的育人，应把思想政治教育渗透于各科教学之中。

这一时期，德育渗透教育主要体现在道德观的落实上，许多专家学者明确提出了在各科教学过程中渗透德育教育内容。直到现在，许多专家学者都在研究如何在课程中渗透德育。在知网中查询关键词"课堂教学""渗透"的文章，从 1990 年的 2 篇论文，到 2019 年的 6476 篇论文，总体呈现上升的趋势，如图 5-1 所示。从小学、中学到大学，探索在语文、数学等基础课程中进行德育渗透的文章比较多，如图 5-2 所示。

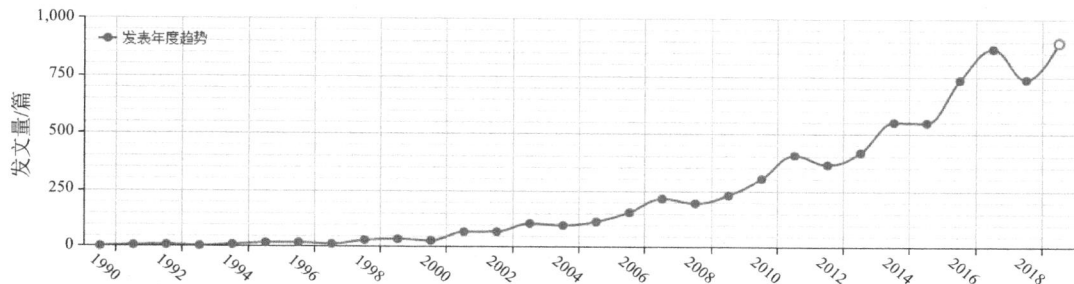

图 5-1　1990—2019 年德育渗透教育相关论文在知网上总体的发表趋势分析

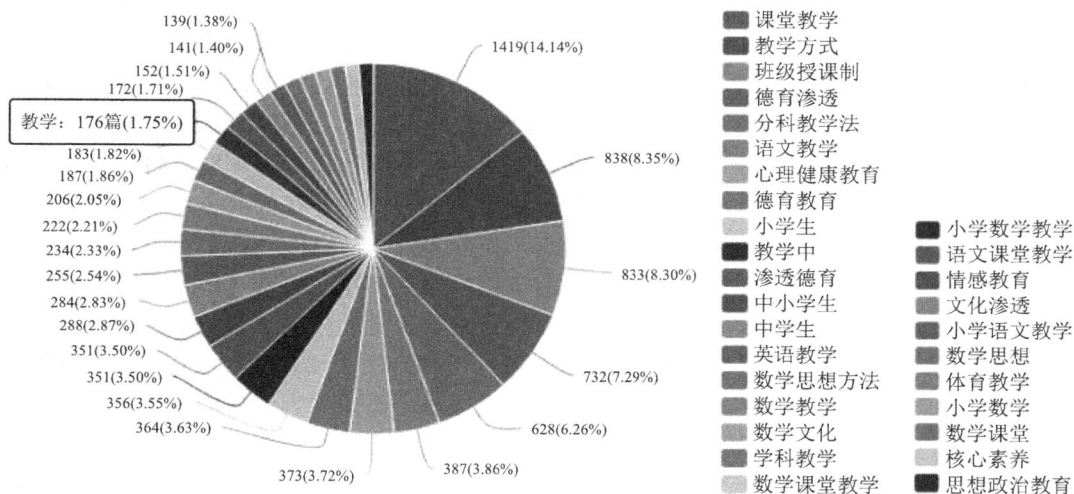

图 5-2　1990—2019 年知网上德育渗透教育主题分布图

3. 课程德育政策的系统与整合时期(2000—2009)

1999 年后，许多高等学校进行扩招，我国进入了高等教育大众化阶段。这一时期大学生思想政治状况主要体现在对国家的深厚感情、对党的坚定信仰、对社会主义的积极拥护，这一主流趋势呈现出鲜明的积极性和乐观性。但是我们也应该看到，随着信息技术的迅速发展，互联网作为信息传播的新媒体，越来越成为高校师生获取知识和各种信息的重要渠道，并对他们的学习、生活乃至思想观念产生广泛而深刻的影响。大学生面临着大量西方文化思潮和价值观念的冲击，一些大学生不同程度地存在政治信仰迷茫、理想信念模糊、价值取向扭曲、诚信意识淡薄、社会责任感缺乏、艰苦奋斗精神淡化、团结协作观念较差、心理素质欠佳等问题。

要解决上述问题，首先要关注大学生思想政治教育合力的作用。在大学教育中，思想政治理论课程是进行思想政治教育的主渠道，它在整个思想政治教育过程中居于主导地位。实施思想政治教育仅仅依靠主渠道是不够的，还需整合专业课程、通识课程、生涯课程等辅助渠道，以求形成教育合力。中共中央下发了《关于进一步加强和改进大学生思想政治教育的意见》《关于进一步加强和改进大学生社会实践的意见》《关于进一步加强和改进大学生心理健康教育的意见》《关于加强和改进高等学校校园文化建设的意见》《关于进一步加强和改进高等学校思想政治理论课的意见》《关于进一步加强高等学校学生形式与政策教育的通知》等文件，为用多种形式和方法实施思想政治教育提供了制度保障。

除此之外，还要主动占领网络思想政治教育新阵地。随着计算机的普及和网络信息技术的发展，高校网络已进入大学生宿舍，大学生的学习、生活离不开网络，它对大学生的思想道德观念、生活方式、人生态度等产生着重大影响。网络信息是一把"双刃剑"，如何正确地和它共处，成为课程德育政策整合时期的重要任务。

这一时期，学术界出现了"课堂教学是否是思想政治教育主渠道"的争论。柯登地在《"课堂主渠道"观点批判》一文中认为，实施素质教育的渠道应该而且必须是三个，即社会、学校和家庭。而课堂既不能成为实施素质教育的主渠道，也不能替代学校而与社会、家庭并列。课堂教学根本不能起到主渠道作用，如果学校和课堂被不切实际地赋予了各种难以承担的教育责任，会带来许多不良的后果。但是洪明认为，"课堂不是主渠道"论点的错误根源，在于缺乏对学校教育和课堂教学性质和功能的正确认识，误解了学校教育与非学校教育的关系。正确理解"课堂主渠道"观点，就是要树立正确的历史观，尊重历史，善于从历史中汲取营养；用矛盾分析的方法，辩证地看待学校教育与家庭教育、社会教育的关系；树立科学的批判观，正确对待学校教育和课堂教育中存在的问题，归根到底要立足于教育改革实践，不断改进和完善课堂教育，充分发挥其应有的功能。另外，学术界还出现了对"思想政治教育是学习还是行动"的争论。秦克铸在发表于《山东教育科研》期刊上的《德育"课堂教学主渠道"质疑》一文中提出，德育的任务是教会学生如何做人，是信不信、行不行的问题。德育是知、情、意、行、评辩证统一的过程，不仅要授之以知、晓之以理，而且要动之以情、导之以行。只有知识传授，而无行为引导的做法不是完整的德育。所以，建立在唯物论和实践论哲学基础上的"德育实践活动观"应当也必须作为德育首要的基本的观点。然而，大部分学者认为：课堂教学是高校教育教学最基本的组织形式，具有信息传递量大、知识传授系统全面等优势，是大学生学习知识和技能的主要渠道，自然也是获取思想政治理论知识的主要渠道。

通过以上争论，可以认识到，当前乃至相当长的时期内，学校教育仍是中国教育的主导形态，课堂仍是素质教育的主渠道，这是没有疑问的。但是，家庭教育、学校教育、课外活动、实践活动也是不能被忽视的进行德育教育的途径和方法。

4. 课程德育政策的创新与深化时期(2010 年至今)

党的十八大以来，以习近平同志为核心的党中央，开启了中国特色社会主义新时代。当今世界正在经历百年未有之大变局，国内国际形势深刻变化，不同思想文化交流交融交锋，社会思潮多元多样多变。习近平同志非常重视大学生的思想政治教育工作，他提出了一系列新理念、新思想、新观点。在课程中全面深入推进思想政治教育的工作，也从"立柱架梁"进入"内部装修"的新阶段。

1) 习近平总书记关于课程思政的新理论、新思想

2016 年底，习近平总书记在全国高校思想政治工作会议上的讲话中指出："要用好课

堂教学这个主渠道，思想政治理论课要坚持在改进中加强，提升思想政治教育亲和力和针对性""满足学生成长发展需求和期待，其他各门课都要守好一段渠、种好责任田。"2017年，中共中央、国务院印发的《关于加强和改进新形势下高校思想政治工作的意见》中指出："加强对课堂教学和各类思想文化阵地的建设管理。"2018 年出台了《关于加快建设高水平本科教育全面提高人才培养能力的意见》(简称"新时代高教 40 条")等文件，提出要"使各类课程与思想政治理论课同向同行，形成协同效应"。要加强教师队伍和专门力量建设，要完善教师评聘和考核机制，增加课堂教学权重，引导教师将更多精力投入到课堂教学上，完善教师职业道德规范，实施师德"一票否决"制。图 5-3 展示了课程思政科学体系的形成。图 5-4 直观展现了习总书记关于课程思政的新理论、新思想、新体系。

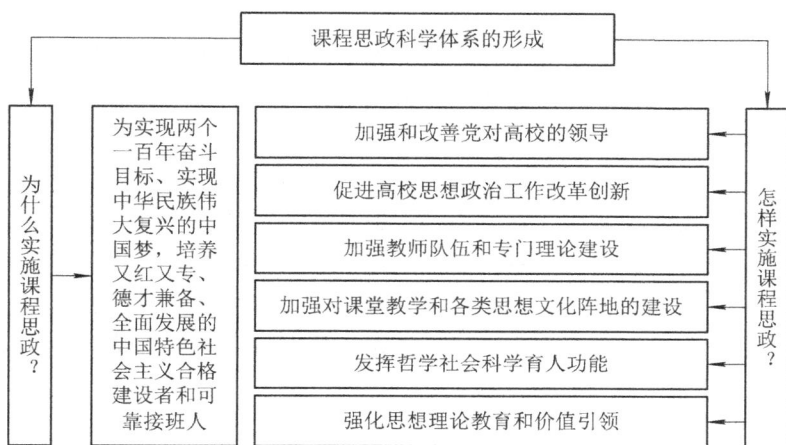

图 5-3　课程思政科学体系的形成

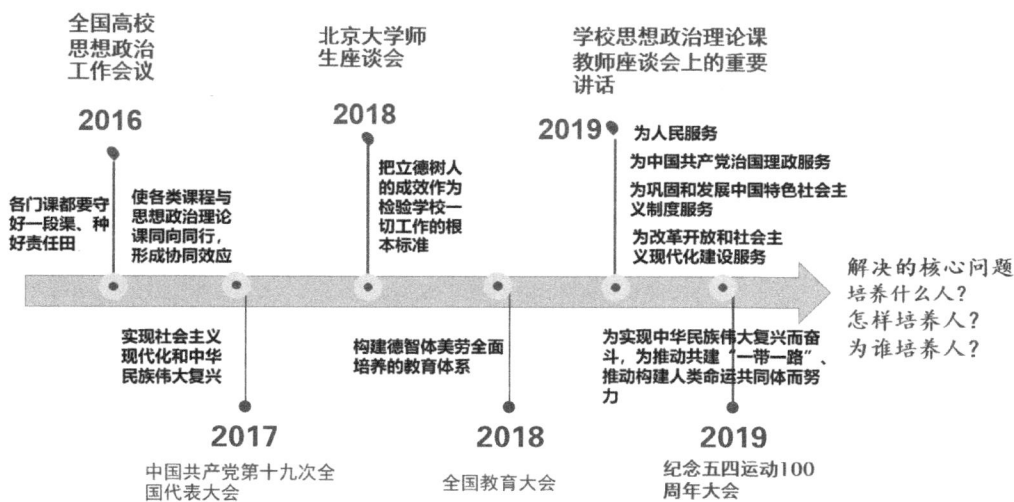

图 5-4　习近平总书记关于课程思政的新理论、新思想、新体系

2) 课程思政教育理念的明晰

学术界对课程思政教育理念进行了阐释。如伍醒、顾建民的《"课程思政"理念的历

史逻辑、制度诉求与行动路向》、陆道坤的《课程思政推行中若干核心问题及解决思路——基于专业课程思政的探讨》、邱伟光的《课程思政的价值意蕴与生成路径》等都对课程思政作了阐述。课程思政提出了以德为先的价值论，它不是一门课程，而是一个体系，在实施过程中，要结合教、打通教、融会教，深刻理解课程思政的科学内涵和精髓要义。

3) 实现课程思政教育理念必须要对教学形式进行创新

在具体操作过程中，高校教师实现了教学形式上的创新。如江颉在《新时代高校"课程思政"建设的路径探究》中提出了强化"课程思政"特色专业群建设。马前锋、滕跃民、张玉华在《思想政治教育融入专业实训课的"课中课"同向同行模式创新研究》中提出，在课堂教学中从教学设计、教学过程、教学方法、实施保障等四个方面实现思政教育与专业实训课同向同行模式实践。文中提出教学设计要将实训教学内容与思想政治理论课要点相结合，实现协同育人；提出实施"三段式"教学过程，实行"三精"教学法，相关职能部门要通力合作提供坚实保障，营造协同育人机制。

4) "互联网+"教育信息化的运用

现代信息技术与课堂教学的深度融合为实现课程思政提供了技术上的支持。运用慕课、虚拟仿真技术、混合式教学、翻转课堂、智慧教室等手段，构建线上线下相结合的教学模式，建设"处处能学、时时可学"的网络化、数字化的教育环境，实行课程思政。

这一时期，各类课程与思想政治理论课同向同行，也就是说思想政治教育"融入""融合""融活"到各类课程中，形成了课程育人科学体系，以最终达成协同育人的目的。

第三篇　教师德育领导力核心理念
——课程思政

教育者，养成人格之事业也。使仅仅灌注知识、练习技能之作用，而不贯之以理想，则是机械之教育，非所以施于人类也。

——蔡元培

第 6 章

教育理念和教学理念

6.1　认识教育理念

6.1.1　教育理念的本质特征

什么是教育理念？这是必须要厘清的。

《辞海》中对理念的解释是：理念是哲学名词。柏拉图哲学中的"观念"通常译为理念。康德、黑格尔等人的哲学中的观念指理性领域内的概念，有时也译作理念。《现代汉语词典》中把"理念"注释为"观念"，《汉语大词典》中则把"理念"直解为"理性概念"。韩延明教授认为，理念包括理性认识、理想追求、思想观念、哲学观点四个方面。理念是一个具有能反映一类事物每个个体或一类现象每种个别现象共性之能力的普遍概念。它既包含了认识、思想、价值观、信念意识、理论、理性、思想、理智，又涵盖了上述思维产品的表现物，如目的、目标、宗旨、原则、规范、追求等，而后者使理念这一抽象的概念具有了直观的形象。

教育理念，即关于教育方法的观念，是教育主体在教学实践及教育思维活动中形成的对"教育应然"的理性认识和主观要求，包括教育宗旨、教育使命、教育目的、教育理想、教育目标、教育要求、教育原则等内容。教育理念的定义应当属于规定性定义和纲领性定义的综合。教育理念既可以是系统化的，亦可以是非系统的、单一或彼此独立的理性概念或观念，这取决于教育主体对"教育应然"即教育现实的了解和研究程度，以及教育主体指导教育实践的需要。无论是系统的还是非系统的教育理念，均对教育主体的教育实践产生影响。

教育理念的本质特征体现得非常显著。教育理念是教育主体对教育及其现象进行思维的概念或观念的形成物，是理性认识的成果；教育理念包含了教育主体关于"教育应然"的价值取向或倾向；教育理念不是教育现实，但源于对教育现实的思考，是教育主体对教育现实的自觉反映。因此，理论上教育理念是理念载体即理念持有者对教育的清醒认识，是他们关于教育的真知灼见。教育理念是个外延比较宽泛并能反映教育思维一类活动诸概念共性的普遍概念或上位概念，如教育思想、教育观念、教育主张、教育看法、教育认识、教育理性、教育信念、教育信条等都包括在教育理念之中，而教育理念本身也包含了上述诸概念的共性。此外，教育理念还以上述诸概念的外在形式表现出来，以示其既有抽象性又有直观性。教育理念之于教育实践，具有引导定向的意义。

6.1.2　现代教育推崇的教育理念

通过收集资料，我国教育研究者归纳出了十条现代教育应当倡导的教育理念：一是以人为本的理念，现代教育强调以人为本，把重视人、理解人、尊重人、爱护人、提升和发展人的精神贯穿于教育教学的全过程、全方位；二是全面发展的理念，促进每一个学生在德智体美劳等方面的全面发展与完善，以造就全面发展的人才为己任；三是素质教育的理念，强调知识、能力与素质在人才整体结构中的相互作用、辩证统一与和谐发展，以帮助学生学会学习和强化素质为基本教育目标，旨在全面开发学生的多种素质潜能；四是创造性理念，加强创新教育与创业教育并促进二者的结合与融合，培养创新、创业复合型人才；五是主体性理念，它要求教育过程要从传统的以教师为中心，转变为以学生为中心、以活动为中心、以实践为中心，倡导自主教育、快乐教育，培养学生的学习兴趣和习惯，使学生积极主动地学习和发展；六是个性化理念，现代教育强调尊重个性，鼓励个性发展，主张针对不同的个性特点采用不同的教育方法和评估标准，为每一个学生的个性充分发展创造条件；七是开放性理念，传统的封闭式教育格局被打破，取而代之的是一种全方位开放式的新型教育方法；八是多样化理念，它要求对不同层次、不同类型、不同管理体制的教育机构与部门进行柔性设计与管理，更推崇符合教育教学实践的弹性教学与弹性管理模式；九是生态和谐理念，倡导"和谐教育"，追求整体有机的"生态性"教育环境建构；十是系统性理念，形成的是一种社会大教育体系，促进教育良性运行与有序发展，以满足学习化社会对教育发展的迫切要求。

教师作为教育理念的实践者也许不能改变国家经济社会发展的现状，不能改变整个社会的潮流和舆论，但教师能改变学生。只要教师不推卸、不畏难，就能在教育中激活学生的思维，彰显学生的个性，启迪学生的心灵，唤醒学生的潜能，让学生体验到成功的快乐、学习的快乐、成长的快乐，从而激发学生的学习兴趣。兴趣是最好的老师，教师可以通过设置情景、游戏等方式吸引学生，使学生产生浓厚的学习兴趣，这样学生可以在快乐的氛围中学习，同时也可以取得良好的教学效果。现代教育强调以人为本，把重视人、理解人、尊重人、爱护人、提升和发展人的精神贯注于教育教学的全过程、全方位，它更关注人的现实需要和未来发展，更注重开发和挖掘人自身的禀赋和潜能，更重视人自身的价值及其实现。

国际上比较流行的现代教育理念从宏观层面上可分为终身教育理念和学习社会化理念；从中观层面上可分为合作教育理念、创造教育理念、多元智能理念、环境教育理念、教师专业化理念；从微观层面上分析，具有重要影响力的教学理念主要有 12 种：发展性教学理念、学科基本结构教学理念、掌握学习理念、范例教学理念、交往教学理念、情商理念、认知学习理念、建构主义学习理念、最近发展区理念、教学过程最优化理念、发现教学理念、校本课程理念。国内比较流行的现代教育理念有素质教育理念、创新教育理念、以学生发展为本理念、科学教育与人文教育相辅相成理念等。

6.2 认识教学理念

6.2.1 教学理念的本质特征

教学本质上是一种技术手段，是学校实施教育的一种活动，由教学目标、内容、方式、考核等具体要素构成。教学理念是教学过程中对于认识的一种集中体现，同时也是人们对教学活动的看法和持有的基本态度和观念，是人们从事教学活动的信念。教学理念有理论层面、操作层面和学科层面之分，它对于教学活动的开展有着十分重要的指导意义。教学理念实质上是人们对教学和学习活动内在规律的认识，在此基础上开展有效教育，提升教学的效益。

教师在实施教学的过程中，教学理念应体现对以下几方面的关注：一是关注学生的进步和发展，树立"一切为了学生的发展"的思想，注重学生的全面发展，不能仅把学科价值定位在本学科上，而应定位在对一个完整的人的发展上；二是关注教学效益，不能简单地把"效益"理解为"花最少的时间教最多的内容"，教学效益取决于对单位时间内学生的学习结果与学习过程综合考虑的结果；三是关注可测性和量化，如教学目标尽可能明确与具体，以便检测教师的工作效益，但是并不能简单地说量化就是好的、科学的，应该科学地对待定量与定性、过程与结果的结合，全面地反映学生的学业成就与教师的工作表现；四是关注教师反思意识，每一个教师要不断地反思自己的日常教学行为，如"我的教学有效吗？""什么样的教学才是有效的？""有没有比我更有效的教学？"五是关注有效教学策略的形成，要求教师掌握有关的策略性知识，以便面对具体的情景作出决策，并不要求教师掌握每一项技能。

6.2.2 教师教学理念的呈现

教师的教学理念可以从以学生为主体、关注学生的进步及发展、关注教学成果、养成反思的好习惯、激发学生的学习兴趣这几个方面来呈现。作为教师，明确教学理念可以指导自己以后的教学活动。人类天生就有学习的本能，教师们要做的是引导并开发学生的这种本能。现代教育是一种主体性教育，它充分肯定并尊重人的价值，发扬人的主体性，充分调动并发挥教育主体的能动性，使外在的、客体实施的教育转换成受教育者主体自身的能动活动。主体性理念的核心是充分尊重每一位受教育者的主体地位，"教"始终围绕"学"来开展，以最大限度地开启学生的内在潜力与学习动力，使学生由被动的接受性客体变成积极的、主动的主体和中心，使教育过程真正成为学生自主自觉的活动和自我建构的过程。为此，它要求教育过程要从传统的以教师为中心、以教材为中心、以课堂为中心转变为以学生为中心、以活动为中心、以实践为中心，倡导自主教育、快乐教育、成功教育和研究性学习等新颖活泼的主体性教育模式，以点燃学生的学习热情，培养学生的学习兴趣和习惯，提高学生的学习能力，使学生积极主动、生动活泼地学习和发展。表现在微观上，教学理念以促进每一个学生在德智体美劳等方面的全面发展与完善、造就全面发展的人才为己任。这就要求人们在教育观念上实现由精英教育向大众教育、由专业性教育向通识性教育的转变，在教育方法上采取德智体美劳等几育并举、整体育人的教育方略。

教师的真正本领，不在于是否会讲述知识，而在于是否能激发学生的学习动机，唤起学生的求知欲望，让他们兴趣盎然地参与到教学过程中来。教师最大的享受、最大的乐趣就在于觉得自己是学生所需要的，是学生所感到亲切的，是能够给学生带来欢乐的。站上讲台的教师，是合格教师；站稳讲台的教师，是骨干教师；站好讲台的教师，是专家型教师。把一流的学生培养成一流的人才的教师，只能算是三流的教师；把非一流的学生培养成有用人才的教师，才是真正一流的教师。教师是"介绍人"，介绍学生与学习相依相恋；教师是"打火机"，将学生的学习热情和智慧火把迅速点燃；教师是"领头羊"，引领学生走进知识的茫茫草原；教师是"味精"，将学生应掌握的知识变成色、香、味俱全的美味大餐。

6.3　教育理念和教学理念的差异性认识

教育理念和教学理念都是关于人才培养的理念，仅一字之差，它们既相互联系，又相互区别，两者是整体与部分之间的关系。具体的差异性表现在以下方面。

1. 内涵不同

教育理念的本质是价值体系。教育理念是人们追求的教育理想，是建立在教育规律基础之上的一种"远见卓识"，它能正确反映教育的本质和时代的特征，是教育思想家乃至整个民族长期蕴蓄和形成的教育价值取向的反映、体现和追求，是关于教育发展的一种具有理想性、精神性、持续性和相对稳定性的范型，同时具有导向性、前瞻性、规范性的特征。教学理念是人们一种理想化的教学活动。它是人们对教学和学习活动内在规律认识的集中体现，同时也是人们对教学活动的看法和持有的基本态度和观念。教学本质上是实施学校教育的一种活动，由教学目标、内容、方式、考核等具体要素构成。

2. 范围不同

教育理念包含教学理念，教学理念是教育理念的一个组成部分。教育理念主要是宏观性的，如终身教育、学习社会化、多元智能、素质教育、创新教育、科学教育与人文教育相辅相成等。而教学理念注重的是针对教学过程的态度和认识，如关注学生的进步和发展，关注对单位时间内学生的学习结果与学习过程综合考虑的结果，关注教学目标是否尽可能明确与具体以便检测教师的工作效益等。

3. 侧重点不同

教育和教学的侧重点有所不同，教育理念的侧重点在于育，在人的各个阶段都存在教育，教育的形式也多种多样，包括家庭教育、学校教育、社会实践教育等；教学理念的侧重点在于学，往往是在学校或教育机构中，在教育主体讲授各种基础知识和基本技能的过程中，持有教学观念来组织实施教学。

第 7 章

对课程思政作为教育理念的理论认识

课程思政始于领会课程思政政策要求，从对政策的理解中明确课程思政建设的任务，这是学校和教师的实践状况。学者们还在概念辨析、内涵阐释、过程环节、方式方法、主体要求等方面边实践边研究，初步形成了研究框架，厘清了践行逻辑，经历了概念辨析、指向澄明、体系构建、转化落实等阶段，进一步明晰了课程思政内涵，打造出高等教育课程思政体系，推进了高校的课程思政建设。

课程思政作为一项涉及面广、参与主体多、对课程改革影响较大的新理念，它的理论研究和实践工作必然要走向系统化、整体化，这是影响课程思政内部张力的重要因素。后续还要深入研究课程思政的学理逻辑和内在规律，加强整体性、系统性、规律性研判，建构课程思政建设体系，优化课程思政运行机制。只有把课程思政的体系、机制建构好，才能稳住课程思政建设的底盘，不断推进高校思想政治教育创新，不断深化课程改革。

7.1 课程思政的内涵及特征

7.1.1 课程思政的内涵

课程是按照一定的社会需要，根据某种文化和价值取向，为实现学校培养目标而规定的所有学科的总和，是教学的基本依托，也是教育得以实现的载体。课程对于落实高校立德树人根本任务，牢牢把握高校思想政治教育话语权有着重要的意义。增强思想政治教育的实效性需要树立全课程育人理念，因此课程思政作为教育理念应运而生。

课程思政实质上是为了化解高校课程育人只是思政理论课任务的"孤岛化"困境，是为了促进高校思政课与其他课程协同育人格局的有效形成。我们之所以提出课程思政，核心就是要解决原来在人才培养过程中没有解决好的三个问题：一是没有正确地认识知识传授与价值引领之间的关系；二是教师德育能力和德育意识没有得到良好的提升；三是各门学科思政教育没有得到充分的挖掘。

时任教育部部长的陈宝生有过这样的论述：课程思政就是专业课和真善美的结合，人类的专业知识都是人类在追求真善美的过程中逐渐形成的，所以在每一个专业领域，都天然地蕴含着真善美的元素，而所有的真善美元素又自然地归属于各个专业知识领域。所以推进课程思政建设，从本源上来讲既是一种升华，也是一种回归。推进课程思政建设并不是在专业课中加上思政，而是要深度挖掘专业课本身内在的、丰富的思想政治元素、思想政治资源，然后实现高度的融合、有机的统一。统一之后育人的效果就会提升，从而推动人才培养质量的整体优化。

目前学术界对课程思政的研究还没有统一的定论。邱开金认为："课程思政不是特定的一门或一类具体教学科目或某一教育活动，而是学校育人的所有教学科目和教育活动，都渗透和贯穿着思政教育，其特点是以课程为载体，思政教育是灵魂，课程的育人功能和价值取向鲜明，而传统的课程边际被淡化。"有的学者认为，课程思政是指高校教师在传授知识的基础上引导学生将所学的知识转化为诸如德行等的素质和能力。笔者认为，课程思政是将思想政治教育融入课程教学的全过程，将"隐性思政"与思想政治理论课相结合，共同发挥所有课程的育人功能，有利于各门课育人功能的发挥，有利于各科教师育人职责的充分体现，从而提高全体教师的德育意识与德育水平，改变只教书不育人的现状。

归纳来讲，课程思政是回归高校所有课程本身的意义，回归课程知识宣讲中价值引导的本真。如此，课程不再是简述知识表面的意义，不再是知识体系的简单认识，而是将知识和知识体系中所蕴含的思想政治教育元素充分彰显，助力思想政治教育目标的实现，是挖掘所有课程的知识体系中思想政治教育的内容，重新建构课堂知识的表现状态，为静态的知识赋予鲜活的生命。这里要树立一个认识，即一切教育活动都具有德育育人的作用，而它的实现和带动者就是教师，全体教师通过课程思政教育理念在教学中的实现，完成其肩负的德育责任。它要求学校要构建全员、全过程、全课程的育人格局，在各种教育活动中，把"做人做事的基本道理、社会主义核心价值观的要求、实现民族复兴的理想和责任"这三句话融入各类课程和教育教学全过程中，在立德树人上实现同向同行。

加强知识体系"教"与价值体系"育"的结合，在知识传授中注重价值引领。教师在对自身德育职责的认同下，改变以往智育与德育的二元发力状况，形成智育与德育的综合性教育理念，就是使各类课程与思想政治理论课同向同行，形成协同效应。当然，它不是指将所有课程都视为思想政治课程，不是用思想政治教育代替专业课教育，而是将思想政治教育融入专业课程，对专业课程的德育资源进行深入挖掘，以课程为育人载体，将过去仅仅依靠思想政治教育课程进行思政教育的理念，升级为涵盖各种学科、贯穿课程体系的大德育和大思政教育理念，在专业课程中润物无声地进行隐性德育。

7.1.2　课程思政的特征

1. 全面性特征

全面性在课程思政建设中表现出全员、全课程、全体系的特点，就是动员学校的所有教师员工，在所有的课程当中开展育人工作。课程思政教育理念体现在所有课程当中，既包括专业课也包括思政课，既包括任课教师也包括管理者。全课程育人是指课程思政建设是所有课程共同参与的，并不是指开设一门新的课程，也不是仅仅在某一门课程当中单独去建设课程思政。课程思政将立德树人的教育理念贯穿在全部教学活动中，让每一门课程都能发挥它的育人能力，把多种课程凝聚在一起，形成一个巨大的育人影响力。课程思政实现了高校育人资源的整合，将高校的育人资源由零散转化为系统，是显性和隐性德育的统一。显性德育课程是思政课，隐性德育课程是指除了思政课之外的所有课程。全体系是指高校的人才培养体系包括教学、教材、管理、学科建设、思政等多个方面，开展课程思政建设需要学校的管理人员、全体教师共同参与，推动课程思政建设的不断发展。

2. 多元性特征

在课程思政教育理念的背景下，专业课的教育内容、教学方式方法呈现出多元性的特征。专业课的教学内容并不只局限于专业课程的知识范围，而是将思政元素、爱国主义情怀等融入其中，实现思政元素与专业知识的有机融合。课程思政的教学方式也具有多元性的特征，是集合了多种学科的智慧形成的全面性的教学方法。当然，多元化教学方法并不是盲目融合，而是结合不同学科特点的有机融合。在课程思政建设过程中，不同的专业课程具有不同的特点，如何将思政元素有效地融入其中，所采用的方法各不相同，挖掘思政元素的方法也会有所不同。课程思政建设具有多元化的特征，是因为需要尊重不同专业课程的特殊性，在这个前提下，才能更好地融合思政元素。无论采用的教育教学方法如何丰富多样，或者在形式上怎样变化，最根本的目的都是实现价值引领，实现立德树人。

3. 深刻性特征

习近平总书记历来重视学生的德育工作，多次强调要将德育融入教育的全过程中。开展课程思政建设，是对习近平总书记要求的积极回应。课程思政是在长期的教学实践中形成的，是解决学生德育工作存在问题的方法。其深刻性主要表现在课程思政的目的与意义上。课程思政的目的是培养有爱国主义情怀、有责任、有担当的社会主义建设者。这对于应对风云变幻的国际形势，打造中国未来建设的"梦之队"，解决高等教育中存在的"两张皮"问题具有重要意义。对于学生个人发展、教育事业发展、国家发展，课程思政建设都具有深刻性。

4. 隐性教育特征

课程思政建设相对于思政课而言具有隐性教育的特征，课程思政建设渗透在一系列的专业课教学中，通过思政元素与专业课教学的有机融合，将德育的内容逐步地渗透到日常教学活动中，采用潜移默化的隐性的教学方式对学生实现价值引领。渗透性和潜隐性是隐性教育的两大重要特征。其中，渗透性是指课程思政的教学并不是采用直观的道德说教的方式展开的，而是将思政元素融入专业知识中，实现两者有机结合，把德育贯穿到教育全过程。潜隐性特征是指课程思政相对于思政课而言，其展开形式具有隐蔽性，对于大学生展开道德教育，引领大学生树立正确的价值观采用的方法是潜移默化的。

7.2　课程思政作为教育理念的本质

7.2.1　课程思政具备教育理念的本质特征

教育要回答三个问题："为谁培养人、培养什么样的人和如何培养人。"我们的教育已经旗帜鲜明地提出，为国家培养德智体美劳全面发展的社会主义建设者和接班人，将专业知识的传授与育人过程有机结合，"育德"与"育智"并进，立德树人，回答了"为谁培养人、培养什么样的人"的问题。

但是，现代科技和商业的发展凸显了知识和技术的重要性，大学教育中也因为过分注重知识和技术而淡化了教育的育人功能。学生通过严谨的专业学习，其专业知识和技能日益扎实和熟练，但其世界观、人生观和价值观并没有通过这些课程的引领而获得显著的提升，结果导致高成本培养出大量"高精尖"的"精致的利己主义者"。他们在各种利益和诱惑面前容易失去正确的判断力而迷失方向，这就是中国教育面临的"培养什么样的人"的问题。

在网络发达的时代，网络渗透导致市场化和全球化的进程大大加快，社会文化形态多元化，人们的思想也随之多元化，加之百年未有之大变局中各种意识形态的强力传播和渗透，意识形态的斗争日趋激烈，对青年人的争夺更加白热化。现在的高校学生大多是"00后"，他们见证和经历着中国的崛起，因此朝气蓬勃、好学上进、视野宽广、开放自信。同时，他们的知识体系搭建尚未完成，看问题容易片面，情感心理尚未成熟，思维活跃易冲动，价值观塑造尚未成形，在负面环境中更容易丧失理想信念、迷失方向。

"如何培养人"，这是立德树人的方法问题，也就是要树立一种合适的教育理念，从而确定人才培养的路径、措施和手段，是对教育规律、人才成长规律的遵循、传承和实践。习近平总书记在全国教育大会上提出，要坚持党对教育事业的全面领导等"九个坚持"和在坚定理想信念上下功夫等"六个下功夫"，是高校立德树人的总方针。"德才兼备，以德为先"的人才具体而言是德智体美劳全面发展的人才。要完成"立德树人"根本任务，需要遵循"全面发展"的人才成长根本规律，具体的方法就是要坚持"五育"并举，突出"育人为本，德育为先"，在"五育"中强化理想信念教育、社会主义核心价值观教育和中华优秀传统文化教育，扣好青年学生人生的第一粒扣子，同时要加强劳动教育和实践教育，坚持以美育人、以文化人，坚持全员、全程、全方位育人，把思想价值引领贯穿教育教学全过程和各环节。

大学要回归本质职能，把"培养人"作为根本任务，核心是高等学校要倾心培养社会主义建设者和接班人，帮助学生成人和成才，高校要用知识体系教、用价值体系育、用创新体系做。而让这一任务回归专业教师异常重要，根据不完全统计，高校教师中约80%是专业教师，课程中约80%是专业课程，学生学习时间中约80%用于专业学习，约80%的大学生认为，对自己成长影响最深的是专业课和专业教师。我们可以认为高校专业课是思政教育的基本载体，如果专业课教师能加入进来，把知识传授、能力培养、价值引领结合起来，学生会更容易理解和接受，由此提出了课程思政的概念。

教育部《高校思想政治工作质量提升工程实施纲要》详细规划了课程、科研、实践、文化、网络、心理、管理、服务、资助、组织等"十大育人体系"，旨在打通"如何培养人"的"最后一公里"，构建起人才"全面发展"的培养体系，这其中课程思政处在首位。

习近平总书记指出，要"用好课堂教学这个主渠道。所有课堂都有育人功能，不能把思想政治工作只当作思想政治理论课的事，其他各门课要守好一段渠、种好责任田。要把做人做事的基本道理、把社会主义核心价值观的要求、把实现民族复兴的理想和责任融入各类课程教学之中，使各类课程与思想政治理论课同向同行，形成协同效应"。这段指示，深刻蕴含了课程思政在"如何培养人"的过程中呈现出的教育理念的特征。就是课程作为教育主体的重要部分，必须承载着"教育应然"的价值取向或倾向，用习近平新时代中国特色社会主义思想铸魂育人。专业教师在教学过程中把知识传授、能力培养、价值引领结合起来，就实现了课程思政元素的融入。课程思政作为一种教育理念，是教育主体对教育及其现象进行思维的概念或观念的形成物，是源于对教育现实的思考，是教育主体对教育现实的自觉反映，也是要求课程作为理念载体、教师作为理念持有者对实施的专业教育独有的清醒认识和关于教育的真知灼见。

课程思政作为一种教育理念，也呈现其外延比较宽泛并能反映教育思维一类活动诸概念共性的普遍概念或上位概念，课程作为教育的一个主要载体，强调课程思政理念，就是要在课程教学中体现出教育思想、教育观念、教育主张、教育看法、教育认识、教育理性、教育信念、教育信条等；就是要坚守为党育人、为国育才，引导学生增强中国特色社会主义道路自信、理论自信、制度自信、文化自信，厚植爱国主义情怀，把爱国情、强国志、报国行自觉融入坚持和发展中国特色社会主义事业、全面建成社会主义现代化强国、实现中华民族伟大复兴的奋斗中。课程思政更加赋予课程教学以教育意义。"教育"内含"教"与"育"两个方面，"教"的对象是知识，"育"的对象是价值。全面推进课程思政建设，从我国发展来讲，影响甚至决定着接班人的问题，影响甚至决定着国家长治久安，影响甚至决定着民族复兴和国家崛起。

7.2.2　课程思政教育理念促进了教学向教育的转变

从教学向教育转变与课程思政的本质要求是相一致的。改革开放以后，我国工作的重心开始转向经济建设，按照市场的需求来培养人才不仅逐步成为我国各个高校的现实选择，也逐渐成为每个学生及其家庭的自我学习定位诉求，高等教育的经济价值与功能、专业逻辑与方法得到了充分的彰显，高等教育的育才功能被不断拔高和放大，高等教育的育人功能却逐渐被削弱和淡化。虽然，我国长期以来强调学生的思想政治和道德品质培养，也在各专业人才培养方案中强调了素质培养，但实际上专业教师在教学实践过程中，还是聚焦于专业知识、理论和技能的教育，而学生的"三观"培育和引领主要靠思想政治理论课来完成，学生的日常教育由辅导员完成。大学学习的重心就是学习特定领域的专业知识、理论和技能，专业课程最为重要。而且，专业课施教的内容只是知识的真理功能，没有把知识的价值功能引领出来。专业课育才功能渐渐被拔高和放大，育人功能渐渐被削弱和淡化，这种只育才不育人的现象导致了育人与育才相分离。

教育应该是育才与育人的有机统一，实施的任何教育都必须注重两者的功能协调发挥。高等教育不仅要培养学生某一领域的知识、理论、能力和素养，更要引领学生形成正确的世界观、人生观和价值观(以下简称"三观")。譬如，大学生的人才培养方案既有专业课也有思想政治品德课，每门课程在教学设计中，既要有专业知识的培养要求，也要有价值培养的要求以便能促进育才与育人有机统一的教育实施。要实施全课程育人，我们提出了课程思政的概念，本质意义就是要求教师在实施任何课程时，都要注重人才的"三观"教育，这也是新时代高等教育新的教育理念。

课程思政教育理念的形成，不仅是高等教育价值观的理性回归，也是大学本质职能的回归和大学教师天职的回归。课程思政教育理念的确立，既反映了教育与受教育者的价值关系，又在这一认识的基础上确定了教育行为的价值取向。高等教育的价值应该是在知识的传授与创新中，促进人的理智发展、身心的和谐发展和人格的完善健全，乃至人的全面发展，当然，首要价值还是在于服务国家和经济社会发展，为国家和经济社会发展培养人才。依据这种高等教育价值观，无论是大学的人才培养，还是大学的科学研究等都应该服从于国家发展战略，为经济社会发展服务。

课程思政是高等教育价值观实现的引擎。教师树立课程思政教育理念，能帮助其在人才培养方面，重视教学中的德育职责，在实施专业知识和能力的教育中，强调对学生思想政治和道德品质方面的熏陶，同时注重人文底蕴和科技素养方面的训练，结合本课程的特点把知识传授与价值引领深度融合，真正意义上促使教师由教学向教育转变。学校树立课程思政教育理念，能提升人才培养目标定位，促使学校和教师站在"为党育人、为国育才"的高度来定位人才培养规格、设计人才培养方案。以往在人才培养过程中更多地是根据用人单位眼前的现实需求，聚焦专业知识和能力的培养，而不是根据党和国家的战略需要、经济社会发展的长远需要，突出综合能力和综合素养的培养，因此无法实现知识传授、能力培养和价值引领的有机统一。当今我国大学课堂不能只讲学科专业知识理论，只培养学科专业技能，应该将知识传授和能力培养、价值塑造三者有机融为一体，围绕政治认同、家国情怀、文化素养、宪法法治意识、道德修养等重点优化课程思政内容供给，帮助学生塑造正确的"三观"，这才是大学人才培养的应有之义。

7.2.3　课程思政教育理念下形成的一种新的课程观

要把一种理念变成人的素质，光有对这种理念的认同是远远不够的，还需要对这种理念有进一步的感悟，而这种感悟只有在实践中才能得到。课程思政是一种教育理念，它不是简单的"课程＋思政"。开展课程思政实践时，如何破解知识与价值之间的割裂问题，成为教师必须面对的难题。课程思政是一种新的课程观，强调的是将课程与思政进行有机融合，甚或是化合反应，以构建出一种新的课程，这一课程依托于教师的精心设计与尽心传达，引领学生随之"从游"，实现润物无声的隐性教育。

从认识层面，教师要认识到，课程思政教育理念的实施，意味着教师的角色发生了根本性的变化，从单纯的知识传播者，转变为健全人格的塑造者和正确价值观的引导者。在各类专业课程中，不同学科蕴含的科学精神、人文素养成为课程不可或缺的重要元素和内容。专业课教师不仅传授业务知识，更要努力传播先进思想理论，争做教书育人的"大先生"，实现专业育人与思政育人一体化。作为落实立德树人根本任务的隐性育人课程，专业课课程思政绕不开对其价值本源问题的探讨，主要涉及三个层面：育人理念上，关乎价值导向与知识导向；培养目标上，关乎技能训练与人的全面发展；课程形式上，关乎意识形态主导性与课程形式多元性。课程思政需要聚焦育人价值本源，找准价值定位、问题症结和努力方向，明确"如何看""怎么办"。

从行动层面，课程思政的重点应在"课程"，是以思政元素促课程建设，在知识传授中呈现思政元素；课程思政的灵魂应在"育人"，是以思政元素来立德树人；课程思政中的"思政"，不能局限于思政课所讲的马克思主义理论，更不是借由专业课渠道来实施另一种马克思主义理论的显性教育。基于新的课程观，专业课中的知识传授不能局限于一般性地讲解知识的原理，还要讲清知识的价值，从而将育"智"作为育"志"的重要基石，教师教学的目标不仅是帮助学生获得专业知识，还在于通过专业知识的教学帮助他们建立起自身与他人、社会、民族的联系，并在这种联系中确定人生价值、明确人生志向。专业课中的知识传授不能止步于松散式地讲知识点，而要讲清知识的体系，从而将授"鱼"作为授"渔"的关键支点；专业课中的知识传授不能满足于灌输式地讲工具性的知识，还要讲清伦理性的知识，从而将"激活知识"作为"激活学生"的有效抓手，人是使用知识的主体，只有讲清伦理性的知识，即教给学生"如何正确使用知识的知识"，才能保证知识造福于人。

在实践课程中，多元化的课内课外实践课程能够创设社会情境，唤醒理论思维与感性体验的内在张力，让学生在理性与感性的不断碰撞中真切体验、感受建党百年来筚路蓝缕、披荆斩棘的奋进历程和辉煌成就，不断增强对党的领导和中国特色社会主义的政治认同、思想认同、理论认同、情感认同。同时，课程思政实现了科研育人、管理育人、服务育人、文化育人、组织育人。譬如，通过理论宣讲、志愿服务、政策解读、劳动教育等，引导学生在服务社会中提升素质和能力；通过创设网络化思政课堂、思政微课、思政视频等，突破传统思政教育时空限制，叠加传播效能；利用微信公众号、朋友圈、短视频等网络传播圈层，探索思政教育"微阵地"，推进虚拟课堂与现实课堂有效衔接，提升思政课程的时代感和吸引力。

第 8 章

从两重实践逻辑层面进一步解析和促进课程思政教育理念的落实

8.1 课程思政的发展实践逻辑

8.1.1 发展实践逻辑中的历史赓续

课程思政是对新时代教师教书育人职责的深化和拓展，也是一种发展的赓续。前述中已经把我国德育教育的发展和思想政治教育改革开放以来的实践进行了阐述，这些在我国高等教育培养人的过程中发挥了非常重要的作用。但是，现代社会的科技发展，需要培养大量知识和技术兼备的人才，我们的大学教育或者说大学专业教育，很多教师只注重知识和技术本身的传授，没有深刻地与学生探讨知识和技术赋予的正确价值观的引领，从而淡化了教育的育人功能。

1. 大学生知识增长需要新理念——课程思政

当代大学生的成长环境更为复杂，国际政治局势和经济局势日趋动荡，科技发展日新月异，未来社会充满着不确定性，我们培养的人才要具有创新精神、创新素养，是创新者、创造者，而不是"复制者""搬运工"。要摒弃"小富即安"的思想，保持"居安思危"的竞争意识。大学是学生迈入社会的重要过渡期，在这一时期，学生不仅要增加知识储备，同时也需要培养人格、塑造品性、培育公共精神，这是高校的责任也是职业教师的重要任务。人才培养是育人与育才相统一的过程，新时代教育要将知识学习与道德培养融为一体，形成协同效应，构建全员、全程、全方位的育人大格局。课程在大学教育中承担很重要的作用，而课程理念对于课程价值的发挥有着重要意义。工业时代追求规模效应，信息化时代则需要树立现代意识，走在时代发展与进步的最前沿。当今社会的个体化需求特征鲜明，生产力需要定制化，因此对社会的各种需求要有所了解，而且还要顾及发展的可持续性，考虑整体资源的应用、修复和承载能力。同时，信息化时代需要系统思维，要认识到任何一项创新都是复杂的系统工程，一系列产业链、价值链是相互关联的。因此，新时代"立德树人"这一根本任务需要学生具有鲜明的前瞻意识,能够有效应对社会发展进程中的各种挑战。

2. 大学生心智成熟需要新理念——课程思政

重建课堂教学中的价值观教育,可以提升人的生命价值和创造人的精神价值。大学生的顺利发展是建立在健康成长基础上的,正确的价值观教育和引领,能促进大学生的心智成熟,因为价值观对个体行为具有重要的解释、预测和导向作用,因此亟须在高等教育的全过程中给学生以正确引导,为国家培养德智体美劳全面发展的社会主义建设者和接班人。

3. 高等教育的发展需要新理念——课程思政

2021 年 4 月 30 日起实施的《中华人民共和国教育法》中对中国教育提出了三个要求:"教育为社会主义现代化建设服务,为人民服务""培养德智体美劳全面发展的社会主义建设者和接班人""教育必须与生产劳动和社会实践相结合"。教育必须培养社会发展所需要的人是大家的共识,即培养社会发展、知识积累、文化传承、国家存续、制度运行所要求的人。每个国家都是按照自己的政治要求来培养人,我们就是要培养社会主义建设者和接班人。在大学教育中,无论教师教授什么课程,都应该用好课堂这个主战场,挖掘课程和教学方式中蕴含的思想政治教育资源,实现全员、全程、全方位育人。

8.1.2 发展实践逻辑中的未来取向

大学教育在回答"培养什么样的人、如何培养人和为谁培养人"这一根本问题时,要用前瞻性的思维去认识和实践,课程思政一定程度上赋能了大学教育的教学实施。课程思政作为一种教育理念,是在教师的教学实践中,帮助和促进学生在专业知识学习过程中,形成正确价值取向和丰盈精神世界的教育实现过程,这其实是课程思政育人成果的独特价值。

1. 课程思政赋能教育未来取向——由适应到引领

高校人才培养,从简单地适应知识到在知识传输时注重价值引领。所谓适应性培养,就是高校在强调确定性特征的前提下,培养适应性人才。世界未来的发展不管是经济还是社会发展状态,都带有很强的不确定性。20 世纪 80 年代,澳大利亚原未来委员会主席埃利亚德就说过:"未来不是一个我们要去的地方,而是我们要创造的地方,通向它的道路不是人找到的,而是人走出来的,走出这条道路的过程既改变着走出道路的人,又改变着目的地本身。"当今世界处在百年未有之大变局,面临的不稳定性和不确定性日益突出,世界经济增长动能不足,贫富分化日益严重,地区热点问题此起彼伏,恐怖主义、网络威胁、重大传染性疾病、气候变化等非传统安全威胁持续蔓延,人类面临诸多共同挑战;而世界多极化、经济全球化、社会信息化、文化多样化的发展趋势日益凸显,世界格局明显转变;全球治理体系和国际秩序变革加速推进,国际政治、经济、科技、文化、军事等诸多领域的博弈和冲突交织,国与国之间的竞争加剧。凡此种种,都需要科学地预见其发展的走势,全面准确地认识隐藏在其中的风险挑战,做到未雨绸缪,为防控风险赢得主动。面对充满不确定性的未来,高校承担着培养应对未来挑战的人才的使命,以确保他们能够在不断变化的环境中脱颖而出,构建一个更加美好的未来。这要求我们培养出的人才有一种引领性品格,引领性品格的培养就是课程思政教育理念,促进教师在讲授知识时,注重价值引领的培育，使得学生在不知不觉中形成引领性品格。今天我们的高校要面向未来社会培养高素质人才，就应从适应性地面向确定性未来，转变为引领性地面向不确定性未来，特别是要着力培养学生创造未来的素质，这样才能真正做到"既改变着走出道路的人，又改变着目的地本身"。

2. 课程思政赋能教育未来取向——由制器到人文

现在的教师，都是在过去的教育理念下成长起来的，"制器"的人才培养方式在他们身上留下了很深的痕迹，时代的发展需要他们培养适应未来需要的创新型人才，这就要求教师要对未来的社会、经济、科学的发展有很高的关切度，要去思考这些发展对教育所带来的影响。教育需要教师有什么样的转变？联合国教科文组织在《反思教育：向"全球共同利益"的理念转变？》一书中给出了一种回答：教育要"超越狭隘的功利，将能力生存的多个方面融合起来，采取开放的、灵活的、全方位的学习方法，为所有人提供发挥自身潜能与实现天赋的机会，实现可持续的未来，过上有尊严的生活"。联合国教科文组织颁布的《教育 2030 行动框架》，也是以人文主义为指导，彰显了对人的受教育权利、教育公平、个性发展、可持续发展等人文要素的高度关注和强调。《中国教育现代化 2030》中提出了中国未来教育的发展要求：面向 2030 的教育，更加重视学生的个性化和多样性，应该是更加适合的教育；面向 2030 的教育，更加关注学生的心灵和幸福，应该是更加人本的教育；面向 2030 的教育，让所有孩子都能享受到优质教育资源，应该是更加平等的教育；面向 2030 的教育，强调学习能力的养成和终身教育，是更加可持续的教育。课程思政教育理念就是赋能教师更新教育观念，克服以往那种过于功利化的价值取向，把立德树人作为根本任务，培养德智体美劳全面发展、具有人文情怀的高素质人才。

3. 课程思政赋能教育未来取向——由知识到思维

课程思政如何赋能教师，将教育方式由简单的知识传授转变为注重思维的养成？课程思政本身就意味着教育结构的变化，即实现知识传授、价值塑造和能力培养的多元统一。现实的课程教学中往往由于各种原因将这三者进行了割裂，课程思政从某种意义上来说正是对这三者统一的一种回归。课程思政要求教师在教育中积极探索实质性介入学生个人日常生活的方式，将教学与学生当前的人生遭际和心灵困惑相结合，有意识地回应学生在学习、生活、社会交往和实践中所遇到的真实问题和困惑，真正触及他们默会知识的深处，亦即他们认知和实践的隐性根源，从而对之产生积极的影响。

在全国高校思想政治工作会议上，习近平总书记提出了提高学生思想政治素质的明确要求，即"四个正确认识"，其要义就在于要学会用正确的立场、观点和方法分析问题，把学习、观察、实践同思考紧密结合起来，善于把握历史和时代的发展方向，把握社会的主流和支流、现象和本质，养成历史思维、辩证思维、系统思维和创新思维。

在当前国际社会意识形态领域风云变幻，各种社会思潮观念激烈交锋的背景下，学生既要树立科学的思维，也要树立创新的思维。首先，课程思政能够引领科学思维的培养，就是强调要用辩证唯物主义和历史唯物主义的思维方式去看待事物，用马克思主义的立场、观点和方法去教书育人，不仅能够帮助学生构筑起牢固的思想防线，还能抵制各种错误思潮、错误言论对学生的危害。其次，课程思政能够引领创新思维的培养，教师必须要有创新思维才能带动课程的创新性建设，课程思政理念在促进课程的重构，以新思维催生新思路、以新思路谋求新发展、以新发展推动新方法、以新方法解决新问题，这是实现课程思政创新发展的过程，也影响着学生创新思维的形成。对学生来说思维的培养比获取知识更重要，也就是学习的目的不是学会知识，而是学习一种思维方式。实际上这个话题可以深入下去。特别是面向未来，要加强引领性人才的培养，引领性人才的一种重要思维品质，便是创造性思维和批判性思维。所以，我们在高校人才培养方面不仅仅要培养学生的批判性思维，更要重视培养学生的创造性思维。因为批判性思维可能侧重的是"破"，创造性思维则是关乎"立"。尤其要重视把对学生"破"与"立"思维品质的培养结合和统一起来。

8.2　课程思政的创新实践逻辑

课程思政就是用思想和价值观的展示、唤醒或者塑造，来引领我们的课程教学改革。用课程思政提升专业课的教育教学水平，就是把课程背后隐含的价值观的脉络和思想的脉络展示出来，这种展示实际上是在更高的层次谈课程的逻辑关系，也是一种创新实践，当然这种创新实践应该体现在思想认识及理论基础、具体实践等方面。课程思政对教育教学过程创新性的促进是全方位的，它呈现出以下几个层面的特质。

1. 课程思政从理论层面赋能专业课的创新性认识

课程思政的本质是立德树人，是育人与育才的有机统一。从理论维度来看，高校围绕课程思政开展的探索与实践，是对思想政治工作规律、教书育人规律以及学生成长规律的整体把握和综合运用，具有重要的时代价值和现实意义。课程思政是对教育理念的发展，具有形而上的属性，是指导各类课程与思想政治理论课同向同行，充分发挥其所承载的思想政治教育功能，形成"全课程育人"格局的一种教育理念。其核心是围绕"做人做事的基本道理、社会主义核心价值观的要求、实现民族复兴的理想和责任"深入挖掘课程所蕴含的思想政治教育元素，并有机融入各类课程教学，实现价值引领、知识教育和能力培养的有机统一。

课程思政从理论支撑层面就带有很强的符合人才培养教育规律的中国特色，在一定程度上体现了中国式大学培养人才的显著特征，根本上就是解决"为谁培养人"的问题。课程思政是扎根中国大地办世界一流大学的应有之义。走自己的高等教育发展道路，是办好中国特色大学的根本出路。开展课程思政有利于把中国特色高等教育制度的优势有效转化为人才培养能力，提高我国高等教育的质量和水平，推动中国特色大学的建设。

在思想认识和理论基础方面，课程思政要在中国特色社会主义核心价值观引领下，对培养过程进行探索性的创新。马克思主义执政党的历史使命是以全面建设社会主义现代化国家为价值指向，以实现人类彻底解放为根本目的。在培养社会主义接班人方面，必须要凝结和展现特定的价值取向与价值追求，以社会主义核心价值观引领课程思政教育理念在人才培养过程中的实践。高校是培养高级专业人才的摇篮，必须贯彻党的教育方针，坚持社会主义办学方向，遵循"四个服务"基本要求，承担起培养担当民族复兴大任的时代新人这一历史使命，以及造就德智体美劳全面发展的社会主义建设者和接班人的根本任务。

课程思政是学生思想政治工作广义概念的一个组成部分，但它不是"课程＋思政"，它是一种新的思想政治教育理念，"课程承载思政""思政寓于课程"。马克思主义基本理论的方法论孕育在课程之中，但不是系统讲解马克思主义理论，是为专业培养目标服务，将本学科的知识导向和能力培养要求与落实学科价值引领有机统一。改变原来在学科人才培养方案中，对知识和能力的培养要求十分明确具体，但对思想价值引领的要求却并不明确的现象。各类课程都蕴含着思政教育元素，在课程思政理念引领下，深入挖掘各门课程中所富有的思想政治教育资源，使各门课程与思想政治理论课同向同行。教师在践行知识传承与价值统一时，要坚持马克思主义理论在意识形态上的主导地位，使所有课程的教学过程都能强化教师的育人职责。

同时，思政元素的挖掘与融入，能够创新性地解决传统教学过程中存在的学科知识之间碎片化和壁垒化的问题，促进专业课教学育人整体效应的呈现。课程思政思想认识和理论基础还体现出其政治性，是以"立德树人"作为根本导向，以马克思主义和中国特色社会主义理论体系为指导思想，以爱党、爱国、爱社会主义、爱人民、爱集体为主线，围绕坚定学生理想信念，对学生进行的政治认同、家国情怀、民族意识、社会责任、文化素养、宪法法治意识、道德情操、职业素养和科学思维等方面的教育都属课程思政的范畴。

2. 课程思政从教学改革层面赋能专业课的创新性认识

教育教学改革是基于新时代发展要求，对课程深化改革的创新。一些学者认为，课程思政教育理念带动教学改革是要对课程进行系统性重塑、整体性重构，是建立在每门课程基础上的重构式创新，它要求与学科体系建设相结合，课程的深化改革是课程思政建设的动力机制，重新建构课程需要教师认同德育职责价值并产生自觉行为。

从实践维度来看，开展课程思政建设，既不是增开一门课或增设一项活动，更不是课程"去知识化"，而是要通过优化课程设置、修订专业教材、完善教学设计、加强教学管理等手段，挖掘各门课程所蕴含的思想政治教育元素，并将其融入课堂教学各环节，实现思想政治教育与知识体系教育的有机统一。但是，不同学科专业课程思政的聚焦点和发力点是不一样的，同一个专业不同课程(如公共基础课程、专业教育课程、实践类课程)的课程思政聚焦点和发力点也是不一样的，必须根据每个学科专业的特点、每门课程的具体情况进行差异化的凝练和设计。以文科类八大学科为例，文史哲类课程应从修身铸魂的角度、经管法类课程应从治国理政的角度、教育学课程应从培元育才的角度、艺术学类课程应从美人化人的角度进行课程思政的凝练和设计。

课程思政带来了课程整体重构的创新性教学改革，体现在以下三个方面：

首先，从教学目标上看到了创新性改变。目前在各高校人才培养方案中，教学目标已经向知识与技能、过程与方法、情感态度价值观这个三维目标固定。课程思政是更好满足学生成长发展需求的有效选择，它着力探索构建价值塑造、能力培养、知识传授"三位一体"的人才培养模式，有利于真正做到围绕学生、关照学生、服务学生，思学生之所想，答学生之所疑，解学生之所惑，帮助学生健康成长。

其次，从教师开放设计课程上看到了创新性改变。在进行学情分析时注重对其主体的全面认识，在开发设计课程时，要充分考虑接受主体已有的认知结构、思维习惯、价值观念、道德品质和行为倾向，教育内容还要反映社会发展和人的发展的双重要求。如果这一认识加以解决，教师就真正理解了德育的价值，进而主动自觉地将其融入到教育实践之中。

再次，课程思政赋予了各教学要素的相应变化。教学目的除具有以往思政理论课显性的特点外，还呈现出潜在性和隐性教育的内在特点，隐性教育赋予了课程陶冶功能、导向功能、规范功能；教学内容除了直接传输知识外，渗透性也是必须要注重的，那就是思政元素与专业课程的融合，并贯穿教学活动的全过程；教学方式的要求必须是开放性的，体现在教育形式的创新和教学场所的多元，实践意义在于拓宽思政教育的途径，创新思政教育模式，推动大学生思想行为的转变；教学载体和教学手段越来越多样化，显性与隐性教育相结合，线上与线下教育相结合，教师采用的案例情景演绎能提升学生价值情感，阅读研讨能培养学生理性思维，诘问式教学能激发学生潜能的升级。

3. 课程思政从教学实施主体的全员化层面呈现创新性

教学实施主体的全员化，是对课程思政主体的创新，它是一种认识范畴的创新，或者说是回归。教学实施主体的全员化应包含传统课堂扩展形成教学实施主体的多来源，包括支撑传统课堂中其他人员的整体彰显。

1) 课堂的扩展

课程思政建设的关键是直接在课堂上发力的各类课程教学的实施者——教师，而实施教学的地点我们称之为"第一课堂"，它作为课程思政的主渠道，还可以拓展到第二课堂、第三课堂。课程思政的教育主体不仅包括活跃在课堂一线的教师和辅导员，也包括高校的全体管理人员和全体服务人员，还包括参与高校人才培养的相关单位人员等。第一课堂是教师通过教学目标设计、教学内容更新、教学素材选取和编排、教育教学方法创新、课堂演绎呈现、考核评价改革等环节将知识讲解、能力培养与思政育人有机融为一体，实现显性教育和隐性教育的有机统一。第二课堂是指学生在学校第一课堂之外的一切学习、生活活动，如各类文体活动、各类竞赛活动、各类社团活动等。学生在第二课堂往往是心态放松的，思维开放的，更容易接受别人观点和思想。教职员工在这些活动中与学生同心聚力，成为他们的队友和朋友，在这些场景和情景下教育引领学生更为自然，能够达到润物无声的效果。第三课堂是各种社会实践活动，如假期社会实践、专业实习等，它能够增强学生勇于探索的创新精神，培养学生善于解决问题的实践能力，还能够让学生扎根中国大地了解中国的国情民情，在实践中增长智慧才干，在艰苦奋斗中锤炼意志品质。

2) 课程思政实施主体外延的扩展

教师和辅导员通过课程建设主战场，将课堂教学作为主渠道，通过线上线下各种途径和渠道，直接教育引领学生，是课程思政的中坚力量。与普通教师和辅导员相比，同在课堂第一线的课程组长、专业负责人、系主任和院长等则肩负着更为重要的责任，因为他们是课程思政育人的规划设计者和环境营造者。他们不仅是课堂教育教学的主力军，还是人才培养方案(含专业思政)、课程大纲(含课程思政要求)和课程标准(含课程思政)的设计者，更是二级学院教育教学质量(含课程思政育人质量)的把控者、教育教学制度的设计者、教育教学文化(含思政育人文化)的营造者。

第 9 章

课程思政中的思政属性与范畴

9.1 "思政"的内涵

把握课程思政中"思政"二字的内涵是实施好课程思政的关键。目前对如何理解课程思政中的"思政"存在三大问题，一是不少教师不了解"思政"的内涵和范围，把握不好哪些内容属于思想政治教育；二是专业教师较难提炼思政元素；三是把思想政治教育理解得过于狭窄。如果这个概念认识不清，把握不准，就很难解决真正意义上思政理论课与课程思政同向同行的问题。正确厘清课程思政的"思政"内涵，就是要正确理解课程思政中的思政属性。

"思政"是思想政治教育的简称，我国理论界对思想政治教育内容进行了归纳，确定了思想政治教育的范畴。教育部出版的《思想政治教育原理》教材对思想政治教育内容进行了归纳，它包含思想观念、政治观点和道德规范三个方面。思想观念——世界观、人生观和价值观；政治观点——爱国主义、集体主义和社会主义；道德规范——社会公德、职业道德、家庭美德和个人品德。思想政治教育包含三个范畴：思想教育、政治引导和道德教化。思想政治教育围绕思想政治教育现象的特殊矛盾展开，是思想政治教育存在的根据。"思想政治教育是国家为了维护社会制度、巩固国家政权、稳定社会秩序、促进社会和个人发展，通过社会组织对社会成员有计划、有组织而进行的，集社会价值体系、规范体系、对象需要和现实问题等内容于一体的引导、激励、说服，旨在培养践行社会价值体系和规范体系的人的实践活动"。

"思政"的内涵特征有以下几点：

(1) 思想政治教育坚持以人为本。任何思想政治教育，都是以人为主体的活动，教育者与受教育者构成思想政治教育的两个基本要素。思想政治教育既具有社会工具价值，也具有个人目的价值。也就是说，思想政治教育的对象是人，实施者也是人，坚持以育人为本是思想政治教育的本质属性。

(2) 思想政治教育具有意识形态性。只有运用哲学思想、政治思想、法律思想、道德思想等意识形态，思想政治教育才能进行。在阶级社会里，不同阶级、不同国家进行的思想政治教育，都具有鲜明的意识形态性。在当代中国，思想政治教育实际上就是社会主义意识形态教育。

(3) 思想政治教育的内容具有规定性。思想政治教育的基本内容，就是坚持用马克思主义、毛泽东思想、邓小平理论、"三个代表"重要思想、科学发展观、习近平新时代中国特色社会主义思想教育人们；深入开展党的基本理论、基本路线、基本方略教育；开展中国革命、建设和改革开放的历史教育；开展基本国情和形势政策教育。

(4) 思想政治教育的目的性。思想政治教育的意识形态性和内容的规定性决定了思想政治教育的目的性。思想政治教育的目的是，既要根据一定社会的生产力和经济、文化发展水平，根据主导意识形态的要求，遵循社会发展方向，体现一定社会的发展目标并为实现社会发展目标服务；又要体现人的能动性特点和人的发展需要，形成理想信念，实现人的自觉、全面发展。

9.2　对专业课程中"思政"属性的认识

属性是指人类对于一个对象的抽象方面的刻画，是事物所具有的不可缺少的性质和关系。一个具体的事物总是有许多性质和关系，这些性质和关系都被称为该事物的属性。

一切教育活动都具有育人的作用，课程更应如此，要把课程讲好讲活，在课程的知识体系中融入思想政治教育的内容是关键，倡导以智育与德育并举的综合性教育理念开展教学。将思想政治教育融入其他课程教育，不管是作为具体的思想政治教育还是作为宏观的教育而言，都是为了实现立德树人。

课程思政教育理念在专业课中的落实，重在挖掘专业课程中的思政元素，呈现课程中的以下几个"思政"基本属性。

1. 思想政治属性

课程思政将思想政治教育元素，包括思想政治教育的理论知识、价值理念以及精神追求等融入各门课程中。思想政治理论课从理论层面承担对学生进行马克思主义世界观、人生观、价值观的教育，落实党的教育方针，引导学生坚定党的信仰，坚持走社会主义道路，为中国特色社会主义事业培养德智体美劳全面发展的建设者和接班人的任务。在专业课中融入思政元素，是将专业课知识体系中挖掘出的思政理论和概念在专业课知识中鲜活地呈现出来。2016 年全国高校思想政治工作会议提出，其他各类课程要"与思想政治理论课同向同行，形成协同效应"，课程思政的基本属性是与思想政治理论课一致的，但这两类课程并不能完全等同。2019 年 8 月，中共中央办公厅、国务院办公厅发布的《关于深化新时代学校思想政治理论课改革创新的若干意见》中同样要求"深度挖掘高校各学科门类专业课程"中的"思想政治教育资源"，同时解决好与思政理论课的配合问题。思想政治属性始终居于第一性。思想政治属性不等于在专业课程中机械地插入思想政治理论课的内容，而是要转变教育理念，在专业课的教学过程中渗透思政教育，突破传统思政课的单一模式，使思政教育实现全覆盖；是要找到专业课与思政课的结合点，突破狭义的思想政治教育范畴，从大思政着手，把牢政治方向，突出价值观教育，扩大专业教育与思政教育的切合面，实现思政教育与专业教育的协同融合,实现思想政治、意识形态与专业知识、实践技能的有机统一。

2. 德育属性

立德树人是新时代落实党的教育方针的根本任务,课程思政的实施,首先在观念上使德育回到了教学之中,并贯通于教学的全过程,每一门课程都具有内在的"育德"责任和使命。课程思政的德育属性拓展了思政的内涵,并包含思政教育于其中,使思政教育外延到道德品质、职业精神、文明行为乃至遵纪守法等方面,将知识传授、技能训练、品德培养与价值观教育融于一体。课程思政就是要通过多角度、多层面挖掘蕴含在各门课程中的人文性、思想性、规范性、文化性的德育元素,实现公共基础课、通识教育课、专业基础课、专业技能课与思想政治理论课的有机融合,遵循"育德"与"育才"相统一的原则,全面提高学生的思想道德素养。德育属性是思想政治属性的延伸,但不能简单地等同于思想政治教育。德育属性是基础,思想政治属性是导向。课程思政需要结合各门课程的特点,依据专业的性质,设定德育属性的具体教育目标,激发学习动机,使学生在道德认知、情感体验、行为实践等方面得到发展与提高,实现预设价值的内化和行为态度的改进。

3. 教育属性

课程思政的教育属性是立足于人的教育的视角,以成人、育人为目的,从认知到实践,从知识领悟到行为习惯,贯通教育教学的全过程,价值、情感、态度全方位融入,具体落实到每一位学生的知、情、意、行之中,内化于心,外赋于行。课程思政的教育学理论源泉是教书育人。课程思政作为一种新的育人理念,就是要将教育的"育人"功能全面渗透到所有课程,所有教师不仅要"授业、解惑",传授给学生知识技能,更要"传道",有意识地"教导学生与人为善,教给学生为人处世的道理以及积极主动学习的可贵品质",使之成为一个全面发展的人。课程思政教育理念的实施,有利于培养大学生运用逻辑与历史相结合的方法思考社会问题。逻辑的方法是从思维的层面深刻揭示问题的本质和规律,历史的方法是根据事物自身发展变化的情况分析考察事物。运用逻辑与历史相结合的方法是以实践为基础而形成理性、正确认识的重要原则,只有做到这样才能够对社会发展及未来趋势形成正确全面的认识,真正使学生深层次的思想问题得到解决。高校思政教学有利于培养大学生运用前瞻性的眼光看待社会,培养大学生对国家和执政党的政治认同和文化认同。任何专业体系的构建,都不能忽略历史和文化背景。背景的学习可以帮助学生从更加宏大的纵向和横向的时空脉络中深刻地理解专业知识架构形成的历史根源和社会价值。文化背景中蕴含着专业知识与社会使命的联结,能够更加清晰地让人们看到个体与社会之间的关联,从而更好地激发学生将个人前途与时代使命紧密地结合在一起。

9.3　思想政治理论课程与专业课课程思政的关系

思想政治教育与专业课教学是辩证统一的关系。高校思想政治理论课和专业教学中的思想政治教育,都应该服务于我国教育方针提出的培养德智体美劳全面发展的社会主义事业建设者和接班人的总目标。高等学校思想政治理论课和专业教学中的思想政治教育虽然有各自特定的目标定位和需要解决的问题，但两者能达到殊途同归的效果。

高校思政理论课有四门课程，在此仅用"思想道德与法治"这门课程来进行关系的比较。"思想道德与法治"课程融思想性、政治性、科学性、理论性、实践性于一体，是帮助大学生在新时代树立正确的世界观、人生观、价值观，提高道德素质和法治素养的课程。该课程的教学目的是引导学生处理好道德与法律、理想与现实、个人与集体、竞争与合作、权利与义务、自由与纪律、友谊与爱情、学习与工作等的关系，促使学生思考做什么样的人，怎样做人，怎样的生活才有意义，怎样的人生追求才有价值等一系列人生课题。它是从理论层面讲清我们培养的学生应具备什么样的思想观念、政治观点和道德规范。课程内容从学理层面注重教学内容的不断更新，将党的最新理论成果引入课堂，时刻掌握学科前沿热点问题，将党的最新理论成果通过课堂教授给学生，帮助学生理解党的最新政策精神，使学生感受到马克思主义中国化理论成果的不断丰富和与时俱进，将授课重点放在研究重大现实矛盾、重大理论难题以及提升中国经验上。

我们对配套教材《思想道德与法治》(2021年版)的内容进行了分类，总结出六大类要对学生进行思想政治教育的内容：人生观——高尚的人生追求、积极进取的人生态度，创造有意义的人生；理想信念——信仰马克思主义、共产主义、中国特色社会主义、中华民族伟大复兴；中国精神——伟大的创造精神、伟大的奋斗精神、伟大的团结精神、伟大的梦想精神；价值观——社会主义核心价值观；道德规范和品格——马克思主义道德观、为人民服务为核心、集体主义为原则、社会公德、职业道德、家庭美德、个人品德；法治思想和素养——法治思维、依法行使权利与履行义务、法治素养。

课程思政的"思政"元素涉及哪些呢？教育部《高等学校课程思政建设指导纲要》中对课程思政元素和范围进行了明确。课程思政建设内容要紧紧围绕坚定学生理想信念，以爱党、爱国、爱社会主义、爱人民、爱集体为主线，围绕政治认同、家国情怀、文化素养、宪法法治意识、道德修养等重点优化课程思政内容供给，系统进行中国特色社会主义和中国梦教育、社会主义核心价值观教育、法治教育、劳动教育、心理健康教育、中华优秀传统文化教育。

上述思想政治教育理论课的教学内容，与课程思政要求挖掘及结合专业课讲述的思政元素是一致的，即课程思政中的"思政"内涵应该与思想政治教育理论课的内涵相一致。

课程思政与思政课程的异同和两者间关系是怎样的？

思政课程是思想政治教育课程及相关教育活动的总称，课程思政则不然，它不是一门具体的课程，而是一种新型的课程观念、一种教育理念，它的特点是以所有课程为载体，对学生渗透与贯穿思想政治教育，强调所有课程的育人功能与价值取向，改变以往思政课程单方努力的教学结构，从而有效避免与主流价值观不相符的声音进入课堂教学，使各门课程教师在传授知识的同时注重价值引领。

思政课程更倾向于课程体系，课程思政则是教学体系。思政课程与课程思政在课程所追求的目标上有一定的共同点，即传播马克思主义主流意识形态，但是二者在课程讲授方法的运用上有着明显的区别，思政课程是一种显性的意识形态传递，通过系统化、专业化的课程体系，由具备专业知识背景的教师将社会主流价值观及道德规范通过课堂讲授等方式直接地传授给学生；而课程思政强调的是所有课程都具有育人功能，不仅仅是主渠道要在改进中加强，其他各门课程都要与其同向同行，使所有教师都挖掘课程本身所蕴含的育人资源，通过自身课程的教学，将育人融入教学过程中，实现润物细无声的效果，其往往采取一种比较隐性的形式渗透于专业课的教学过程当中，使学生在潜移默化中接受社会主流价值观的熏陶。

简言之，课程思政与思政课程的根本要义和出发点都是育人，二者均是高校开展思想政治工作的内在要求，它们之间的不同主要是显性和隐性的区别。课程思政通过挖掘思政元素，结合本专业甚至不同课堂上学生的特点，进行隐性德育，以实现价值引领为重点；而思政课程更注重马克思主义理论和思想政治理论的培养，特别是对学生进行系统的理论训练。思政课程的实施边界是在课堂上，没有渗入到大学生教育的全过程。相反课程思政扩充了边界，泛指高校教育专业课程中蕴含的思政因素，课程思政并不是把思政教育的内容当作模板强加于其他课程，而是以专业课、通识课为载体，将思政元素通过间接的、隐性的方式融入教学活动中。思政课程和课程思政两者之间应当是同向同行的关系，即构建一个大思政教育模式，使专业课与思想政治课共同构成德育共同体。课程思政与思政课程是高校思想政治工作的重要组成部分，担负着德育的重要任务，发挥着德育的价值引领作用，共同目标都是培养学生，培养满足中国特色社会主义建设需要的建设者和可靠接班人。高校政策制定者、专业课教师都应当准确把握课程思政与思政课程的异同和两者间的关系。

9.4　在专业课教学中渗透思想政治教育的作用

综合来看，在专业课教学中渗透思想政治教育具有以下几个方面的作用。

1. 导向作用

导向功能是思想政治教育的基本功能，是思想政治教育目的性、意识形态性的体现，思想政治教育的导向功能是其他任何教育都无法取代的。高校专业课教学中渗透思想政治教育对学生的职业理想信念、职业生涯规划和职业行为规范具有重要导向作用。

(1) 对学生理想信念的导向作用。通过思想政治教育帮助别人形成正确的理想信念，并通过理想信念来凝聚社会，激发活力，指导行为。理想信念可以提供更持久、更坚定的精神动力，它的确立需要通过实践、教育不断丰富和稳定，否则也会发生动摇。专业课教学传授给学生基本专业知识的同时，有更多的机会发挥对学生职业理想信念的导向作用。专业课教学在高校的整个教学过程中占据的时间长，专业课教师与学生接触的时间久，其人格魅力、职业信仰等对学生职业理想信念的确立会产生重要的导向作用。职业理想信念的确立仅仅依靠思想政治理论课老师是不够的，专业课教师也应该把帮助学生树立职业理想信念作为育人的目标之一，充分利用专业优势，发挥思想政治教育在职业理想信念中的导向作用。

(2) 对学生职业生涯规划的导向作用。职业生涯规划是指个人和组织相结合，在对自己职业生涯的主客观条件进行测定、分析、总结研究的基础上，对自己的兴趣、爱好、能力、特长、经历及不足等各方面进行综合分析与权衡，结合时代特点，根据自己的职业倾向，确定最佳的职业奋斗目标，并为实现这一目标制订出行之有效的计划。职业生涯规划是具体的奋斗目标，是职业理想信念的体现。思想政治教育的这一导向作用主要体现在个人职业的发展目标和个人的自我发展完善目标上。专业课教师在学生职业生涯规划中起着至关重要的作用，一方面专业课教师对自己专业的前景和发展趋势最为了解，对胜任职业岗位所需的职业素质内涵及要求，以及对学生的兴趣、爱好、特长等有着充分的把握，这有利于学生正确制订职业生涯规划，帮助学生完成从"纯学生"到"职业者"的角色转换，促进学生职业生涯规划的完善，促进人的全面发展，这也让专业课教师在学生职业生涯规划中的导向作用越发凸显。

(3) 对学生职业行为规范的导向作用。专业课教师对学生潜移默化的影响非常大。学校工作，应该把育人放在首位，为人师表是教师的职责与义务所在，教师应该在方方面面为学生作出表率。对学生而言，教师的一句话、一个动作甚至一个眼神都是一种教育，是学校育人环境的微观组成部分。大学是专业知识和技能的学习阶段，因此大多数学生会加大对专业课教师的关注，加之他们与专业课教师的接触频率高，接触过程中教师的思维方式、心理素质、价值取向、思想观念甚至气质风貌都会对学生产生潜移默化的影响。所以专业课教师应该严格律己，对学生起表率作用。学生对兢兢业业、严于律己的教师有较高的认同度。专业课教师根据专业课特点把思想政治教育融入专业课教学中，能收到事半功倍的效果。相反，如果一名教师表现出散漫的工作态度，将对学生产生不良的示范效应，学生可能会因此忽视时间管理，漠视学校的规章制度，这不仅阻碍了学科的进步与发展，同时也对学生的全面成长造成了负面影响，因此，教师应树立表率作用。

2. 育人作用和开发作用

思想政治教育的育人作用是通过培养和提高人们的思想政治素质的方式来完成的，思想政治素质是人最基本的素质，它对人的智力、体力有直接的影响。思想政治素质的形成以思想政治教育工作的开展为前提，思想政治教育工作是在实践的基础上形成和发展的，不能脱离人的业务工作而单独存在。马克思主义关于人的全面发展理论，是思想政治教育发挥育人功能的指导理论，也是终极目标。思想政治理论课以课堂教育为载体，进行专业课教学时可以把专业课中涉及的各种问题和遇到的各种情况作为载体，来发挥其育人的作用，一方面促进专业知识的学习，另一方面也促进学生的良好品德和人格素质的自我完善与全面发展。

思想政治教育的开发作用是其育人作用的深化。最大程度地开发学生的智力和促进学生最大程度地发挥主观能动性，也是教师的职责所在。思想政治教育的开发作用源于它的能动性，这种能动性因其具有层次性和不同的深度，不可能自发地完全释放，需要人工进行一定的发掘。人潜能的开发要把握三点：首先，尊重他人的兴趣，发挥人的特长与优势，是发挥人潜能的前提；其次，调动人的积极性和主动性，增强人的能力和智力，是挖掘人潜能的重中之重；最后，创造精神的培养是对人潜能开发的最终目的。创造是人主观能动性的深层发挥，其精神本质是坚持不懈的拼搏精神和艰苦奋斗的忘我精神，这种精神需要依托坚定的信念、顽强的意志，借助于创造性的思想政治教育才能实现。传统的思想政治教育在培养学生创造精神的过程中有滞后性，适当地把思想政治教育中所要传授的创新精神，转到专业课的教学中，能让学生真正达到观念的创新和创造力的统一。例如，工科的一些专业，如果没有动手机会，就失去了创造的平台，创造精神就不存在了。所以借助专业课的教学和实践平台，能进一步完成理论与实践的结合，在实践中达到对学生创造力的开发，更能体现思想政治教育的开发作用。

第 10 章

课程思政与思政课程协同育人

10.1　协同育人的本质

10.1.1　对协同育人的理论认识

协同育人的核心是协同，要把协同育人做好，协同理论是很重要的支撑。协同理论(Synergy Theory)起源于 20 世纪 70 年代，由德国物理学家哈肯所创建。哈肯认为"自然界是许多系统组织起来的统一体，这许多系统称为小系统，这个统一体就是大系统"。一个系统就是一种环境，在大系统中，各个小的系统之间相互作用、相互制约，由无序到有序，维持着大系统的平衡。有序和无序不是绝对的，在一定条件下可以转化。协同就是各个子系统能相互协同、配合，凝聚合力，发挥各自功能，最终激发整体功能，形成有序的运作。系统的整体功能不是小系统的简单相加，而是小系统之间相互作用，目标是使子系统发挥功效，使大系统呈现最佳功能，这一概念通常也被表述为"$1+1>2$"。

协同理论是关于如何实现某一系统内部功能的最大化的理论，强调协同合作以达到效果最优，促使系统产生协同效应。西方协同理论以系统论、信息论和控制论为基础。协同理论是处理复杂系统的一种策略，被广泛运用到各学科之中。

协同理论在教育体系中也被广泛应用，主要体现在协同育人方面。协同育人的理念是在协同理论的基础上形成的，是协同理论在教育领域的创新运用。协同育人是各教育主体以培养和使用人才为目的，在系统内共享资源、积蓄能量的有效互动。在高校实际的教育过程中，存在着分工和协作的矛盾，割裂了分工与协作的统一，只看到二者的互斥，看不到内在的统一。高校教师之间存在专业的划分，但要实现最终共同的教育目标，必须建立协作基础上的分工和分工基础上的合力，教师应根据不同学科特质各有侧重，围绕共同的育人方向合理协作，基于共同理想分工教学，培养多个领域的专业人才，践行协作的初衷。

用协同理论的思想去指导和解析全课程的协同育人，极大地丰富和发展了协同理论，并为教育的发展开拓了新的实践方式。

立德树人是对高校一切工作的根本要求，应将其内化到大学建设和管理的各环节和各领域，使得高校呈现"大思政"格局。近期我国提出构建"大思政"体系，其核心就是通过协同育人模式，促进人才培养的有效开展。在"大思政"体系中，专业课课程与思想政治理论课协同育人是关键，各类课程与思想政治理论课同向同行，形成协同效应。

10.1.2　协同育人的科学内涵及特点

按照哈肯的观点，"协同"就是系统内各个子系统间相互协作、相互作用，体现了系统的整体性功能。综合来看，协同即通力合作，共创共赢。育人即对教育对象进行德智体美劳各方面的教导、培养，促进受教育者的全面协调发展。育人是知识的传授和思想价值引领的统一，不可分割。育人的本质在于思想价值引领，各课程都要抓住这一主线，发挥各自的育人功能。育人作为一种实践活动，更需要高校内部各要素、各环节之间的分工协作。

所谓协同育人，就是指高校各个子系统相互协调、通力合作，形成超越某一子系统自身作用的育人合力，实现共同的育人目标。强调教师在传授专业知识的同时，引导学生坚持正确的政治方向，坚持崇高的价值追求。在课程思政教育理念视域下，协同育人就是协调高校思想政治教育的各方力量，共同致力于大学生思想政治教育。

每一事物都有其特殊性，需要具体问题具体分析。协同育人是教育方式的一种，有教育的普遍特性，但又有着自身的个性特征，具体表现在以下方面。

1. 整体性

协同育人的突出特点之一是整体性。根据协同理论，协同效应的实现需要系统内部各个子系统形成一种稳定有序的状态。而协同育人是在课程思政教育理念驱使下，使各类课程与思想政治理论课同向同行，形成协同效应。也体现在学校教育和教学系统发挥整体功能，以提升思想政治教育的实效性。协同育人的整体性具体表现为：

(1) 教师的整体性。协同育人不是思政教师单方面的"孤军奋战"，而是思政教师与专业教师双方建立的"统一战线"。专业教师与思政教师形成战略友好互助关系，联合起来壮大育人队伍，发挥团队精神，增进理解，加强沟通，在互帮互助中培育德才兼备的人才，将整体性功能发挥得淋漓尽致。

(2) 培育目标的整体性。协同育人的目标是培育德才兼备的人才，要将"德才"作为一个整体目标去为之努力，不可拆分区别对待。一个人如果想在社会上立足，德行和才能都是不可或缺的，如果只是注重某一方面，厚此薄彼，就无法成为一个真正的人，这是古往今来不变的道理。

(3) 培养方式的整体性。智育和德育不可分割，形成一个统一的整体，不是单纯在专业课中硬生生地加入思想政治理论，也不是单纯地同步进行，而是将二者合二为一，彼此交融形成一个整体，相互促进，彼此成就。

2. 协同性

协同育人的另一个突出的特点是协同性。协同性是在复杂的系统内部中各个子系统之间的协调配合，使系统由无序到有序，从混沌中产生某种相对稳定的结构。协同育人的理念是在矛盾问题中即某种无序的状态中，通过相互包容协调，克服种种阻碍，向着共同的育人目标，形成互助合作的良好关系，从而达到有序。具体表现在教师间的协同：在课前素材准备阶段，专业教师与思政教师协同合作挖掘专业课程中隐性的教育元素；在课前教学设计阶段，专业教师与思政教师协同商议，根据双方提供的关于所教学生的课堂表现来进行设计，使其更有针对性；在课后交流问题阶段，专业教师与思政教师协同探讨解决实际问题的方法，得出结论来指导今后的教学。专业教师与思政教师基于共同的教育目标，齐心协力使协同育人达到最佳的效果。

3. 兼容性

协同育人还具有兼容的特性。兼容是两种存在差异的个体彼此包容，相互促进达成和谐。具体表现在以下两个方面。

(1) 教师间的兼容。每位教师都具有不同而又独特的学识能力、兴趣爱好和生活背景，这都会对教师的教学风格、与学生的关系、处理问题的方式产生重要的影响。差异是不可避免的，无论是课程设计、课程实施，还是备课、上课、作业布置和答疑解惑，差异无所不在，无法复制。所以在协同育人的过程中，专业教师与思政教师应承认差异、尊重差异，彼此包容，求同存异，实现协同育人的目标。

(2) 课程的兼容。由于存在学科差异，每一学科的知识结构、逻辑结构等都是不同的。因此，课程思政的实施，不同学科间也会存在互斥。但协同育人不是消除这种差异，也不是将思想政治理论课程与专业课程简单叠加，更不是生搬硬套，而是找到二者的契合点，让它们相辅相成。专业课程与思政课之间存在千丝万缕的联系，专业教师和思政教师通过协同合作，发掘专业课程中具有教育意义的内容，辅之以思想政治理论升华情感，实现课程的兼收并蓄。这种在差异中找到平衡促成的合作，才是真正符合实际需要的协同合作。

10.2　课程思政理念下的协同育人

高校在培养人的过程中应践行课程思政教育理念，促进教师重视自身德育职责，在知识传授中注重与价值引领相结合，使专业课程在育人方面达到与思想政治理论课的同向同行，实现协同育人。

10.2.1　课程思政理念下协同育人存在的问题

教师在课程教学过程中必须要注重教学过程的价值引领，引领什么样的价值，是教师要认识清楚的问题。"每个国家都是按照自己的政治要求来培养人，世界一流大学都是在服务自己国家发展中成长起来的。"中国的大学要扎根中国大地，坚持正确的办学方向，能不能为中国特色社会主义事业源源不断培养合格建设者和可靠接班人，能不能为实现中华民族伟大复兴的中国梦凝聚人才、培育人才、输送人才，是衡量一所学校教育水平最为重要的指标，这也是我们要引领的价值。

课程思政教育理念正是在勾绘这样一个育人蓝图的基础上，通过深化课程目标、内容、结构、模式等方面的改革，把政治认同、国家意识、文化自信、人格养成等思想政治教育导向与各类课程固有的知识、技能传授有机融合，实现显性与隐性教育的有机结合，促进学生的自由全面发展。

要做好协同育人，关键要解决系统各层面存在的以下问题。

(1) 教师德育职责认识层面的问题。课程思政最大的难点是什么？是课程思政如何实现从混合、融合到化合的质变。怎么做能够达到化合的阶段？教师如何认识德育职责将起到决定性的作用。如果任课教师认为课程思政不重要，课程思政没有入教师的脑、入教师的心，教师做到的最多就是混合。如果教师具有德育职责的价值认同，就能激发出内在动力，用自己的办法真正做到融合直至化合。当然，这与教师课程思政的实施能力和专业水平有关系。课程思政水平和课程的教学水平、专业水平是同步地提高的，要让教师认识到课程思政不仅仅是在专业课中加入课程思政元素，还会对自己的专业课教学有帮助，只有认识到这一点，才能让教师体会到它对个人的发展、课程的发展和培养学生的好处。

(2) 课程与思想政治教育功能脱节的问题。前期，高校各专业的人才培养方案中仅仅是以知识传授和能力培养作为教学目标，忽视了价值引领目标，其思想政治教育功能被弱化和忽略。《中国教育现代化 2035》中明确指出，要发展中国特色具有世界先进水平的优质教育，就要"全面落实立德树人根本任务，广泛开展理想信念教育，厚植爱国主义情怀，加强品德修养，增长知识见识，培养奋斗精神，不断提高学生思想水平、政治觉悟、道德品质、文化素养"。人才培养方案必须要有价值目标，将思想政治教育功能融合到各类课程中，它们均以"立德树人"为己任，实现对学生的全程育人。专门的思想政治理论课程以马克思主义为指导，帮助学生正确认识"四个大势"，树立好"四个自信"，为其终身发展打好底色；作为综合素养课(通识课)，要做到融通文理，给学生以思想的启迪、心灵的共振，在提高综合素养的过程中开展价值引领；作为专业课程，要为学生未来职业发展进行知识和能力的奠基，也要将本专业的学科精神、职业道德和社会责任感等传授给学生，其中人文社会及哲学社会科学要增强意识形态内容的渗透与传播，自然科学应培养学生追求真理、勇攀高峰的科学精神。

(3) 课程思政协同中存在的问题。首先，高校课程思政协同创新存在着问题，即课程内部协同不够、课程与课程之间协同不够、课程思政资源间协同不够等。其次，教师课程思政协同的意识与能力存在问题，即教师课程思政的意识不强、动力不足、能力欠缺等。另外，课程思政协同中存在机制不完善的问题，即课程思政协同的培育机制、保障机制、激励机制、评价机制等不健全。

10.2.2 课程思政理念下对协同育人机制的认识

课程思政的协同机制是汇聚多方资源推进教学实施效果的实现与提升。协同机制包括主体协同、环体协同和课程协同，这三个方面共同推动教学的发展。

1. 主体协同

构建以"实施主体、接受主体与研究主体"为内容的三位一体教育共同体，发挥各类主体的育人合力，三位一体教育队伍的形成对于教学中各个主体都会产生激励作用。单独就教师方面来讲，只有广大教师在认识上谋得一致，行动上才会自觉，课程教学中才能有意识地做到"守好一段渠、种好责任田"，要让全体教师明白课程思政不是增开一门课，也不是增设一项活动，而是将高校思想政治教育融入课程教学和改革的各环节，以实现立德树人的目标。

2. 环体协同

将网络环境、校园环境、社会环境中的育人资源与课堂育人环境实行有效互动衔接，可以为课程思政在教学中打造良好的育人场域，共同助力课程思政建设。

3. 课程协同

加强思政课程与课程思政的协同，对于两者各自发展都有促进作用，对教学内容、教学方法和教学评价进行一体化改进，对于提升教师的教学能力和学生的学习积极性都具有一定的作用。加强大中小学课程思政一体化协同，做好大中小学课程思政的衔接工作，符合受教育主体的成长和学习规律，能有效提升课程思政的运行效果。协同机制从整体来看对教学的各个主体产生激励作用，只有主体之间协作好，才会使教学产生最大效益。

协同机制聚集各方资源，通过教师、课程、课堂的实践路径进行整合，从而转化成思想的力量，实施课程思政教育理念，最终目的是统筹各种资源，调动多方面的积极性，使育人效果最大化，推动课程思政协同机制良性发展。思想政治理论课教师要引领广大教师提升育人能力，从而推动协同机制中教育主体的发展，其他教师要积极提高自身的思想政治素质，提高教学设计水平，制定适合学生的教学方法，提高学生的课堂积极性。在课程设计过程中，要坚持以学生需求中心，学生的内生动力也是教学激励功能的重要部分。在教学中，学生主体直接影响到协同机制育人的效果，课程思政的最终目的是潜移默化影响学生的思想观念与社会道德思想，从而提高其政治素养与政治认同感，帮助他们树立正确的价值观。

教育是一个由多要素组成的复杂系统，高校课程思政协同创新是通过教学中各个子系统的相互配合，实现课程育人的目的，教师、学生、课程、教材、制度、评价等都是关涉是否能够协同的子系统。以协同理论来研究高校课程思政协同创新，就是要协同好课程思政中的各要素以及相互关系，协调思想政治理论课、综合素养课(通识课)和专业课三类课程的关系，协调课程中知识、能力、价值三维目标的关系，协调教学目标、内容、方法的关系，协调教师、辅导员、学生的关系，协调第一、第二、第三课堂之间的关系，协调整个系统与外界物质、能量和信息的交换关系，使这些子系统实现从无序到有序的转变，实现课程思政功能的最大化。

10.2.3　课程思政与思政课程协同育人的重点

一是抓课程内部协同。它是指每门课程确定的"知识传授、能力培养和价值引领"三维人才培养目标的协同，协同体现在三者的相互贯通上。知识传授是基础，通过课程学习，教师将专业的理论知识传授给学生，学生习得知识，是完整的教学过程。知识传授是能力培养和价值引领的前提，能力培养是知识转化的体现，价值引领是知识内化的提升。能力培养是根本，是学生将课程所学理论知识运用于实践并分析和解决问题的本质所在。只有知识没有能力就无法运用和实践，知识也就成为空谈。空谈误国、实干兴邦，专业人才的培养必须致力于学生各项能力和技能的培养。价值引领是核心，思想是行为的先导，如果思想上出了问题，行为必然会出现偏差和脱轨。正如习近平总书记在北京大学考察时强调的，一定要抓好大学生的价值观养成，"这就像穿衣服扣扣子一样，如果第一粒扣子扣错了，剩余的扣子都会扣错。人生的扣子从一开始就要扣好"。价值引领决定着知识传授和能力培养的最后归属问题，决定着高校培养出的人才到底是为谁服务的核心问题。

二是抓思想政治理论课之间的协同。"马克思主义基本原理概论"涵盖了马克思主义哲学、政治经济学和科学社会主义三部分内容，主要为大学生讲述马克思主义经典理论以及提供世界观和方法论的指导，是课程体系的基础。"中国近现代史纲要"以中国近现代革命和建设的实践为线索，通过点线面结合的方式对大学生开展唯物主义历史观和爱国主义教育，是课程体系的纽带。"毛泽东思想和中国特色社会主义理论体系概论""习近平新时代中国特色社会主义思想理论"讲述的是马克思主义中国化时代化，是在中国国情基础上对马克思主义基本原理的继承与创新，是课程体系的核心。"思想道德与法治"融合了道德教育、法制教育、人生观教育等内容，是课程体系的落脚点。这五门课程构成了逻辑清晰的体系，有明确的起承转合，需要五个教研室相互协同，共同探讨课程间的衔接、课程教学与实践的逐步推进。"形势与政策"则是对当今世界和国家发展大势、国家政策导向等进行讲解与宣传，与前五门课程协同联动。

三是促进课程思政资源间的协同。课程思政资源的开发与使用是高校课程思政实施的重要保障，是开展思想政治教育的要素和载体。课程思政资源是十分广泛而丰富的，它的使用取决于课程的需要、主体的挖掘以及学生的接受度，归根到底是掌握在教育的主体手中的。教育的主体掌握何种资源，为学生提供何种资源，决定着资源以怎样的方式呈现。思政元素资源丰富，可以采用区分挖掘、系统挖掘和合作挖掘的思路去探寻和提取，这都体现了协同。何种资源可以用于课程，可以挖掘到什么程度，同一种资源用于不同的课程要如何开展等，都是课程思政资源协同的问题。

10.3　协同育人要厘清的几个关系

10.3.1　专业课教师与思政课教师的关系

专业课程与思政课程的关系决定了专业课教师与思政课教师之间是一种分工合作的关系，既互助合作，又"和而不同"、各有侧重。两者有联系又有区别，相互影响又相互作用。

二者的区别显而易见，表现在教育内容和形式的不同。专业课教师的教育内容主要是某一专业领域的专业知识，除了讲授专业的理论知识，更加注重的是对学生进行实践操作能力的训练。思政课教师则更侧重理论知识传授和价值观的构建，在强化操作训练方面有所欠缺。

从二者的联系上看，无论是专业课教师还是思政课教师都是育人者，都有育人的职责。专业课教师与思政课教师相互联系，相互促进，互助合作。一方面，思政课教师为专业课教师提供指导，并帮助专业课教师挖掘思政资源，对理论的讲解和运用提出意见和建议。另一方面，专业课教师将思想政治理论应用于实训操作中，将思政课内容与专业知识点结合起来进行教学，能让学生更好地掌握和践行，提升教育的实效。

推动专业课教师和思政课教师强强联合，一是要注重顶层设计。建立思政课程与课程思政学习交流促进机制，推动思政课教师与多学科专业教师组成的理事会建设，统筹构建两支队伍在课程思政建设中的合作机制，推动实现专业课与思政课的双向贯通、相互促进，形成协同育人的联动效应。二是进行结对共建。在课程思政建设中为专业课安排思政课教师作为专业课共建人，形成课程思政结对制度，共同深挖专业课程中蕴含的思政元素，将学科资源、学术资源转化为育人资源，实现思想政治教育与知识体系教育的有机统一。三是加强培训指导。经常性组织课程思政教学沙龙等，分享建设经验与代表性案例，提升广大教师对于课程思政的认知理解，将课程思政建设的成果及时转化为其他教师课堂的实践运用，拓展课程思政建设的路径。四是开展工作研究。经常性组织教师以专题学习、主题研讨等方式，推进课程思政学习研讨常态化。通过开展教育教学研究、国内外比较研究、传统工作经验研究等，把握教学对象的特点，加强两支队伍课程内容的衔接，切实遵循教书育人规律、学生成长规律、思想政治工作规律开展育人工作。

10.3.2　专业课教学与思想政治教育的关系

思想政治教育与专业课教学的关系是一个非常重要的问题，它涉及德育与智育、思想道德素质与文化素质、思想政治教育与专业教育之间的关系。思想政治教育与专业课教学应是辩证统一的关系。

人的素质由智力因素和非智力因素两个方面共同构成。人的素质具有完整性，要促进素质的全面提升，必须促进智力因素与非智力因素的共同发展。我们可以简单地把专业课教学看成学生智力因素的培养。所谓的非智力因素是指那些不直接参与认识的过程，但对认识的过程有直接制约作用的心理因素，主要包括动机、兴趣、情感、意志、性格等。同样也可以把思想政治教育归纳为非智力因素培养的一方面，它在影响人的思想发展方向和思维深度方面具有能动作用。从理论视角，我们可以把智力因素与非智力因素分开讲，但在人才培养过程中，二者缺一不可，相辅相成。在大学生的培养过程中，要从处理好非智力因素和智力因素的相互关系中去认识人的发展变化，提升人的整体素质，提高思想政治教育的实效性。

专业课教学与思想政治教育，都以培养德智体美劳全面发展的人才为目标，教育对象都是在校的大学生。两者的教育主体都属于高校思想政治教育的队伍，思想政治理论课教师是高校思想政治教育的骨干队伍，党政管理干部和学生辅导员是专职队伍，心理健康教育队伍是思想政治教育工作的重要队伍，专业课教师是思想政治教育工作的基本队伍，因此都负有育人的职责。

两者的教育目的都是教书育人。可以说专业课教学的思想教育目标是专业课教育培养目标的纵向延伸，更深化了专业教学的思想性，同时也给专业课教学注入了新的活力。在专业课教学中建构思想政治教育的目标应把握时代性，加强时效性，提高准确性，把思想政治教育中丰富的内涵融入专业课的教学实践，并在可能的情况下，将抽象的单课题式内容转变为双课题式，使学生进一步认识专业课程的思想内涵，促进学生对知识的把握。在专业课教学中落实思想政治教育目标，可以使思想政治教育理论课中那些繁琐的以识记为主的内容转化为学生现实专业学习和实践中的情感态度与观念。思想政治教育教学目标的这一纵向延伸正是思想政治理论课的课程目标与专业课的思想政治教育目标之间相互补充的体现，一方面提高了大学生的思想道德素质和思想政治素质，而专业课程教学过程中的知识传授与能力培养，又在另一个方面提高了学生的文化素质与专业的业务素质，二者在互补中共同促进大学生综合素质的提升。

课程与思想政治教育是相互促进的和谐关系。课程是思想政治教育的"富矿"，每一门课程都有情感、态度、价值观的教育要求，而这些要求也是思想政治教育的"落脚点"。将思想政治教育的触角伸到每一门课程中，既有利于每一门课程达到教育要求，也可以在一定程度上拓展思想政治教育的广度和宽度，提高教育效果。对各门专业课程和思想政治教育来说，二者相得益彰。

第四篇　教师德育领导力支撑下的课程思政高质量推进策略

各门课都要守好一段渠、种好责任田，使各类课程与思想政治理论课同向同行，形成协同效应。

——习近平

第 11 章

课程思政实践的制度化支撑——《高等学校课程思政建设指导纲要》

11.1　对《高等学校课程思政建设指导纲要》的结构性认识

11.1.1　对《高等学校课程思政建设指导纲要》的总体认识

《高等学校课程思政建设指导纲要》(以下简称《纲要》)清晰谋划了"全面推进课程思政建设"的战略布局，进一步提出了"门门讲思政、人人讲育人"的工作目标。

1. 对《纲要》的认识

国家层面的认识：全面推进课程思政建设是落实立德树人根本任务的战略举措，这一战略举措，影响甚至决定着接班人问题，影响甚至决定着国家长治久安，影响甚至决定着民族复兴和国家崛起。

高校层面的认识：课程思政建设是全面提高人才培养质量的重要任务，高等学校人才培养是育人和育才相统一的过程。建设高水平人才培养体系，必须将思想政治工作体系贯通其中，必须抓好课程思政建设，解决好专业教育和思政教育"两张皮"的问题。

2.《纲要》的意义

"落实立德树人根本任务，必须将价值塑造、知识传授和能力培养三者融为一体、不可割裂。全面推进课程思政建设，就是要寓价值观引导于知识传授和能力培养之中，帮助学生塑造正确的世界观、人生观、价值观，这是人才培养的应有之义，更是必备内容。"这一表述，非常准确地把握了高等学校育人工作中价值、知识、能力这三个基本要素之间的关系，深入地阐述了课程思政最为本质的内涵，让我们更加清晰地认识到：在立德树人的工作中，价值比能力和知识更加重要；价值塑造是育人工作的第一要务，要将价值塑造的成分有机地融入能力培养和知识传授之中；要充分发掘各类课程所蕴含的思政要素，做到春风化雨、沁人心田，切实达到育人成效。

3. 《纲要》中确立的课程思政建设工作目标

课程思政建设总的目标就是,立足于解决"培养什么人、怎样培养人、为谁培养人"这一根本问题,围绕全面提高人才培养能力这个核心点,在全国所有高校、所有学科专业全面推进,让课程思政的理念在各地各高校形成广泛共识,全面提升广大教师开展课程思政建设的意识和能力,建立健全协同推进课程思政建设的体制机制,构建全员、全程、全方位育人大格局,努力培养担当民族复兴大任的时代新人,培养德智体美劳全面发展的社会主义建设者和接班人。

4. 《纲要》设计的整体思路

《纲要》对课程思政建设作出了整体布局,象征着课程思政开始了制度化、体系化发展,回应了课程思政理论研究和实践推进中面临的一系列问题,为浩如烟海的研究明确了导向,从顶层设计上规范了课程思政理论研究范式和实践活动模式。全面推进课程思政建设思路工作要坚持"四个相统一":一是坚持知识传授与价值引领相统一;二是坚持显性教育与隐性教育相统一;三是坚持统筹协调和分类指导相统一;四是坚持总结传承和创新探索相统一。它对为什么要推进课程思政建设,课程思政建设是什么、做什么、怎么做、谁来做进行了系统性的阐述,要求课程思政建设在理念上更突出"教学口",文字上更突出"专业味",内容上更突出"新要求",举措上更注重"真效果"。

11.1.2 《高等学校课程思政建设指导纲要》中的措施指向

《高等学校课程思政建设指导纲要》不仅要求"全面推进",还着重强调了"分类指导",明确了"专业课程是课程思政建设的基本载体",并清晰划出7类不同的专业门类,指出"要深入梳理专业课教学内容,结合不同课程特点、思维方法和价值理念"。在培养社会主义建设者与接班人的总体目标下,课程思政中的"思政"仍要以传授专业知识为基本内核,以学术为基,以育人为要。

1. 《纲要》中确定的课程思政建设内容

要紧紧围绕坚定学生理想信念,以爱党、爱国、爱社会主义、爱人民、爱集体为主线,以推进习近平新时代中国特色社会主义思想进教材进课堂进头脑、培育和践行社会主义核心价值观、加强中华优秀传统文化教育、深入开展宪法法治教育、深化职业理想和职业道德教育为重点(见图11-1)。

图 11-1 课程思政建设内容的一条主线和五个重点

2. 《纲要》中构建的课程思政教学体系

专业课程教学是课程思政的最主要的依托。《纲要》根据教育教学规律和人才培养规律，结合学科专业建设特点，对课程思政教学体系进行了有针对性的设计。根据不同课程的学科专业特点和育人要求，按照公共基础课程、专业教育课程、实践类课程三种课程类型，分别明确了每类课程进行课程思政建设的重点(见图 11-2)。其中，又按照学科专业特点，分别提出文史哲类、经管法类、教育学类、理工类、农学类、医学类、艺术类七大类专业课程的具体建设目标，使各个专业教学院系、各位专业课教师都能在课程思政建设工作中找到自己的"角色"，干出自己的"特色"(见图 11-3)。高等职业学校根据高职专业分类和课程设置情况，分类推进。

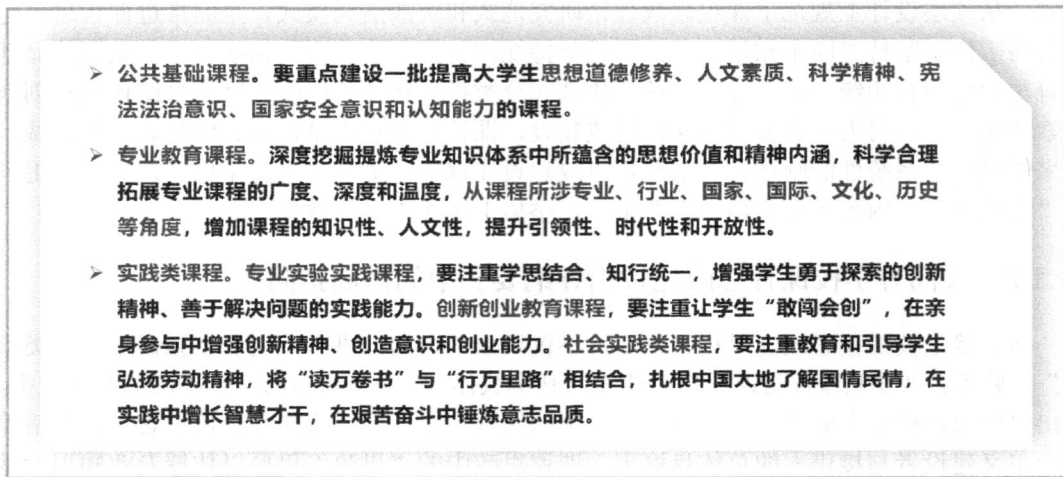

> **公共基础课程。** 要重点建设一批提高大学生**思想道德修养、人文素质、科学精神、宪法法治意识、国家安全意识和认知能力**的课程。

> **专业教育课程。** 深度挖掘提炼专业知识体系中所蕴含的思想价值和精神内涵，科学合理拓展专业课程的广度、深度和温度，从课程所涉专业、行业、国家、国际、文化、历史等角度，增加课程的知识性、人文性，提升引领性、时代性和开放性。

> **实践类课程。** 专业实验实践课程，要注重学思结合、知行统一，增强学生勇于探索的创新精神、善于解决问题的实践能力。创新创业教育课程，要注重让学生"敢闯会创"，在亲身参与中增强创新精神、创造意识和创业能力。社会实践类课程，要注重教育和引导学生弘扬劳动精神，将"读万卷书"与"行万里路"相结合，扎根中国大地了解国情民情，在实践中增长智慧才干，在艰苦奋斗中锤炼意志品质。

图 11-2   三类课程的课程思政建设重点

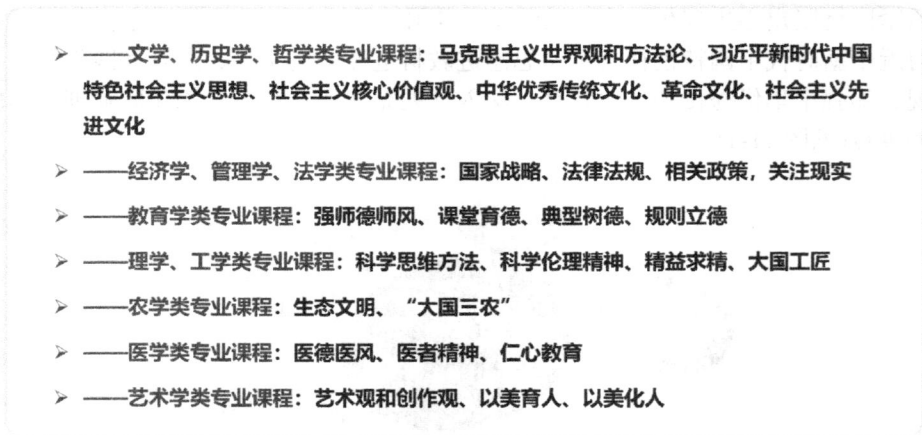

> ——**文学、历史学、哲学类专业课程：马克思主义世界观和方法论、习近平新时代中国特色社会主义思想、社会主义核心价值观、中华优秀传统文化、革命文化、社会主义先进文化**

> ——**经济学、管理学、法学类专业课程：国家战略、法律法规、相关政策，关注现实**

> ——**教育学类专业课程：强师德师风、课堂育德、典型树德、规则立德**

> ——**理学、工学类专业课程：科学思维方法、科学伦理精神、精益求精、大国工匠**

> ——**农学类专业课程：生态文明、"大国三农"**

> ——**医学类专业课程：医德医风、医者精神、仁心教育**

> ——**艺术学类专业课程：艺术观和创作观、以美育人、以美化人**

图 11-3   七大类专业课程的课程思政建设目标

3. 《纲要》中提出把课程思政融入课堂教学有哪些举措

课程思政建设要在课堂教学中真正落地落实，要把课程思政融入课堂教学建设的全过程(见图 11-4)。首先是要抓好课堂教学管理，进一步指导高校修订课堂教学管理规定，在课堂教学管理规定中全面融入课程思政建设要求。高校要在课程目标设计、教学大纲修订、教材编审选用、教案课件编写等方面下功夫。其次是要综合运用第一课堂和第二课堂，特别是深入挖掘第二课堂的思政教育元素，将"读万卷书"与"行万里路"相结合，深入开展多种形式的社会实践、志愿服务、实习实训活动，拓展课程思政建设方法和途径。第三是要在教育教学方法上不断改革创新，以学生的学习成效为目标，深入开展以学生为中心的教学方式和学业评价方式改革，激发学生学习兴趣，引导学生深入思考，实现思想启迪和价值引领。当代大学生是在互联网环境下成长起来的一代，课程思政教学要积极适应学生学习方式的转变，积极推进现代信息技术在课堂中的应用，创新课堂教学模式。

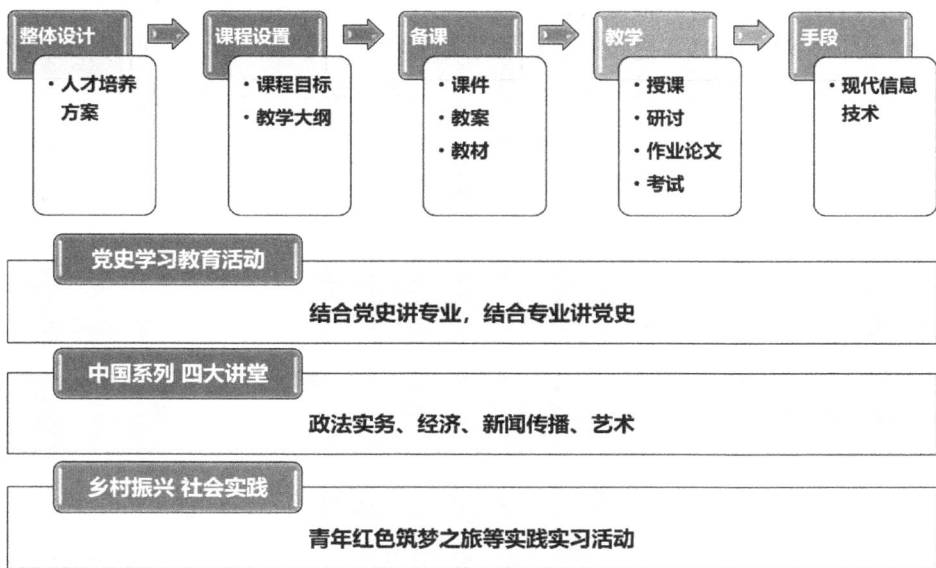

图 11-4　课程思政融入课堂教学建设的全过程

4. 《纲要》中对课程思政实施主力军提出的要求

具体有以下五个方面：一是要"广共享"，建立健全优质资源共享机制，分区域、分学科专业领域开展经常性的典型经验交流、现场教学观摩、教师教学培训等活动；二是要"强培训"，将课程思政建设要求和内容纳入教师岗前培训、在岗培训和师德师风、教学能力专题培训等；三是要"重合作"，充分发挥教研室、教学团队、课程组等基层教学组织作用，建立课程思政集体教研制度；四是要"树表率"，鼓励支持院士、"长江学者""杰青"、国家级教学名师等带头开展课程思政建设，充分发挥示范带动作用；五是要"深研究"，加强课程思政建设重点、难点、前瞻性问题的研究，在教育部哲学社会科学研究项目中积极支持课程思政类研究选题。

5. 《纲要》中促落实的举措

课程思政建设是一项长期性、系统性的工程，建立完善的课程思政工作机制是确保课程思政建设取得成效的根本保障。

一是要"上下"同步启动。"上"到战略精心谋划，教育部组织成立课程思政建设工作协调小组，统筹研究重大政策，指导各地各高校开展工作。成立高校课程思政建设专家咨询委员会，提供专家咨询意见。"下"到一线落地生根，各地教育部门和高校要切实加强对课程思政建设的领导，形成党委统一领导、党政齐抓共管、教务部门牵头抓总、相关部门协同联动、院系落实推进的工作格局，同时要明确经费支持，加强课程思政经费保障。

二是要用好评价这根"指挥棒"，建立健全多维度的课程思政建设质量评价体系和激励机制，把课程思政建设成效作为"双一流"建设监测与成效评价、学科评估、本科教学评估、一流专业和一流课程建设、专业认证、"双高计划"评价、高校或院系教学绩效考核等的重要内容。

三是抓好课程思政示范典型，持续深入抓典型、树标杆、推经验，建设国家、省级、高校多层次示范体系，选树一批课程思政建设先行高校，选树一批课程思政示范课程，选树一批教学团队和教学名师，建设一批课程思政教学示范中心，设立一批课程思政建设研究项目，在全国树立课程思政教学标杆。课程思政评价激励举措见图11-5。

图 11-5　课程思政评价激励举措

11.2　《高等学校课程思政建设指导纲要》在学理认识基础上的实践指导

11.2.1　《纲要》指导课程思政几个融合的学理认识

全面推进课程思政建设，要紧紧抓住教师队伍"主力军"、课程建设"主战场"、课堂教学"主渠道"，实现知识传授和价值引领、显性教育和隐性教育、实践探索和理论研究以及统筹推进和分类施策的高度融合，寓价值观引导于教育教学之中，切实将价值塑造、知识传授和能力培养三者有机结合、一体贯通，解决好立德树人和"培养什么人、怎样培养人、为谁培养人"的根本问题。

1. 知识传授和价值引领高度融合，集育德育才于一体

教育是人类传承知识文明、培养青年人才、创造美好生活的重要途径。高等教育从诞生之日起，就带有鲜明的价值取向，并由知识技能传授和价值观引导共同构成基本的表现形式和内在理路。中国特色社会主义大学的职责任务是牢牢把握立德树人这个根本，为党育人、为国育才。"师者也，教之以事而喻诸德也。"《纲要》指出，课程思政建设是教师立德树人意识和教书育人能力的重要体现。将知识传授与价值引领二者高度融合，并落实到教学活动中，培养学生的专业素养、家国情怀、人文情怀和世界胸怀，是每一位教师义不容辞的职责。

2. 显性教育和隐性教育高度融合，汇聚强劲整体合力

教育的目的是为学生点亮理想的灯、照亮前行的路，让学生享有更好的教育，实现全面的发展。思政育人是一个潜移默化的过程，任何一门课程都在传递价值、塑造价值，任何一门课程都在努力把学生塑造成更好的人。《纲要》指出，要深入梳理专业课教学内容，结合不同课程特点、思维方法和价值理念，深入挖掘课程思政元素，将课程思政有机融入课程教学，达到润物无声的育人效果。全面推进课程思政建设，既是对传统思想政治教育的创新和提升，也是对思政课程主渠道的补充和支撑。专业课程的专业性使其在开展大学生思想政治教育上具有强大的说服力和感染力，在发挥课堂主渠道功能上具有不可替代的优势。因此，要激励和引导专业课教师围绕如何将专业课程教学和思政育人工作紧密结合起来主动开展思考和实践，不断丰富课程思政内涵、不断提升课程整体质量，实现显性教育和隐性教育高度融合，思政课程和课程思政同向同行。

3. 实践探索和理论研究高度融合，辩证把握认识和实践的关系

马克思主义认为，社会生活本质上都是实践的产物，实践是认识的来源和检验真理的唯一标准。脱离实践的理论必然是空洞的理论、僵化的教条，没有理论指导的实践是盲目的实践。《纲要》提出，要加强对课程思政建设重点、难点、前瞻性问题的研究，及时总结提炼课程思政建设的新成果、新经验、新模式。统筹推进课程育人，在课程中融入思想政治教育元素，是展现21世纪中国的马克思主义强大说服力、指导力、引领力的重要方式，是擦亮新时代中国特色社会主义大学课堂鲜亮底色的重要抓手。全面推进课程思政建设，要在积极开展实践探索的同时大力开展理论研究，努力将个案研究与共性拓展高度融合。通过对某一门课、某一类课的探索和研究，凝练总结个体经验，进而将课程思政从一种教育教学改革的理念创新逐步落实为一种具有实际内容支撑的可推广、可督导、可监测的课程建设标准，实现课程思政在专业课程教学中目标管理和过程管理的有效统一、指标牵引和任务牵引的有效统一、效果评价和内容考核的有效统一。

4. 统筹推进和分类施策高度融合，尊重教育和人才成长规律

课程思政建设是一项系统工程，核心是资源开发，关键是教学设计。《纲要》提出，要尊重教育教学规律和人才培养规律，适应不同高校、不同专业、不同课程的特点，强化分

类指导，确定统一性和差异性要求。只有让专业课程中的思政元素从本课程中自然长出，与专业知识、专业精神相得益彰、合而为一，才能真正彰显课程思政教育教学润物无声的效果。全面推进课程思政建设，需要全面发力、全员动员，紧紧围绕《纲要》的总体部署，与"双一流"建设任务统筹起来，与"三全育人"综合改革统筹起来，与"一流专业""一流课程"建设统筹起来，与学校教育教学改革统筹起来，出台相应的制度和举措，把工作落细、落小、落实。

5. 坚持价值塑造、知识传授和能力培养"三位一体"，推动课程思政教学体系建设

一是弘扬爱国精神，激发学生的爱国情、强国志、报国行。将共同抗击新冠疫情等时代命题融入专业教育，将学科史、科技史教育融入教学内容，将"工程伦理"等价值引领课程融入教学改革，引导学生将个人的"小我"融入祖国的"大我"、人民的"大我"之中。

二是崇尚专业精神，服务国家战略、行业要求。聚焦国家重大战略需求，聚焦世界科技前沿，讲清楚特定领域受制于国外被"卡脖子"的现状和国家加快自主创新、加强关键核心技术攻关的骨气和志气，引导学生主动为国家和民族的发展出力争光。

三是培养创新精神，实现自我价值。建设好学科专业思政素材库，挖掘和整理学科专业中的时代楷模与身边榜样、在重大工程以及生活中的应用和中国历史上的发明与创新、学科专业的光荣使命等，为培养学生精益求精的大国工匠精神提供鲜活案例。

四是培育实践精神，让学生了解行业和社会的发展状况。开展专业实践，激发学生的专业荣誉感与行业自豪感，开展社会实践，在实践中引导青年学生扎根中国大地，用创新创业成果服务国家发展。

11.2.2　《纲要》指出了课程思政需要深入理解的要核

1. 准确理解课程思政理念，构建课程思政建设体系

课程思政建设工作要从其重要性、科学性和特色化着眼，从高质量人才培养，从理念、原则、路径、方法、内容、评价等各个环节要素着力，建立一整套符合专业育人特点、符合认知科学要求、使教师理念认同和能力胜任、使学生真正入耳入脑入心、使思政工作落地见效的教育教学体系。把大水漫灌变为精准滴灌，为高校和教师拨开认识上的"迷雾"，让每位教师都能找到自己的"角色"、干出自己的"特色"，提高思政工作的针对性和实效性。

2. 课程思政建设中对学科专业建设、课程体系建设、课堂教学和评价激励等的要求

在学科专业建设方面的要求是：文学、历史学、哲学类专业要在课程教学中帮助学生掌握马克思主义世界观和方法论、深刻理解习近平新时代中国特色社会主义思想；经济学、管理学、法学类专业要在课程教学中培育学生经世济民、诚信服务、德法兼修的职业素养；教育学类专业要在课程教学中引导学生树立学为人师、行为世范的职业理想；理学、工学类专业要在课程教学中培养学生的科学思维、科学伦理、工程伦理和大国工匠精神；农学类专业要在课程教学中引导学生知农爱农、以强农兴农为己任；医学类专业要在课程教学中培养学生救死扶伤、医者仁心的医者精神；艺术类专业要在课程教学中坚持以美育人、以美化人。

在课程体系建设方面的要求是：公共基础课程要重点建设提升学生综合素质的课程，

打造一批有特色的体育、美育类课程，专业教育课程要根据不同学科专业的特色和优势，拓展专业课程广度、深度和温度，实践类课程则要注重学思结合、知行合一，增强学生敢闯、会闯的实践能力。

在课堂教学方面的要求是：要整体设计人才培养方案，将课程思政融入课程目标和教学大纲，融入课件、教案、教材等备课工作，贯穿于授课、研讨、作文论文和考试各环节。推进现代信息技术在课程思政教学中的应用，综合运用第一课堂和第二课堂，组织开展"中国政法实务大讲堂""新闻实务大讲堂"等系列讲堂，深入开展"青年红色筑梦之旅""百万师生大实践"等社会实践、志愿服务、实习实训活动，不断拓展课程思政建设方法和途径。

在评价激励方面的要求是：将课程思政建设成效纳入双一流建设、一流专业建设、一流课程建设、双高计划评价、学科评估、专业认证、教学成果奖、全国教材建设奖、本科教学评估、高校院系教学绩效考核、教师评奖评优等的重要内容，形成课程思政建设的真评价、真激励、真成效。

3. 明确课程思政建设的主体责任，加强课程思政建设组织实施和条件保障

教师是全面推进课程思政建设的关键，是第一主角。习近平总书记在清华大学考察时强调："教师要成为大先生，做学生为学、为事、为人的示范，促进学生成长为全面发展的人。"广大教师应热爱自己的事业、自己的岗位、自己的学生，用心、用情、用爱去教书育人，把课程思政当作一门学问、一种价值、一种信仰去刻苦钻研，打造有知识、有学问、有信仰、有力量的"金课"，努力成为政治立场过硬、业务能力精湛、技术方法娴熟、育人水平高超的"金师"。教育部作为课程思政建设的"总指挥"，成立课程思政建设工作协调小组统筹研究重大政策，指导地方、高校开展工作，各地各高校要建立党委统一领导、党政齐抓共管、教务部门牵头抓总、相关部门联动、院系落实推进、自身特色鲜明的课程思政建设工作格局。做好教师培训"四个全"：入职培训、在岗培训、师德师风、教学进修全周期，经验交流、学术研讨、教学观摩、竞赛比拼全类型；省级培训、校级培训、区域培训、学科专业培训全范围；线下有深度、线上有广度、交流平台多维度、成果时效有速度全手段，构建覆盖教师职业生涯的培训规划。

第 12 章

教师德育领导力的发挥——课程思政教学实践

12.1 让教师德育领导力成为课程思政的引擎

通过教师德育领导力概念的提出和模型的建立，帮助教师提升德育职责的落实力，推进课程思政教育理念在专业课教学中的实施。

1. 课程思政实施中教师的德育领导力

传统的"领导力"与"德育领导力"在概念上是不同的，"德育领导力"的重点落在"德育"二字上，突出立德树人根本任务，强调发挥教师的主体作用。教师德育领导力是指教师在实施课程教学过程中，主动结合课程教学以生动的方式对学生实施的德育影响力，这就是课程思政理念在教学中的体现。

课程思政理念在教学中的呈现关键依靠教师德育领导力的有效发挥，教师德育领导力是教师在实施课程教学过程中，围绕课程的知识、能力、价值三维目标进行的教学设计。下面从认识力、规划力、整合力三个维度来解释教师德育领导力的内涵。

(1) 认识力是指专业课教师要对自身的德育职责有价值认同，了解自身课程思政需要德育能力和德育素养支持的状况，并且有提升的能力；

(2) 规划力是专业课教师主动规划专业课思政内容与专业知识融合性实现的三维目标、思政元素挖掘的方向、教学设施的计划安排等；

(3) 整合力是将专业知识和知识价值进行有机整合的能力，是对育人资源进行横向整合的能力，与思政理论课形成合力的能力。

教师的德育领导力还包括教师对自己和学生德育的指导力、对学生发展的把握力、对教学活动的组织力、对教师团队的凝聚力、对学校文化的创造力和对教书育人的评价力。教师应该充分提升德育领导力，以至诚之德泽润学子，方能教学相长。

2. 教师德育领导力作为课程思政引擎在教师层面存在的问题

1) 教师对德育领导力的认识存在误区

第一，教师德育职责的认识窄化，认为专业教师只要管专业，在高等教育近乎普及的今天，学生数量那么多，能把知识讲清目标就达到了，教师主要讲授好专业知识就行。其次，课程思政不需要用教师德育领导力指导落实，认为领导力是领导者的事情，是学校教学管理者要具备的能力，普通的老师与领导力无关。事实上，教师的德育领导力是落实立德树人的关键。

2）教师实施德育领导力的能力不强

教师在教育教学中的师德素养，特别是课堂德育领导力有待进一步提高。一些高校教师既不是师范生，也没有系统学习过思政方面的专业知识。课堂教学过程中，教师如何把理想信念放在首位，如何把握学生身心发展规律，如何对学生进行观察、研究和思考，如何在课程设计中融入思想政治教育内容，如何在每一节课、每一次活动中，把学业发展规划和做人做事的道理融合在一起，如何寻求开展思想道德建设最适当的途径和方法，以上能力都有所不足。

3）教师德育领导力意识淡薄

教师的德育领导力意识淡薄主要有以下几个原因：对"三全育人"的要求认识不够；新入职的教师没有接受这方面的训练；个人发展的功利性追求，如科研成果的积累更加有利于职称评定和职务晋升；不当的社会现象潜移默化的干扰和影响。

3. 教师德育领导力提升与评价层面存在的问题

在教师德育领导力提升方面，教师缺乏提高德育领导力的方法和途径，此外，教师德育领导力的评价体系也比较单一。详细描述见第 3 章，这里不再展开。

12.2　以教师德育领导力促进课程思政实现

12.2.1　教师德育领导力与课程思政的有机契合

本书在第二篇中已经对教师德育领导力六力模型进行了阐述，在阐述之前提出了从历史、价值、实践三个维度深刻把握教师"德育领导力"的内涵。从历史维度看，德育领导力的发展分为 3 个阶段，每一阶段都与时代特点息息相关，要站在新时代，深刻理解育人内在要求，提升教师德育领导力。从价值维度看，在学校发展的进程中，学校领导、学校教师、学生是价值共同体，他们共同进行价值创造，一起推动着学校这个复杂系统的协同发展。从实践的维度看，要求教师把德育领导力内化为教书育人的影响力，在课程教学中针对"只教书不育人"的问题，让教育回归本质，实现知识、能力培养与价值观培育的有机统一。

教师德育领导力的六力模型如图 12-1 所示。该模型规划了课程思政独特的教学设计路径，开展教学效果和育人效果协同评价，实现将课程思政深度融入教学。

教师德育领导力为教师开展课程思政奠定了思想基础。课题的研究成果强调发挥教师的主观能动性，围绕着教师德育领导力价值认同的内容、主体、方法等，在教师深入理解自身角色、职业责任，提升育人意识等的基础上，提升价值认同从而形成促进机制，为教师开展课程思政奠定思想基础，通过教师对课程思政的价值认同来促进课程思政的实施。

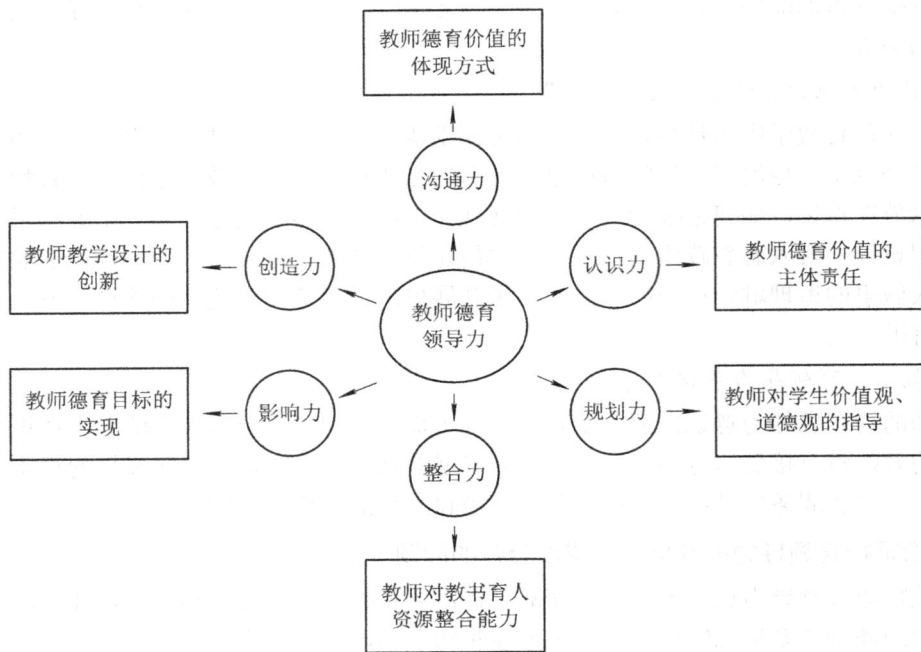

图 12-1   教师德育领导力六力模型

教师德育领导力也实现了落实立德树人根本任务的主体扩充。以往普遍存在的"德育工作是思政教师以及辅导员的专项工作"的思维定式便是教师对于德育工作价值认同度低的表现。在课程思政与思政课程并重的大环境下，德育工作的主体也逐渐由思政教师扩展到全体教育工作者。要通过转变专业任课教师的职责认识，提升其对于德育工作的价值认同度。

12.2.2   提升教师德育领导力的途径和举措

可以从自信力、整合力、感染力以及共情力四个维度提升高校教师的德育领导力。在自信力方面，首先要增强文化自信，学习贯彻习近平新时代中国特色社会主义思想主题教育，重点加强对习近平总书记关于教育的重要论述的学习。在整合力方面，要求教师将系统性与针对性相结合、稳定性与灵活性相结合、思想性与知识性相结合、哲理性与趣味性相结合。在感染力方面，要求教师既要以自己的专业知识、教育教学方法影响学生，同时又要用言传身教去感染学生，使自己真正成为影响学生的最积极、最活跃的因素。在共情力方面，一方面要充分发挥学生之间便于沟通的特点来开展各类活动，另一方面还可以依托学生社团，加强对心理社团的管理和扶持力度，开展心理健康活动。

经过对理论的探索、对研究内容的探寻后，我们认识到教师德育领导力提升对学校课程思政的实施、对教师专业发展均有积极作用，于是探寻了从以下途径提升教师德育领导力，提升开展课程思政的效果。

1. 上下同步启动，校内横向联合，汇聚优质资源推动协同攻坚

一是搭建理论培训平台。通过组织专题辅导报告会等方式，邀请相关领域的专家学者围绕课程思政建设是什么、建什么、怎么建等相关内容进行解读，不断深化广大教师对课程思政内涵的理解和认识，增强教师的育人意识和育人能力。

二是搭建学科交叉研究平台。立足各学科的独特视域、理论和方法，深入挖掘专业课思政资源，完善课程思政教学体系，创新专业课程话语体系，形成一批代表性案例，打造一批有高度、有深度、有温度的"金课"。

三是搭建工作交流平台。邀请校内外思政课教师、专业课教师及相关部门同志围绕课程思政建设定期交流，拓展思路，协调工作。

四是搭建成果发布平台。依托传统与新媒体平台，开展优秀课程思政案例汇编、思政素材库建设、教师培训课程建设、课程思政评价标准制定等专项工作，形成一批可复制、可推广的课程思政教育教学改革成果。

2. 建章立制，增强教师德育领导力意识

高校应建立健全教学管理机制，包括教学全过程的规范性制度建设、教材使用管理、课堂管理、教学督导等管理体制和运行机制，通过制度不断引导教师投入课程思政教学，提升教师课程思政教学能力，进而加强其德育领导力的建设。学校要根据发展定位、学科专业建设规划和师资队伍建设规划需要，深化教师管理制度改革，进一步完善《青年教师导师制实施办法》，落实《教师本科教学能力认证办法》《教师教学能力培训管理规定》《本科教学团队建设与管理办法》等制度文件，通过教学能力认证办法，切实保障本科教学质量。高校应定期组织开展校内优秀教师示范课堂，邀请校外知名学者专家进行课程思政和德育培训，切实提升教师教育教学水平和德育领导力。高校应积极建设本科教学团队，推进教学工作的"传、帮、带"和老中青的结合，形成"教学能力认证—教学能力培训—教学团队组建"的教师德育领导力和教学能力提升体系。

3. 提高认识，开展课程思政教学技能培训

高校可以定期邀请专家围绕"培养什么样的人、为谁培养人、怎么培养人"开展课程思政讲座，共同探究教师如何在"以学生发展为中心，以胜任力为导向"的教育中实现"立德树人"，并根据思政教育理论与实践、知与行统一原则，就课程思政应坚持的基本原则和如何将课程思政融入教学进行讨论，从而进一步提高教师对课程思政的认识，为教师开展课程思政教学改革、教学设计、教学实践、自我评价和拓展提升提供思路借鉴及解决方案。开展课程思政教学技能培训可以有效推进课程思政教学技能，培养师德高尚、业务精湛的高素质教师队伍，把知识传授、能力培养、价值引领融入每一门课程的教学全过程，切实提升教师课程思政教学能力。

4. 以赛促教，提高教师课程思政教学水平

为充分发挥课堂主渠道在高校思想政治工作中的作用，深入推动习近平新时代中国特色社会主义思想进教材、进课堂、进头脑，引导广大教师切实履行思想政治教育责任，进一步提高教师课堂思政的教学技能水平，高校可适当组织开展课程思政教学技能竞赛。参赛对象为承担非思政课教学任务的校内教师。竞赛由教案评比、课堂教学评比和现场答辩

三部分组成。课堂教学评委主要从教学实施、教学效果、教师素养与创新特色几方面进行考评。参赛选手面对评委进行课堂教学，课堂教学环节结束后，评委进行提问，选手完成现场答辩。

通过开展课程思政教学技能竞赛，教师以赛会友，互相学习、交流与切磋，能够大大开阔眼界。竞赛不仅能够选拔课程思政教学技能优秀个人，还可以充分发挥课堂教学在育人中的主渠道作用。在竞赛过程中，教师将思想政治教育贯穿于专业知识课堂中，将教书育人落实于课堂教学，展示个人风采，促使广大教师利用各类课程的思想政治理论教育资源，发挥课程育人功能，可以为进一步推动课程思政教学工作的改革创新发展奠定基础。

5. 设置专项奖励，引导激励教师投入教书育人

高校可设立各类教学专项奖，加大教学奖励的投入，树立标杆，精心培育教学新秀、教学名师等各级教学能手和团队，发挥不同年龄层次的优秀教师在本科教育教学中的示范引领作用，表彰在本科教学和人才培养中做出突出贡献的先进集体与个人。高校应建设教学团队，开发教学资源，促进教学研讨和教学经验交流，大力培养青年教师，引导教师热爱教学、投入教学、研究教学，使长期潜心从事教学、师德高尚、教学效果好的一线教师得到应有的尊重，营造积极向上的"以教学为中心"的教育教学氛围。在强调"四个回归"的同时，高校更要努力落实"四个回归"，尤其要注重加强课程思政建设、专业思政建设，既要培养学生成人，又要培养学生成才。

12.2.3 构建德育评价体系，提升教师德育领导力

高校的德育评价体系是建立在个体和社会对学生的综合素质和能力的要求、以学生思想道德为主的非智力方面评价的基础上。德育过程中内化和外化属于相互依存的关系。其中，内化是指大学生在知、情、意、信、行等个人心理要素的影响下，对社会道德标准产生的认同感。外化是指大学生将社会道德标准转化为外在的具体日常生活行为表现。内化与外化相互作用、相互影响，使得大学生的思想道德水平从量变到质变。这个过程的实效性只有依赖德育评价体系才能得以保证。首先，高校要改变德育评价的主观性，实现德育评价理念的人性化，发现学生个体的闪光点和优势，关注学生个体的需求，促进学生进行自我反思和调节。其次，高校要实现德育评价过程的动态化，不以最终分数进行判断，要了解学生在德育过程中的现状，帮助学生正确认识自我，增强自信，对学生进行与时俱进、全面客观的评价。最后，高校要实现德育评价内容多元化，遵循德育发展规律，在新时代背景下，改进和创新德育评价方式，从学校、家庭和社会多方面、多途径建立立体德育评价，营造学校良好的育人环境。

德育评价体系能够有效地促进教师德育意识与德育能力的提升。这一提升要从几个方面下功夫：一是强化"课程思政"协同育人的理念；二是增强"课程思政"内容融合的能力；三是增强创新"课程思政"方式方法的能力；四是提升"课程思政"教师的自身素养；五是消除"思政"会冲淡专业教学的思想顾虑和误解；六是提高专业课教师的思想政治理论水平；七是系统化提升专业课教师的课程思政设计能力。

12.3　推进课程思政的"六步走"设计

课程思政，效果在课内，功夫在课外。课程思政不只是往专业之"菜"中加盐添料，更重要的是要迭代我们"烹饪"的认知、工艺、方式、流程。

课程思政无处不在。一是课堂教学。在课堂上进行已书写在教案上的课程思政，逻辑性强，是课程思政的主要环节。教师可根据当堂情况或最新发展即兴展开课程思政，针对性强，亦能成为课程思政的点睛之笔。二是课外教学。按计划在课外集中进行课程思政，参与性强，多是该课程的实践环节。另外，在教师与学生进行课外答疑辅导等问学环节中融入课程思政，个性分明，是课程思政的重要补充。

课程思政怎么推进？怎样才能做好？我们设计了课程思政"六步走"，依次为确定教学目标(主要设计课程思政目标)、分析学习者的学情、挖掘思政元素、融入课程思政、持续改进、实现立德树人目标，如图12-2所示。

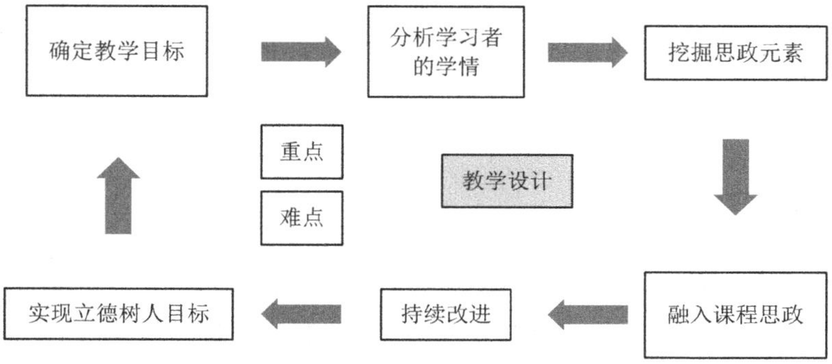

图 12-2　课程思政六步走

1. 确定教学目标

教学目标是学校人才培养目标的基础，决定着人才培养目标是否能够达成。教育不仅要让学生掌握本学科基本知识和基本技能，更重要的是提高学生能力以及拓宽思维广度，树立正确的价值观。

教学目标是课程思政目标确立的依据和程序。直接依据是本课程所属专业的培养目标和本课程的价值。程序是明确课程所属专业的培养目标和培养计划；界定本课程在本专业人才培养中的地位和作用；分项制定和表述本课程思政目标。

课程思政在教学目标中得到体现。每门课程要根据不同学科专业的特色和优势，深入研究其育人目标，将价值塑造、知识传授和能力培养三者融为一体，帮助学生塑造正确的世界观、人生观、价值观。教学目标应从三个维度构建学习成果：价值目标、知识目标、能力目标。

下面给出一个教学目标示例：

"经世济民的经济学"课程的教学目标

在"经世济民的经济学"课程的学习中,"中国反贫困的伟大奇迹"是本课程第四讲"共同富裕之路"重点讲授的内容,也是我国经济发展取得的突出成果。本课程重点讲授中国反贫困取得的伟大成就和内在逻辑,采用融合式教学范式,帮助学生理解中国经济发展的基本规律,也为后续章节的学习奠定基础。具体而言,本课程教学目标有以下三点:

(1) 价值层面。通过学习反贫困相关理论,使学生更加深刻地认识到党的领导优势和中国特色社会主义制度优势,以及中国的减贫之路对于世界减贫事业的启示。通过对"四融合"教学内容的讲解,基于校内的第一课堂和校外的第二课堂,增强学生对于社会主义的认同感,以实现"经世济民、贡献中国、影响世界"的育人目标。

(2) 知识层面。帮助学生回顾中国特色减贫道路的探索与发展,总结这条道路带来的业绩和经验,不仅对理解"中国道路"的丰富内涵具有重要意义,而且对促进人类减贫深具启发意义。益贫式增长与减贫皆是以经济增长消除贫困,精准扶贫则是新时代消除贫困的基本方略,这两者影响我国反贫困的基本方向和内在逻辑。

(3) 能力层面。结合相关数据对比分析,运用反贫困相关理论解决现实问题,解释经济增长在反贫困过程中对减贫产生的影响,引导学生思考"中国反贫困的伟大奇迹"背后的经济学含义,通过教育教学与科学研究结合、理论教学与实践教育结合、三全育人与自我教育结合的"三结合"教学方法,引导学生讲好"中国故事",坚定"四个自信"。

2. 分析学习者的学情

学情分析是伴随现代教学设计理论产生的,是教学设计系统中"影响学习系统最终设计"的重要因素之一。学情分析是指研究学生的实际需要、能力水平和认知倾向,为学习者设计教学,优化教学过程,从而更有效地达成教学目标,提高教学效率。学情分析是对"以学生为中心""以学定教"教学理念的具体落实。

学生学情分析的切入点:学生现有的知识结构、学生的兴趣点、学生的思维情况、学生的认知状态和发展规律,学生生理心理状况、学生个性及其发展状态和发展前景,学生的学习动机、学习兴趣、学习内容、学习方式、学习时间、学习效果,学生的生活环境、学生的最近发展区、学生感受、学生成功感等。

3. 挖掘思政元素

1) 挖掘思政元素的方法

(1) 区分挖掘。充分认识不同类型课程的差别和特点,具体问题具体分析,找准挖掘的着力点。

(2) 合作挖掘。思政课教师和专业课教师密切合作,这一点在课程思政开展的初期尤为重要。

(3) 系统挖掘。加强顶层设计,做到多门课程相互配合,实现思政元素的系统性挖掘。

(4) 互补挖掘。用好互联网平台,实现教师的校际合作挖掘。

2) 挖掘思政元素的"一依据、三结合"

"一依据"是指依据课程所归属和服务的学科和专业进行挖掘。主要依据学科与专业的形成背景、发展历程、现实状况和未来趋势，特别是所涉及的重大工程和科学技术发展成果、科学家或模范人物事迹，学科专业原理、观点以及与之相关的生活实践、教学实践、科技实践等。

"三结合"的具体内容如下：

(1) 结合学生未来所从事工作的职业素养进行挖掘。职业素养包括职业道德、职业技能、职业行为、职业作风和职业意识等。不同学科和专业对学生的职业素养培养各有不同，要结合不同专业人才培养特点以及学生未来所从事工作的职业要求，从职业素养养成的角度，有针对性地挖掘课程所蕴含的育人元素，增强课程育人的针对性和实效性。

(2) 结合中华优秀传统文化、中华礼仪文化、中国自信和中国特色进行挖掘。中华五千年文明凝结了无数先人的智慧和经验，造就了丰富的历史文化和国学经典。很多国学名言警句、历史典故都蕴含着睿智的思想。

(3) 结合国际国内时事，特别是中国特色的伟大实践进行挖掘，如中国共产党建党百年、抗击新冠疫情、中美贸易战、北斗组网成功等国际国内时事、热点问题、重大事件。

4. 融入课程思政

课程思政的融入方法如下：

(1) 要找准思政内容与专业知识的契合点，通过系统性的课程设计，以无缝对接和有机互融的方式，建立生成性的内在契合关系，做到"基因式"融合。

(2) 思政融入要立足学科的特殊视野、理论和方法，采取化整为零、重点突出的策略，在"深"字上下功夫，做到深度融合。

(3) 融入思政元素要以学生关注的、鲜活的现实问题为切入点，以课堂为出发点，因势利导，鼓励学生个人或团队做延伸性学习或研究。

(4) 发挥学科文化的育人功能。用特色的学科文化和浓厚的学术氛围来育人，使学科文化表现出教育功能、辐射功能、凝聚功能。

下面给出两个将课程思政融入专业课程的示例。

"模拟电子技术"课程的思政价值

主题：模拟电路中的辩证法

来源：佳木斯大学教务处

思政价值：

"模拟电子技术"课程中射极偏置电路克服了固定偏置电路静态工作点不稳定的缺陷，提高了输入电阻，但射极电阻 R_e 的存在使电压增益降低。为了在稳定静态工作点的同时使电压增益达到固定偏置电路的水平，在 R_e 两侧加旁路电容 C_e，这样做的结果又使射极偏置电路的输入电阻变得和固定偏置电路一样低，如图(1)所示。所以，电压增益和输入电阻同时做到很大是不可能的，此时可以考虑"合适"的设计方案，如图(2)所示，给 R_e 的部分电阻并联旁路电容，这样可以使电压增益和输入电阻值介于固定偏置电路和射极偏置电路之间，取一个可接受的值。

模电如人生，充满了辩证法，不存在完美的电路，只有最合适的电路。

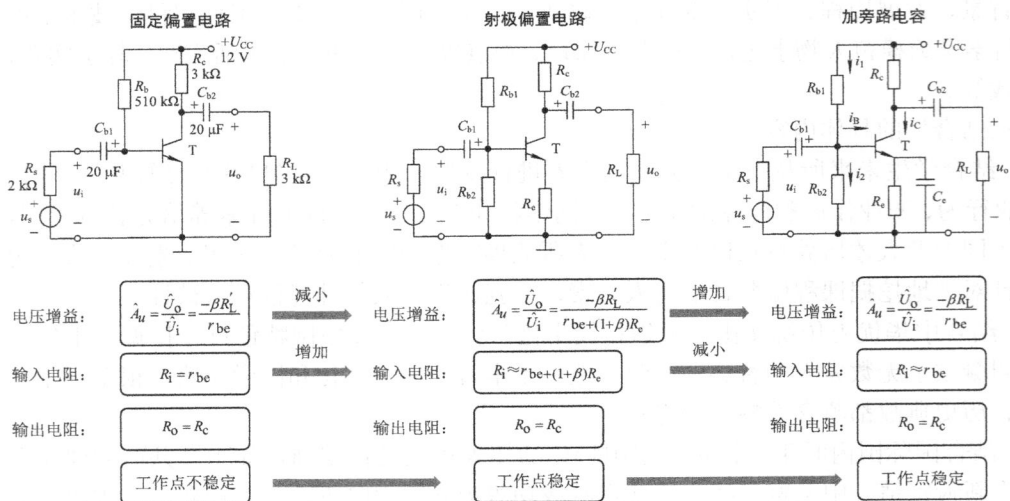

固定偏置电路　　　　　　射极偏置电路　　　　　　加旁路电容

电压增益：$\hat{A}_u = \dfrac{\hat{U}_O}{\hat{U}_i} = \dfrac{-\beta R'_L}{r_{be}}$　减小→　电压增益：$\hat{A}_u = \dfrac{\hat{U}_O}{\hat{U}_i} = \dfrac{-\beta R'_L}{r_{be}+(1+\beta)R_e}$　增加→　电压增益：$\hat{A}_u = \dfrac{\hat{U}_O}{\hat{U}_i} = \dfrac{-\beta R'_L}{r_{be}}$

输入电阻：$R_i = r_{be}$　增加→　输入电阻：$R_i \approx r_{be}+(1+\beta)R_e$　减小→　输入电阻：$R_i \approx r_{be}$

输出电阻：$R_O = R_c$　　　输出电阻：$R_O = R_c$　　　输出电阻：$R_O = R_c$

工作点不稳定　→　工作点稳定　→　工作点稳定

图(1)

"合适"的设计才是最好的选择！

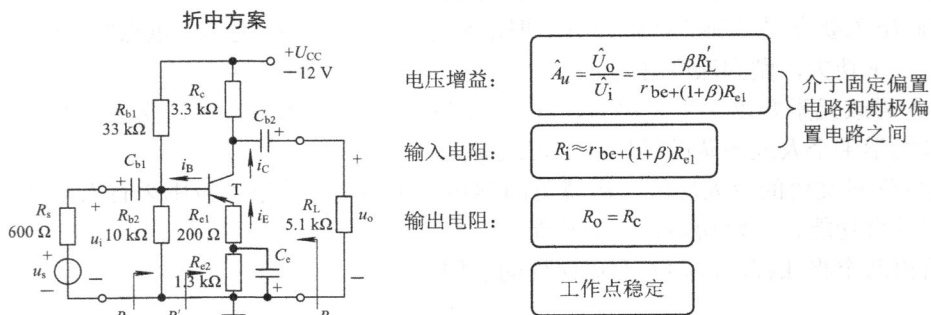

折中方案

电压增益：$\hat{A}_u = \dfrac{\hat{U}_O}{\hat{U}_i} = \dfrac{-\beta R'_L}{r_{be}+(1+\beta)R_{e1}}$　介于固定偏置电路和射极偏置电路之间

输入电阻：$R_i \approx r_{be}+(1+\beta)R_{e1}$

输出电阻：$R_O = R_c$

工作点稳定

图(2)

"中国政治制度史"课程的思政价值

主题：运用影视剧"穿帮镜头"和历史典故，巧说"谥号"的使用策略和政治意蕴

来源：佳木斯大学教务处

思政价值：

以"知识传授、能力培养、价值塑造"三位一体的课程思政教学目标为导向，贯彻"鉴于往事、资于治道、取其精华、去其糟粕、古为今用"的教学理念，主要通过"参与式、体验式、互动式、趣味式"教学法，线上和线下相结合，生动有趣地讲解中国政治制度史的基本概念和研究对象，以及中国历代各种政治制度的逻辑体系、演变历史和发展趋势，让学生学会运用辩证的思维看待中国历代政治制度的得失和演变规律，掌握中国古代治国

理政的政治智慧。既要传承和发扬中国优秀的传统政治文化，分析其对当代中国政治制度和世界政治文明的借鉴意义，从而增强民族自尊心、自豪感；又要充分认识中国古代政治制度的内在局限性，分析其近现代转型的艰难历程及原因，从而坚定走中国特色社会主义道路的决心和信心，进一步凸显当代中国特色社会主义制度的优越性。

5. 持续改进中的教学反思和教学评价

教学反思是指教师对教学实践活动过程与结果进行思考，发现所遇到的教育教学问题，并积极寻求多种方法来解决问题的过程。教学反思包括以下方面：对教学内容的反思，确定教学目标的适用性，对所采取的教学策略作出判断。教学反思包括对教学过程的反思，回忆教学是怎样进行的；对教学目标的反思；对学生的评价与反思；对执行教学计划情况的反思；对改进措施的反思。对教学策略的反思分为三个环节：在感知环节，教师要意识到教学中存在的问题与自己密切相关；在理解环节，教师要对自己的教学活动与倡导的理论、行为结果与期望进行比较，明确问题根源；在重组环节，教师要重审教学思想，寻求新策略。

"数据结构"课程的教学反思

"数据结构"课程的知识点抽象、枯燥、相对难于理解。教师结合实例动画进行演示和讲解，学生在有直观印象的基础上，再跟着教学设计过程一步一步分析问题、解决问题，使他们更容易掌握概念、理解算法。后期应进一步将信息技术与课堂教学相融合，及时统计学生反馈信息，掌握学生的学习效果并持续改进。

教学评价是在教学过程中有目的、有计划地观察、测定学生在学习活动中的各种变化，对照教学目标，对教学效果、教学过程作出判断。教学评价包括过程评价和结果评价。

12.4　课程思政教学的设计

教学设计是衔接教育理论与教育实践的桥梁，它不仅是课堂教学设计相关理论在实际教学中的应用，而且也是具备学科特点的教学理论指导的产物。教学设计是指根据教学情境的需要和教育对象特点来确定教学目标，选择教学内容，采用有效的教学方法手段和策略，创设良好的教学环境，实施可行的评价方案，从而保证教学活动的顺利进行。教学设计的核心是以学生思维发展为中心，目标是"我们要到哪里去"，方法、策略是"我们怎样到那里去"，结果、认可是"我们是否到了那里"。

12.4.1　课程思政教案的基本要点和逻辑关系

1. 课程思政教案的基本要点

课必有案，案必实用。教案的准备是教师备课必不可少的重要环节。首先，我们要弄清楚到底什么是教案，教案对于教师上好一堂课有哪些帮助。教案也叫课时计划，是教师为了能够有效达成既定的教学目标，在备课阶段针对学生的具体情况、教学资源、课程标准等，以课时或者是课题为单位而设计的教学方案。教案是课程思政教学实施的基本方案，它的基本要点主要包括教学目标、教学内容、教学方法、教学过程。课程思政教案具有一定的实用性，是教师开展课程思政教学的重要依据，也是课程思政教学评价和改进的重要参照。课程思政教案的设计与企业培训演讲稿的设计和PPT的制作有异曲同工之妙，其中PPT的制作强调材料的供给和教学内容的展示，并为教师授课提供大纲和线索，其设计也是按照授课目标、授课内容、授课过程、授课方法的基本要素来进行的。

2. 课程思政教案基本要点的逻辑关系

课程思政教案的格式大多相同，一般有课题、课时、授课对象、上课时间、教学目标等，被称为教案头。课程思政教案的主体部分是"课程思政教学活动实施过程"，主要包含三项：一是课程思政教学过程的各个重要教学步骤、主要教学环节，如课程导入环节、新课讲授环节、实践训练等；二是教师与学生活动，有些教学教案把教师的教与学生的学单独设立，但我们认为两者是紧密相连、不可分割的，把教师的教学与学生活动捆绑在一起进行设计更加贴合实际情况，倘若将两者割裂，不仅与课程思政的教学实际相违背，也不利于表述的便捷性；三是教学方法和手段，如是采用小组讨论法还是口头传授法，用何种教学资源和教学设备等。

课程思政教案设计须紧抓三大环节：首先是课程思政教学目标。教师要明确上这节课的目的是什么，要让学生掌握哪些理论知识、形成哪些能力、提升哪些素养等。这是重中之重，否则课程思政教案就无从谈起，最多算机械式地照搬一些教材的相关知识点。其次是课程思政教学内容的组织和课程思政教学载体的运用。教师选择哪些教学内容进行供给，教学内容的重难点有哪些，选择哪些具有代表性的案例、教学设备等作为教学的载体。最后是课程思政教学过程与方法。从课程的导入环节到课程的结束，教学过程分为几个阶段和步骤，每个教学阶段和教学步骤采用哪些教学方法和教学手段。

课程思政教学的根本目的是"以学生为本"，完成"立德树人"的根本任务。课程思政教案的设计与撰写归根结底是服务于课程思政的根本任务的，因此课程思政教学目标是课程思政教案各要素的统帅，只有以教学目标为导向，精选教学内容与教学方法，优化教学过程，课程思政教案才能成为课程思政教学的蓝图、教学活动的依据、教学质量的保证。

12.4.2　课程思政教学设计关注的要点

课程思政教学设计中应关注以下要点：

(1) 将蕴涵于课程本身与具体教学内容之中的思政元素挖掘出来。在实施教学设计时，要聚焦专业课程背后的知识发展过程，找寻所有知识点形成的社会发展价值，找寻科学家为之奋斗的过程，以促进学生的求知欲，并思考如何按照有意义学习理论，遵循学生发展的认知规律对整个课程教学进行反思。

(2) 教师对于课程育人价值的认知能力、思政元素的分析挖掘能力和课程思政实践的教学能力，共同构成其课程思政的教学能力。

(3) 关注课程教学的内在发展规律、人才培养的内在需要，通过案例、情景、合作与探究等教学方法来共同体会课程内容的育人价值。

（4）课程思政内生式发展策略强调挖掘教师和学生具有的内在课程思政生长空间和可用资源，更符合思政教育目标。

（5）内生式发展强调关注和体现学生的内在需求，课程思政建设的成效在学生。课程思政建设始终要以学生为中心，尤其以学生的获得感提升为核心指标。

（6）内生式发展尊重事物内在的发展规律，是一种新的课程思政建设理念和策略，具有着眼学生内在需求、发掘教师内在资源和整合课程内在空间的优势和特点。

（7）课程思政的内生式发展方式就是从教学过程和内在规律出发，研究教学活动内部要素相互作用的发展、演变以实现其目标的过程及规律。教师主要是通过教学环节落实课程思政，完整的教学应包含知识生成、课程生成、教学、学习四个核心要素及与之相应的四个教学环节。

12.4.3　课程思政教学设计模型

课程思政的最终落脚点是立德树人，要以学生的发展为中心。课程思政教学设计的关键是要有学情分析，将学生的知识基础、学习动机、思维方式、行为方式等学情因子与教学内容的重难点结合。根据 OBE(Outcome Based Education)理念，要找准"我们要到哪里去"，就是要找准课程思政教学目标，我们把课程思政育人目标设定为政治认同、家国情怀、法制意识、科学思维、理想追求、道德修养、工程伦理、文化素养和职业素养，也就是要爱国，要学会做人做事。要想实现这个目标，教师可以从国际国内时事、职业案例、课程所属和服务的学科前沿成果、中国特色伟大实践、社会主义核心价值观和中华民族的优秀文化成果中挖掘相关的课程思政教学内容，通过嵌入式、支撑式、补充式等多种教学方法，实现知识传授、能力培养和价值引领相融合。最后，教学评价也是检验课程思政教学效果和育人效果的重要手段，同时也是助推课程思政长久发展的持续动力。基于此，本书编写团队设计出了具体的课程思政教学模型，如图 12-3 所示。

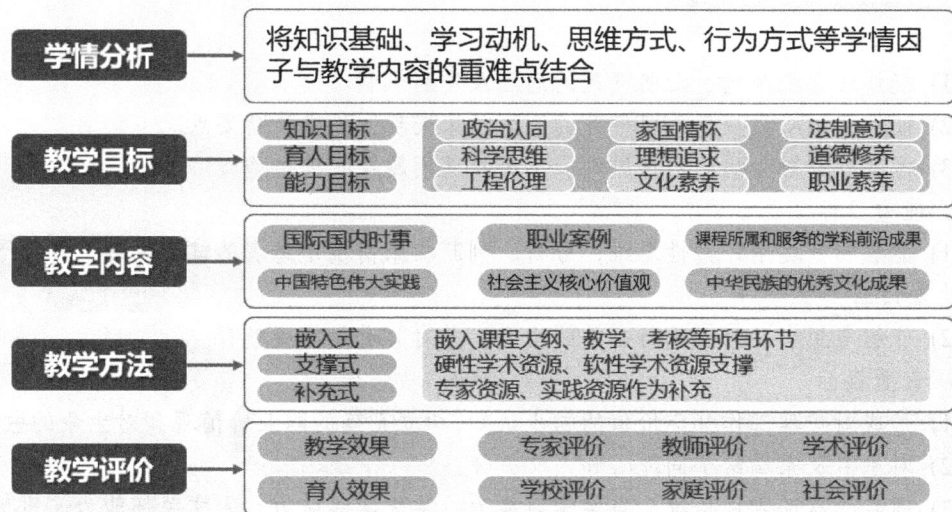

图 12-3　课程思政教学模型

　　为了进一步说明课程思政教学设计模型的可行性，我们以"护理综合实训"课程为例进行分析，如表 12-1 所示。

课程名称： 护理综合实训

授课内容： 急性心肌梗死患者的护理——SimMan 内科护理综合实训

来源： 安徽医科大学教务处(招生办、课程思政发展中心)

表 12-1　课程思政教学设计模型案例

(一) 学情分析
1. 知识结构：课程授课对象为护理学专业本科三年级学生，学生即将进入临床实习，前期已完成专业基础课程、内科护理学、外科护理学、妇产科护理学、儿科护理学、急危重症护理学等专科课程学习，具备临床案例分析应有的专科理论知识和技能。 　　2. 认知特点：学生在第三学期、第四学期、第五学期分别经历过基础护理、内科护理、外科护理临床集中见习三周，对临床工作环境和工作内容有一定的认知，并且学生在专科护理课程学习中接受过 CBL、PBL 教学。 　　3. 思维特点：学生文化素养高，年轻，思维活跃，学习的主动性和求知欲强。本次课是基于生理驱动型 SimMan 的模拟教学，教学形式新颖，学生兴趣高，能积极参与教学活动并参与讨论。
(二) 教学目标
注：☆是重点，△是难点。 　　1. 知识目标 　　(1) 能够说出心绞痛、心肌梗死的病因及发病机制。 　　(2) 能够鉴别心绞痛及心肌梗死的不同临床表现，知晓诊断要点。 　　(3) 能够理解冠心病的治疗原则、主要护理问题及护理措施☆。 　　2. 能力目标 　　(1) 能够初步运用评判性思维，分析、判断临床情境中患者的健康问题，并给予正确的处置☆△。 　　(2) 能够与患者及家属进行有效的沟通，并对其进行健康教育。 　　3. 素质目标 　　(1) 形成对护理工作社会价值的初步认知，树立正确的职业价值观和对生命的敬畏。 　　(2) 对患者及家属给予同理心和人文关怀。 　　(3) 逐步培养评判性思维、自主学习能力、临床实践能力、人文关怀能力，进而提高临床综合能力和岗位胜任力。

(三) 课程思政教学内容
1. 通过角色扮演，培养职业责任感。课中开展以案例为基础的情景模拟教学，学生分组进行角色扮演(如医生、责任护士、辅助护士、病人、家属)，在情境中执行角色任务，针对病人的病情变化和健康问题给予恰当的处置。处置正确则病人病情向好的方向转归；反之，则病情恶化甚至死亡。学生通过自评、互评、教师的引导性反馈对知识进行内化，提高专业知识和技能的综合、灵活运用。课后布置学生通过网络对国家级虚拟仿真实验教学项目进行在线学习，完成思维拓展训练。 　　2. 基于生理驱动型 SimMan 的模拟情境教学，培养学生的职业思维能力。利用 SimMan 高级模拟人中 Microsim 电脑虚拟病例模拟系统和高度仿真的 SimMan 模拟人系统，预置急性心肌梗死患者的护理教学案例的程序并运行，使学生置身于"真实"的临床工作环境中执行角色任务。为学生提供了身临其境的感知体验，利于学生临床思维和临床处置能力的培养和提高。 　　3. 通过引导性反馈，提高临床综合能力和岗位胜任力。学生以小组为单位执行角色任务后，教师通过引导性反馈帮助学生梳理案例情景中的关键性问题，组织学生讨论、反思他们在模拟中的角色行为，引导学生积极地思考，将课堂所学的理论知识转化到临床实践中，以促进学生临床思维的形成、实践能力的培养。
(四) 教学方法
支撑式课程思政教学方法：挪度(Laerdal)公司生理驱动型 SimMan 模拟人可在电脑程序中预置、运行模拟临床真实病例，模拟人可呈现出"患者"的生理、病理体征，并且随着病情的演变，其生命体征也会有相应的变化，能满足学生在模拟的临床情境中完成各项技能操作的要求。
(五) 教学评价
教师评价：一方面，在模拟教学引导性反馈环节，每位学生都参与讨论，反思他们在模拟活动中的角色表现，主动提出他们在临床实践中的困惑，通过长达 40 分钟的引导性反馈，师生充分讨论交流，达到预期的教学目标；另一方面，学生临床思维和临床能力的培养是一个渐进的长期过程，少数同学预习任务的完成度不高，影响其在模拟教学活动中的表现以及学习效果。

第 13 章

高校课程思政整体推进策略

13.1 高校课程思政推进策略

为了推进高校课程思政，学校要成立课程思政教学指导委员会，制定普通本科专业类课程思政教学指南，探索课程思政教学模式，发挥基层教学团队的作用，组织开展高校教师课程思政教学能力培训。建成一批课程思政示范专业，推出一批课程思政示范课程，选树一批课程思政教学名师和团队。

13.1.1 学校层面课程思政的顶层设计和制度建设

促进全员提高思想认识，坚持和加强党对高校的全面领导是中国特色社会主义大学最本质的特征，学校党委全面领导思想政治教育工作，应充分发挥把方向、管大局、作决策、带队伍、保落实的领导作用，应成立课程思政教学指导委员会，结合校本课程制定课程思政实施纲领性文件，不断加强课程思政制度建设，发挥制度引领作用。将思政育人工作纳入学校发展规划和年度工作计划，成立学校课程思政建设工作领导小组，定期召开会议研究深化"三教"改革、课程建设规划等重大问题，形成推进思想政治教育创新的工作合力。建立相关职能部门和二级学院各负其责、各司其职、协同配合的课程思政建设工作机制，确保思政教育教学改革落到实处。把教师参与课程思政教学改革成效作为考核评价、岗位聘用等的重要依据。不断加强思政育人制度建设，通过制度建设进一步夯实课程育人的根基，加大学校思政工作保障力度，从而将思政教育贯穿于教育教学全过程。表 13-1 是将课程思政融入学校制度的例子。

表 13-1　××航天工业学院课程思政相关制度

制度类别	制度文号	制度文件标题
学校及各部门课程思政实施制度	××航教〔2020〕74 号	课程思政实施方案
	××航教〔2021〕1 号	课程思政建设任务表
		各二级学院课程思政实施细则
人才培养相关制度	××航教〔2020〕73 号	大学生航天品质培育实施方案
	××航教〔2020〕75 号	应用型人才培养总体思路和实施方案
	××航学〔2019〕21 号	关于加强和改进劳动教育的实施方案
	××航发〔2020〕2 号	"第二课堂成绩单"制度实施办法(试行)
对教师、管理人员、专业群、课程、教材实施课程思政的要求	××航教〔2017〕21 号	××航天工业学院课程设置管理办法(试行)
	××航教〔2018〕10 号	××航天工业学院本科课程教学大纲管理规定
	××航党宣〔2019〕3 号	师德师风建设年活动实施方案
	××航教〔2019〕29 号	专业建设管理办法(修订)
	××航教〔2019〕30 号	教研室工作管理办法
	××航教〔2020〕31 号	教师教学工作规范(修订)
	××航教〔2020〕32 号	专业群建设管理办法
	××航教〔2020〕33 号	教学管理工作规程(修订)
	××航教〔2020〕51 号	课程建设管理办法
	××航教〔2020〕54 号	教材管理办法(修订)
	××航教〔2020〕71 号	"天计划"教师培养培训实施方案

将课程思政任务纳入各部门职责，如图 13-1 所示。

图 13-1　各部门课程思政职责

13.1.2　多元化路径推进课程思政实施

1. 以人才培养方案为抓手，构建专业课程思政育人学科体系

习近平总书记在学校思想政治理论课教师座谈会上强调"要完善课程体系，解决好各类课程和思政课相互配合的问题"。专业课程思政育人学科体系是指各门专业课程思想政治教育与各类教学方式融合的协同育人体系。主要体现在以下方面：第一，加强以专业导论课程教学为基础的理想信念教育；第二，加强以专业主干课程教学为主线的道德品质教育，同时深入拓展通识课育人资源，注重对学生传统文化精神与人文素质的培养，培养工科生成为具有一定的人文社会科学知识、较高的人文修养、审美能力、强烈民族文化精神和高尚道德情操的身心健康的人，着力解决教育部专家在专业工程认证中提出的非专业技术素养培养欠缺的问题；第三，加强以实践教学体系为依托的团队合作教育；第四，加强以学科技能竞赛为支撑的创新创业教育。

某高校结合航天特点及人才培养目标，架构了课程思政借助航天品质融入教育教学的推进框架，如图 13-2 所示。

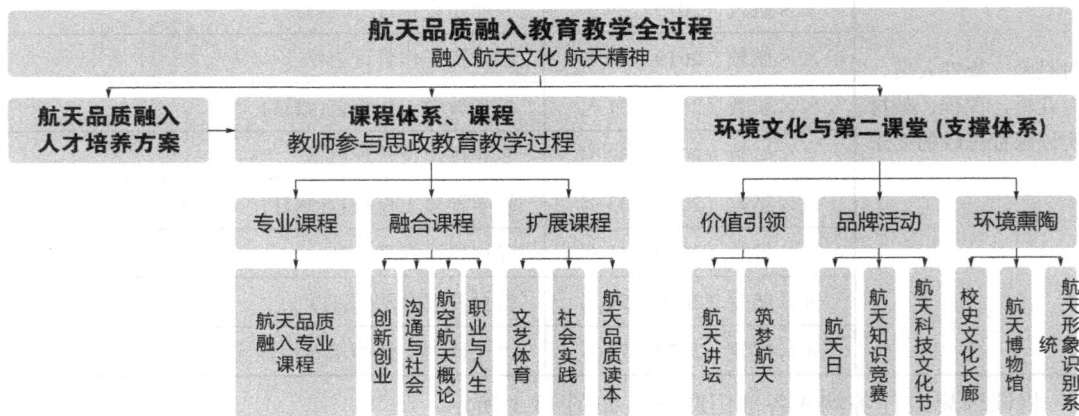

图 13-2　课程思政借助航天品质融入教育教学全过程的推进框架

2. 以项目研究和教学比赛等形式推进课程思政建设

第一，成立课程思政工作坊，主要研究课程思政依托的教育学理论，研讨课程思政教学目标、课程思政优质资源和应用路径，创新课程思政教学方法，设计科学合理的课程思政考核方式，归纳总结课程思政创新特色、答疑互动等工作。第二，立项一批"课程思政"教学改革研究项目，进行理论和实践探索和研究。立项建设课程思政教育教学改革专项研究项目，鼓励、引导各专业负责人和广大教师共同挖掘每门课程的思政内涵，创新教育教学方式方法，深入探索将习近平新时代中国特色社会主义思想、价值体系、学术精神等内容有效融入课程教学的合理路径。第三，以课程思政示范课课程、课程思政教学比赛、青年教师教学比赛为载体，以点带面逐步开展有特色的课程思政学科体系建设，实现思想政治教育课程与专业教育课程"基因式融合"。

某高校课程思政教学研究团队项目如表 13-2 所示。

表 13-2 某高校课程思政教学研究团队项目

课题类型	项目名称	主要研究内容
全国教育科学规划课题	立德树人要求下高校教师德育领导力的价值认同和促进机制研究	课程思政的关键因素教师的德育领导力
广西本科教育教学改革研究项目重点课题	以课程思政提升专业课程育人价值的教学模式探索和实践路径研究	课程思政的教学模式探索
广西教育科学	基于系统论视角的高校课程思政评价体系研究与实践	课程思政的评价体系构建
校级课题	百门课程思政工程	某门具体课程的课程思政实践（人力资源管理、艺术概论、酒店市场营销、C 语言程序设计等等）
广西教学成果奖一等奖	特色彰显整体推进课程思政深度融入的人才培养模式研究与实践	研究成果和实践过程总结

13.1.3 构建课程思政师资体系

建立一支多元化参与主体的课程思政推进教学团队可以从以下三个方面入手。

1. 建设专兼结合的师资队伍

发挥专业教师团队参与改革的主体动力，推动教师课程思政教学团队建设，让课程思政成为"讲好思政课"的内涵延伸。一门课程的思政教学任务，光靠个别教师的力量是不够的，需要一支强有力的思政教学团队的支持。每位教师的知识背景和认识水平不同，在团队的教研活动中，教师们结合学生的知识基础、不同的专业特点、当下的社会热点等方面开展讨论，筛选出适合该专业学生的思政教育案例，共同收集案例相关的文字或影像资料。教师还应将团队发掘的思政教育案例汇总组合起来，建成该课程的思政教学案例库，这是推动课程思政工作长期有效开展的有力保障。

2. 搭建队伍研究平台

充分发挥社科基金规划项目、课程思政示范课程、教育教学改革项目作用，深化部校共建课程思政，组织教师加强马克思主义理论和思政课教学研究。重点支持开展"大思政课"建设规律、思政课教学难点及对策、大中小学思政课一体化等研究。每年举办系列专业教师课程思政培训班。建设高校高水平课程思政工作室，资助开展课题研究、推广优秀工作案例。

3. 提升队伍综合能力

完善培训体系，实现所有教师培训全覆盖。各专业团队、基层教学组织完善"手拉手"集体备课机制，搭建"课程思政"交流与沟通平台，定期组织开展教学研讨活动，培养教师育德意识和育德能力。开展专业课教师课程思政示范课程培训、教学基本功展示交流活动。建设课程思政网上资源库，开发虚拟仿真实训平台，组织支持开展国情区情考察。各地各高校建立专门制度，常态化支持专业课骨干教师到各级宣传、教育等党政机关或基层挂职锻炼、蹲点调研，相关经历纳入评奖评优、干部选聘体系，相关成果作为职称评聘重要参考。严格落实生均经费用于专业课教师实施课程思政的学术交流、实践研修等，并逐步加大支持力度。

13.2　高校课程思政保障与评价机制

1. 构建全过程管理保障、全方位资源保障、全员参与保障机制，并形成闭环监控

全过程管理保障是依据人才培养规律，学校各部门各单位分工协作，保障对教学全过程的管理，确保人才培养质量符合国家和社会发展的需要。高校应成立课程思政教学质量保障委员会，加强课程思政教学质量保障部门间的协调，确保对人才培养过程中存在问题的及时整改，保障课程思政教学工作的正常运行，稳步提高教学质量。高校要紧紧围绕人才培养的全过程，内容应涵盖学生从入学到毕业的全部教育教学环节，加强对各个教学环节的质量管理和控制，确保每个环节都有监控，每个环节都有措施，切实加强人才培养的过程质量。

全方位资源保障是学校相关部门单位提供各类软硬件资源，满足课程思政教学需要，不断提高人才培养质量。从师资、设施设备、图书资料、经费和教材等方面保障教学工作所需的硬件资源，从专业建设、课程建设、教学改革等方面保障教学工作所需的软件资源。

全员参与保障是学生、教学督导、同行、领导干部都参与课程思政教学质量监控工作，同时引入校外第三方评价，全面保证人才培养质量稳步提高。高校通过评教、评学、听课等日常监控工作，将学生、教学督导、同行、领导干部等全部调动起来，调动一切可以调动的人员，参与课程思政教学质量保障工作，使每个人都树立教学质量意识，形成良好的教学质量保障氛围，全面保证人才培养质量稳步提高。

课程思政教学质量闭环监控是质量监控部门与相关部门将采集的课程思政教学质量信息，与质量标准进行比对分析，形成教学质量比对结果，并将分析结果向学校党委、行政汇报，同时反馈给各部门单位，督促相关部门单位分析存在的质量问题，完善质量保障措施，优化教学过程的管理，不断强化教学质量的过程。高校应及时采集课程思政教学质量信息，主要包括教学过程巡检、教学过程评价、教学数据采集、教学评估和人才培养质量分析等，然后从全员角度完成信息的分析，并将分析结果反馈到相关部门单位或个人，督促他们按要求整改，并进行后续检查，形成一个信息反馈的"闭环监控"，促进教学质量的持续改进提升。

2. 制定课程思政评价和监督机制

1）多元诉求要求建立课程评价共同治理机制

共同治理机制是寻求一种课程利益相关者参与共同决策和相互制衡的机制。课程评价的利益相关者要在明晰各自权、责、利关系的基础上，坚持科学有效地改进结果评价、强化过程评价、探索增值评价、健全综合评价。

针对课程思政评价中存在的现实困囿，探索实施"学校主体、企业主动、教师主导、学

生中心"一体化合作评价模式。课程思政评价既要关注国内外的动态形势、教育政策等教育外部生态指标，也要从课程目标、课程内容、教学方法和评价等方面进行考核，运用课堂民意测验、复式记录、崇拜人物简介、日常道德困境等评价方式，从细微处了解学生在"理想信念""道德和责任""互助合作""竞争"等方面的获得感。

学校要把"两性一度"作为课程的评价标准，唤醒学生的内动力，让课程建设向高品质育人深化，关注学生在学业达成过程中的素质提高、能力提升、知识增加、心智成熟等。同时，学校要让渡自身的部分评价权力给企业和学生，逐步以学业发展评价代替学业成就评价。企业要积极参与人才培养方案的制定，把行业标准和工匠精神、职业道德、职业伦理等内容融入课程体系评价过程，并对教学的全过程建立反馈与持续改进机制。任课教师应依据"结果导向、学生中心、持续改进"的理念，按照课程教学大纲要求，关注学生在解决问题过程中所展示出来的行为成绩，包含问题分析与方案提取、团队合作、沟通与表达以及借助使用工具等过程成绩，在结课时进行课程达成度评价，完成《课程目标达成度评价报告》，为课程持续改进提供依据，健全完善学生参与课程评价的机制。学生是课程最直接的学习者、感受者、获益者，高校教学质量保障要树立从"供给者本位"向"需求者本位"转化的理念，建立适合我国国情以及高等教育质量发展状况的学生满意度测评模型和指标体系。要以学生的获得感和满意度为第一视角评价课程思政的效果，确保课程评价融入教学和人才培养的目标体系、培养过程、达成度"全过程"。

2) 课程思政的长久发展要求建立课程思政评价监督检查机制

为了保障课程思政高质量发展，应对课程思政工作进行有效的监督检查。内容包括事前监督、事中监督、事后监督，既包括公众的监督反馈也包括服务提供者的反馈。

一是要树立课程育人价值主体监督观念。课程的实施效果要综合考虑课程利益相关者需求的达成，各价值主体要综合考虑育人效果的整体性、深入性和发展性，防止陷入简单、静止、局部的评价反馈。学生反馈最为关键，学生是课程思政教育服务的直接受益人，学生成长需要的满足是教育服务价值的体现。

二是要建立持续改进机制。应当完善传统渠道监督反馈平台和构建新媒体监督反馈平台，接收学生对教学质量等问题的反馈，实现迭代创新完善。课程评价是一个动态监测的过程，课程监督应该采用多重 PDCA(策划—实施—检查—改进)动态循环模式，各专业依据课程目标达成度评价结果，利用适当的评价方式检视人才培养过程中各环节存在的问题和不足，及时完善课程体系，寻求措施改进工作，确保充分利用资源，落实改进措施。

三是要重视并强化质量评价结果的应用，实施评、建结合，重在育人质量的诊断与改进。主要举措有：引入大数据分析技术实施质量诊断、落实改进措施、坚持持续改进、评价结果与绩效考核挂钩，评价结果可作为衡量校企合作绩效的重要依据。

综上所述，针对教师如何实施课程思政教学、课程思政与思政课程如何同向同行、如何帮助学校整体实施课程思政、课程思政如何形成长效机制等问题，各个高校应该根据校本特色，通过理论成果指导课程思政实践，要在设计多元协同路径推进课程思政深度融入教学、架构学校课程思政整体推进体系、建立绩效考核和评价制度等方面作出自己的探索和实践。

图 13-3、图 13-4 为某高校从理念、思路、手段三个方面整体推进课程思政的情况，并通过学生成长成效和教师成长成效的调查反馈，来推进课程思政的持续改进。

理念新

提出"教师德育领导力"促进教师德育职责的价值认同，帮助教师如何规划课程思政的落实。

思路新

特色彰显引领、思政内涵挖掘、理论探索深化、多元路径设计、学校整体推进、长效机制保障。

手段新

形成了全覆盖的"理论与实践、专业与课程、课堂与平台、制度与评价"一体化的课程思政深度融入的落实手段。

图 13-3 从三方面推进课程思政

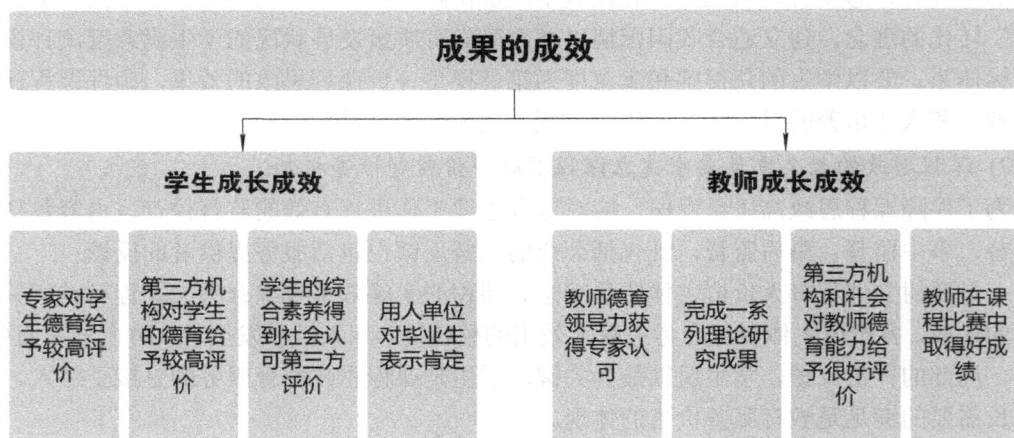

成果的成效

学生成长成效

专家对学生德育给予较高评价

第三方机构对学生的德育给予较高评价

学生的综合素养得到社会认可第三方评价

用人单位对毕业生表示肯定

教师成长成效

教师德育领导力获得专家认可

完成一系列理论研究成果

第三方机构和社会对教师德育能力给予很好评价

教师在课程比赛中取得好成绩

图 13-4 成果的成效

第 14 章

课程思政示范课和教学比赛解读与技巧

14.1 国家级课程思政示范课申报解读

1. 建设目标

以习近平新时代中国特色社会主义思想为指导，坚持立德树人，发挥教师队伍"主力军"、课程建设"主阵地"、课堂教学"主渠道"作用，强化示范引领，强化资源共享，将思政工作体系贯通人才培养体系全过程，构建全员、全程、全方位育人大格局。全面推进课程思政高质量建设，全面推进不同类型学校的课程思政建设理论研究和教学实践，探索创新课程思政建设方法路径，构建全面覆盖、类型丰富、层次递进、相互支撑的课程思政体系，加快形成"校校有精品、门门有思政、课课有特色、人人重育人"的良好局面。

2. 申报条件

(1) 课程已纳入人才培养方案或专业考试计划，实施学分管理，并至少经过两个学期或两个教学周期的建设和完善。

(2) 课程准确把握"坚定学生理想信念，教育学生爱党、爱国、爱社会主义、爱人民、爱集体"主线，结合所在学科专业、所属课程类型的育人要求和特点，深入挖掘蕴含的思政教育资源，优化课程思政内容供给。

(3) 课程注重体现学校办学定位和专业特色，注重价值塑造、知识传授与能力培养相统一，科学设计课程目标和教案课件，将思政教育有机融入课程教学，达到润物无声的育人效果。

(4) 课程注重课程思政建设模式创新，教学内容体现思想性、前沿性与时代性，教学方法体现先进性、互动性与针对性，形成可供同类课程借鉴共享的经验、成果和模式。

(5) 课程可由一名教师讲授，也可由教学团队共同讲授。入选示范课程相应授课教师、团队自动认定为课程思政教学名师和教学团队，不需单独申报。

(6) 课程授课教师政治立场坚定，师德师风良好。课程负责人具有高级职称，能够准确把握本课程开展课程思政建设的方向和重点，并融入课程教学全过程。课程教学团队人员结构合理，任务分工明确，集体教研制度完善且有效实施，经常开展课程思政建设教学研究和交流，课程思政建设整体水平高。

(7) 课程考核方式和评价办法完善，育人效果显著，学生评教结果优秀，校内外同行专家评价良好，形成较高水平的课程思政展示成果，具有良好的示范辐射作用。

(8) 职业教育课程要体现职业教育类型特征，注重德技并修、育训结合，有机融入劳动教育、工匠精神、职业道德、职业精神和职业规范等内容；普通本科课程要坚持以人为本，聚焦专业特点和育人要求，适应创新型、复合型、应用型人才培养需要，推动专业教育与思政教育紧密融合；研究生课程要以培养高层次创新人才为核心，注重科研育人；继续教育课程要充分考虑成人在职学习的特点，注重发挥信息技术优势，提倡终身学习，培养学习者立足岗位的创新意识与责任担当。

3. 申报书的填写原则

(1) 要实事求是，切忌假大空。背景、理念、原则、理论、依据等内容点到为止，不用展开。要有一说一，不要有一说二；要直奔主题，不要穿靴戴帽；要摆客观事实，不要主观评价。

(2) 要直奔主题，切忌啰嗦。不要论证过程、大谈道理。写示范课程申报书更像写"说明文"——用最简洁的语言重点把整体设计、教学实践、考核与评价、特色与亮点等说明白。

(3) 要逻辑清晰合理。不要按自己的思路天马行空，要更像答"简答题"——根据题干的要求踩点回答，不要把题干(申报书中的"要求")删了，而要对照它答题，一事一点，一点一段，结构简单，逻辑清晰。

(4) 尽量用动词写出负责人具体的执行过程，切忌使用给别人提要求的表述。写示范课程申报书不是用上级对下级、领导对下属提要求的语气，更像写工作汇报，要多用"开展""建立""实施""建构""制定""完善"等动词开头的句式，动词前也不用加"努力""积极""不断""大力"等虚词。

4. 核心：课程思政内容供给的优化与评价成效的靶向修正

1) 课程思政内容供给的优化

课程思政内容供给的优化是指将价值塑造、知识传授和能力培养紧密融合。

(1) 课程思政内容供给核心内容。《高等学校课程思政建设指导纲要》指出，课程思政建设内容要紧紧围绕坚定学生理想信念，以爱党、爱国、爱社会主义、爱人民、爱集体为主线，围绕政治认同、家国情怀、文化素养、宪法法治意识、道德修养等重点优化课程思政内容供给。

(2) 课程思政内容供给优化方向。从深度上讲，挖掘、整合每一门学科的文化基因，拓展其思想政治教育的涵盖范围。在深层次上，课程知识、技能培养与价值引领的深度融合，使思想政治教育得到针对性的突破，并与学科的教学相联系，将理论和实践相联系。从整体观、系统观的角度，结合不同学科的特色及各自的比较优势，科学规划每门课、每一环节的思想政治工作，将思政教育的各个学科资源有效地整合到最适宜的学科中去。最后，构建一套点面结合的网络架构，逐渐形成"门门课程有思政""门门课程注重教育""门门课程突出特色"的发展趋势，改变过去随意性、碎片化的"育人"教学，打造自觉的、系统化的、全方位的育人模式。

(3) 构建高校课程思政共同体的内容供给源。设立课程思政研讨中心，举办专家讨论会、教案打磨会、优秀案例分享会、课程思政讲课比赛等，为一线老师的课程思政要素挖掘提供专业咨询、帮助和支撑。老师在课堂上进行具体的教学实例交流；参加会议的专家老师从不同的领域提供意见，大家一起探讨最佳教学计划，将其所发掘的思想政治要素从专业内部激发出来，既具有自身的特殊性，同时具有思政育人深度；各个学科教师通过竞赛加强互动交流，学习有效经验，相互启发探索各自专业可挖掘的思政点。打造课程思政"中央厨房"，为基层老师们提供一个参照式的学习实例，让他们从实际的案例中感受到"恰到好处"的课程思政要素。通过多次的探讨，使老师们逐步清晰地认识到自己的课程思想，并发掘出更好的挖掘方法。

2) 课程思政评价与成效

高校应建立课程思政考核评价的方法机制，通过收集校内外同行和学生等评价主体的反馈，达到持续改进的效果，并积极推广课程思政教学改革成效，做好示范辐射效应。

课程思政考核评价的方法机制建设不能一概而论。诸如"综合评价""多元评价"之类的句子，全国各地都有，但问题在于：如何"结合"？什么是"多样"？可以从评价的角度(评价什么)、评价方式(怎样评价)、评价主体(谁评价)、评价标准(评分标准)等多个方面来详细阐述评价的内容，尤其要关注体现"思政"的内容。高校应做好以下方面的工作：协助老师制定考核计划，选择实验班级和控制班级，并对考核结果进行评定；协助老师制定工匠精神、契约精神等评价指标，制定评价问卷及面谈大纲；通过运用"教室观测"技术收集评估资料，运用词汇语词频率对教师的学习状况进行研究；通过对课堂学习兴趣、感受和收获的分析，制定相应的教学改革计划。

同行和学生评价部分，要有确凿的证据。教学改革成效、示范辐射等环节要具体说明主要是教学中的什么变化，有什么迹象可以证明变化。评价并不仅仅是对老师的评价，还包括企业、社会、媒体等第三方对课程思政实施效果的评价，可以有具体的数据、讲座、论文、证书、新闻报道、优秀校友的事迹等。

5. 特色、亮点和创新点部分

一是可以从教什么(内容)、如何教(方法)、教会了没有(评价)、由谁教(教学主体)、用什么教(教学工具设备)、在哪里教(教学环境)、为什么这样教(理念和路径)等维度思考特色和创新点；二是把特色和亮点进行概括，将实践做法上升为经验，将经验概括形成可供同行借鉴的"模式"；三是要有 1~2 个典型教学案例，如表 14-1 所示。

表 14-1　典型教学案例

知识点	思 政 素 材	精神传承(思政目标)
高斯平面直角坐标系	高斯在测量方面的成就；对比中国古代测绘名人故事(裴秀、郭守敬、康熙皇帝等)	他们的成功是"刻苦学习得来的"！我国古代测绘成就处于世界领先水平！我们应传承艰苦奋斗的精神，坚定自信，勇于创新
高程测量	2020 珠峰高程重测，珠峰测量原理；国测一大队先进事迹	不怕苦、不怕死、不怕寂寞；热爱祖国、忠诚事业、艰苦奋斗、无私奉献
直线定向(方位)	"从指南针到北斗"中国古代导航展；宋代科学家沈括在世界上最早发现了"磁偏角"	科技创新；助力于全球互联互通

6. 教学设计案例部分

在教学设计范例中，重点考察的是申请书中所述的知识在课堂上的运用，以及如何运用。当前教师教学中存在的一些问题是：内容太过抽象，内容太少，可读性差；有些内容太多，重点不突出，结构不明确；有些教师认为，教育目的与教育过程是两件事，它们之间没有密切联系；在有些学校只能看到教师在教学，看不到教师在学习；有些材料仅仅是一些事例、故事、知识点等东西的堆积，看不到它们是怎样在教学过程中发挥作用的(过程、策略)；一些课程的设计没有反映出以"以人为本"，缺少了学生的参与性，等等。

针对以上问题，具体的建议如下：

关于学情分析：一要有针对性，围绕教学目标分析，特别是不能忘了对学生思想政治状况的分析；二是要把学情作为教学设计的起点之一，在后续的教学设计中要体现如何解决学生"痛点"。

关于教学目标：一要准确定位三维教学目标，要体现课程思政的重点和方向，不要定得过多、过高；二要把目标贯彻始终，教学过程、教学评价、教学反思都要紧扣目标展开，教学过程中不能出现大量既定目标以外的"目标"，不能出现课程总体设计中既定核心思政元素以外的大量"元素"。

关于教学过程：要体现成果导向，每个环节都要聚焦教学目标，要凸显以学生为中心，以支持学生认知、能力、态度的改变为根本，不是越复杂越好、越花哨越好。

14.2 课程思政与教学比赛

14.2.1 课程思政教学比赛的选题及备战技巧

1. 课程思政教学比赛的目的

学习贯彻习近平总书记关于教育的重要论述，落实立德树人根本任务，助力高校课程思政建设和新工科、新医科、新农科、新文科建设，推动信息技术与高等教育教学融合创新发展，引导高校教师潜心教书育人，打造高校教学改革的风向标。充分发挥大赛的示范引领作用，全面推进课程思政建设，精心打造高校教师教学创新的标杆展示与交流平台。

2. 课程思政融入教学比赛教学设计应该注意的问题

(1) 课程思政教学目标的制定。课程思政教学目标的制定应坚持"顶天立地"原则。所谓"顶天"，就是要扩大视野，提高站位，从国际、国家、文化、历史、行业、专业等更高更宽的维度来审视课程，重新构建课程内容，提高课程的时代性和引领性。要将这些内容与国家的主要发展战略、产业的发展方向相结合，并将这些内容与自己的工作、自己的主要言论相结合。这就要求课程思政团队要深入研读党的二十大报告和习近平总书记关于教育的系列重要讲话，特别是与自己所教课程相关的重要讲话，深入研读《高等学校课程思政建设指导纲要》、所教课程所涉及的行业发展重大战略规划等，进一步优化建设重点和方向。另一方面，要结合教育类型、学校办学定位、专业类别和课程类型要求，优化课程特色和亮点的概括。

(2) 制定课程思政教学目标的环节。根据工程教育专业认证的要求，人才培养目标的制定需要依托更为具体和更有可操作性的评价体系。除了专业理论、专业技能达成度目标之外，还需要以该课程的教育内容和特点为依据，来决定特定课程所支持的"课程思政目标达成指数"，并以该指数为依据，以与该课程体系中的有关课程类型相匹配的思政目标支撑度要求为依据，来决定每个科目预先设定的课程思政指标的支撑度目标。在具体的课程中，应该以其本身的特征为基础，将课程思政指标分解到相应的教育内容和教育评估中，并对课程各个章节的课程思政教育环节进行具体的指导。

(3) 实现课程思政目标达成度的关键环节。对于工程教育专业认证来说，教学案例和课程作业是落实课程思政目标达成的重要环节。在具体实施过程中，要紧紧抓住学科领域思想政治教育的目的，对案例进行系统梳理和整合，按照学科前沿、教育规律、人才培养特色的思路，努力将案例细化到学科领域。在此基础上，不仅可以对学生的专业知识进行强化，还可以在进行反馈的同时，提高对课程思政目标的完成程度，从而达到对课程思政教学目标的过程性评价。所以，在设计教学任务时，应注重将与教学内容有关的内容有机地结合起来。在这个设计中，由点及面、由个案到体系的递进式发展，对专业课的知识进行深度挖掘和提炼，使其与思政教学形成一种逻辑上的联系，促进二者有机地结合起来，在不断提升学生职业素养的同时，也慢慢地完成了对学生的立德培养，最终起到"润物无声"的作用。

3. 课程思政元素的凝练与有机融入策略

(1) 课程思政元素的凝练要有主线和层次性。要强化对课程思政元素主线的概括。课程思政不存在思政挤占专业时间的问题。思政元素就是课程"活的灵魂"，就是课程的"核心价值观"。课程若没有自己的"价值观"或者价值观没有"核心"，就会魂无定所、行无依归。有了这条主线，就有了"魂"，把"思政"和"课程"融为一体，不会再顾此失彼；有了这条主线，就有了对思政要素关键字的选取，就会克服食多不化、杂乱无序的现象。应该将思政元素按不同的水平、不同的阶段，逐个地与教育融合到一起。学生们要先变成一个身体和心理都健康的人，之后再逐渐地被培养成一个具有"爱国、敬业、诚信、友善"等社会主义核心价值观的青年，最后，变成一个德智体美劳全面发展的社会主义建设者和接班人。

(2) 课程思政元素挖掘与融合的协同。在进行教学设计时，要注意防止将课程思政与思想政治相混淆，避免出现教学和思想政治"两张皮"的问题。根据该课程本身的特征，可以在从教学目标设定、大纲构拟、教学内容选取到课堂教学、活动组织、作业布置与批改的整个过程中，围绕着价值指导，将思政要素进行发掘，将这些知识对学生身心成长、智慧提升、情感充盈的内在意义和多种价值进行提炼，从而让生命的价值和生命的意义更加清晰，使思政要素的发掘与融合达到最佳效果。"在对有关的思想政治要素进行发掘的过程中，可以最大限度地体现出其自身的人本特性，在搜集的过程中，可以有针对性地选择并嵌入中华文明、社会主义核心价值观、科学真理等思想政治要素，从而扩大学生的国际视角，提高学生的整体文化素质，帮助学生们建立起一个良好的世界观、人生观、价值观"（《大学英语教学指南》2020版)，从而达到"思想政治"的目的。被发掘或注入的思政要素应该以一种"润物细无声"的形式，与课程的教学相结合,而不能淡化它的"主题"教学属性。

(3) 课程思政有机融入的策略。首先，在教学过程中，要注重以人为本，运用讲授、提问、讨论等多种教学方式，在教学过程中，要使教师起到主导作用，学生充分发挥自身的主观能动性。在此基础上，以"以人为本、深层学习"为理念，以问题、悬疑为主线，利用情境，引领学生突破"知识点"的表面认知，"探究知识点内部的逻辑形态与含义，发掘其蕴含的丰富的价值，从而使知识点的教育对于人的发展的价值得以体现"(姚林群、郭元祥，2011)，使学习者的学习成效得到最大程度的提高。其次，要根据学生的学习心理特征，进行适当的教育方式的选取。在进行课程思政的设计时，应该遵循青少年心理认知规律、思政教育规律以及人才培养规律，为他们创造一个良好的教育氛围，运用科学讲授、语重心长的交流、平等讨论等方法，将他们的个体自主能力最大限度地发挥出来，从而让他们拥有积极的精神状态。因此，在大学课堂教育中，要采取明与暗、讲授与渗透、现实与历史、理论与实践等多种方式相结合的教学方式。第三，根据学科思想政治教育的时代性和学科思想政治教育的特点，进行教育的改革。新时代是一个移动时代、信息时代、智能化时代，信息技术的发展对课程与教学造成了巨大的冲击，促进了课程领域的拓展，促进了教学活动时间和空间的变化。教育者要积极应对网络学习、虚拟学习、弹性学习、远程学习等新型学习方式，利用信息化技术进行课程思政教学。

4. 教学设计中的课程思政达成评价环节

(1) 课程思政教学评价的指标构成。进行课程思政教学评价，主要是为了对课程思政教学内容、教学设计、教学方法等与现行课程体系的融合程度以及课程思政教学目标的完成程度进行检测，从而更好地推动和加强课程思政教学。是从教学材料准备、教学设计、教学实践、教学研讨等方面对高校课程思政教学进行全面评估。评估的主要指标是：学生进行有关知识培训的方法及效果，学生对课程思政的满意度以及效果。在现行的教育评价体制中，还应该将学生的知识、技能、价值观融合到一起，注重对学生的形成性的评估，尤其是对课堂的评估。可以采取多种评价方法，例如老师对学生评价、师生合作评价、学生自评与互评等。也可以利用最终的评估方法，例如在课程学术测试或大型测试的材料选择、任务设计和评估标准制定等方面融入思政教育元素。

(2) 基于工程教育认证的课程思政评价模式。参照工程教育认证模式中课程目标达成度评价方法，课程思政二级指标达成度评价可以采用以下公式：

课程思政二级指标达成度 = 平时表现比例 × (分目标平时表现平均分/分目标平时表现总分) + 平时测试比例 × (分目标平时测试平均分/分目标平时测试总分) + 期末考试成绩 × (分目标期末测试平均分/分目标期末测试总分)

课程思政一级指标达成度 = (相关二级指标达成度/100)/二级指标数量

根据上述评价公式计算的结果，可将课程思政目标达成度评定为优秀、良好、中等、及格和不及格五个等级。

14.2.2　课程思政融入教学比赛现场说课设计与技巧

1. 说课的概念、类型和意义

1) 说课的概念

说课是教师在对教材和大纲进行充分研究的基础上，在没有学生参与的情况下，面对同行、教研人员等，对一门课程的教学及其原理进行系统说明的过程。讲课时的一般思想是："教什么，怎样教，为何而教"。"教什么"要明确主题，明确章节，明确内容，并对教科书进行剖析；"怎样教"要讲清楚教学方法，并对教学过程进行说明，其中包含了课堂教学的结构和步骤，以及师生在各个环节中的主要行为和控制，从而展现出课堂教学的整体面貌；"为何而教"是阐释"教什么"与"怎样教"的基础科学基础，包括学科教学大纲基础、教材基础、学情基础、学科教学理论基础、语言学基础、教育学基础、心理基础等。

2) 说课的类型

一是研究型，多用于集体备课，其操作程序为：先指定 1~2 人先行说课，然后集体研讨，最后分享大家的说课成果。二是说评研型，多用于观摩课和教师素质评定，这是一种高水平的教研行为，也是一种高精度的教育评价方法，"说"指的是在学习和评价过程中，为不能在课堂中得到体现的内容准备资料，研究人员通过课堂和讲课中得到的资料，对老师的主观想法和目标进行对比、分析、研究、评价。三是示范型，通常由一些专业人士或者是一些杰出的教师分享给年轻教师一些比较有价值的教育知识，或者展示一些说课的例子。它的主要目标是教授年轻教师们关于说课的一些经验，或者是对年轻教师进行一些规范化训练，具体的工作流程是：讲授(说课方法)——说课或讲授——演示或讲授。四是评价型，主要是教育评价手段，多用于说课比赛或教师资格评定，通过说课评价教师的教学水平、理论水平、表达能力及职业素养。

3) 说课的意义

说课作为当代教育研究发展的最新结果，可以对老师的业务水平、教育理论水平、掌握教材的水平以及进行教育实践的水平进行比较综合的测试。通过实施"说"，可以对教学中的教学实践进行引导与规范，从而改善教学中的教学实践，促进教学研究的理论与实践水平。在评价教学质量时，把说课引入教学质量评价，就会使教学从"经验型"转为"研究型"，促进教学质量的提高。最后，说课对课堂教学的研究，以及对教学评估等方面的研究，也都具有重要的现实意义。

2. 说课的内容

说课的内容可以细分为"七说"，即说教材、说学情、说教学目标、说学法、说教学重难点、说教法、说教学过程、说作业。它的整个流程如下：对教材的地位和作用、学生的认知基础和特征进行详细的剖析；对本节课的重点、难点和教学目标进行明确；对相关的教法、学法和教学手段进行筛选，并对其进行详细的阐述；根据教学阶段，对教学过程进行简要描述，阐述教学内容的安排和组织形式，包括突出重点、突破难点、解释疑点和布置作业、展开板书等各个教学环节的操作、意图和效果。

3. 说课的技巧及注意事项

1) 要做好充足的准备

首先要有知识面上的积累。一方面要对教学大纲中所提出的教学任务、目标、要求以及教学应该遵循的基本原理有清晰的认识，要以教学内容为依据，对教学目标进行细化。要对教科书的编制意向和目的有清晰的认识，对知识的继承性和延续性有清晰的认识，对说课内容的内在联系、说课内容所处的位置和功能有清晰的认识。另一方面，要广泛地阅读有关专业的知识，拓宽自己的知识眼界，拥有多个专业、多个层面的知识架构，这样就可以在这门课程的教学过程中做到游刃有余，拥有一定的深度和广度。另外在技术和心理层面上，要有讲课的技能，要有好的教学方法，要有良好的教学效果。讲课时面对的是同事或专业人士，要做好充足的心理准备。

教学设计体现主导性和主动性。在进行课堂教学的时候，要注重问题的引导，让教师的主导性和学生的主动性充分发挥出来。这就要求题目的设定应具有目的性、情境性、思维度，即难度、梯度、密度。好的问题是要求同学们通过积极的思维去寻找答案，而不能从书本中得到。提出的问题要引导各层次的同学一起成长，不要过多或过少。在说课时，尽可能地把自己的每个教法的设计都提升到教育教学的水平，并用实践来检验。

2) 语言要简洁、生动、严密

首先，导入要巧妙。如何在课堂上合理地进行引导，是一个值得思考的问题。讲课要从一开始就把听众吸引住，让听众产生强烈的渴望和兴趣。其次，要有一个良好的连贯性。在设计课程时，各个阶段都要做到流畅、连贯，使学生有一种流畅的感受。对每个步骤之间的连接用词进行仔细斟酌，使其能够环环相扣，衔接顺畅，承前启后，行云流水。第三，恰当地保留空白。教师讲授的时候，不能总是滔滔不绝，把所有时间都占满。最后，做一个轻松的结尾。一个好的结尾能为新课程的展开打下良好的基础，并能调动起学生对新课程的学习热情。

3) 声情并茂，彰显个人风采

说课归根结底要靠一个"说"字。说课竞赛可以被称为"表演艺术"，它与浮夸的艺术性演出不同，但又不是单调乏味的。要不断地排练，用经过锤炼的、简洁生动的、含蓄幽默的、逻辑严密的语言，展现出自己精心雕琢的、独具特色的教学方案。要举止得体，笑容动人，能吸引观众，感染观众。授课时要充满独特的感染力和热情，技巧和情感兼备，尽显教师的风范。

第五篇　课程思政评价研究

课程思政评价一定程度就是对课程本身的评价，只是它比较看重对教师在课堂教学过程中履行德育职责的评价，是对寓价值观引导于知识传授和能力培养之中的成效性的评价。

第 15 章

课程思政评价综述

课程思政教育理念提出与实施的时间不长，对其研究也是刚刚起步，对课程思政评价的研究更是少之又少。评价体系的建设是一项工作能否深化实施的关键，中共中央、国务院印发的《深化新时代教育评价改革总体方案》中指出："教育评价事关教育发展方向，有什么样的评价指挥棒，就有什么样的办学导向。"

当前，基于专业课程的课程思政教学改革正在全国广泛开展。然而，无论是在理论研究还是在一线教学过程中，如何对教学过程中思政元素的融入过程、方式方法和效果进行系统性的评价，还需要进行研究。课程思政是一个有序的育人系统，由若干的具体要素组成，离开了要素就谈不上系统。针对高校课程思政效果实施评价，首要任务就是要对课程思政系统的诸要素进行分析评价，在此基础上才能真实反映课程思政育人的全貌。

15.1　国家战略要求下课程思政评价的方向

15.1.1　重要论述呈现的对课程思政评价的要求

习近平总书记围绕思想政治教育工作的开展作出了许多重要论述，为思想政治教育和专业教育的协同育人，即课程思政实施提供了价值指向，在一定程度上对课程思政评价提出了总体要求。因此，高校开展课程思政评价实践活动时，需重点考察课程思政教学内容是否包含做人做事的基本道理、社会主义核心价值观的要求、实现民族复兴的理想和责任，课程思政的育人方式是否能潜移默化、润物无声地纳入评价指标体系中。

2018 年，习近平总书记在北京大学师生座谈会上的讲话中强调："培养社会主义建设者和接班人，是我们党的教育方针，是我国各级各类学校的共同使命……高校只有抓住培养社会主义建设者和接班人这个根本才能办好，才能办出中国特色世界一流大学。"课程思政必须以培养社会发展所需要的人为出发点和落脚点，其评价过程要综合考核课程思政实施是否按照社会主义国家的政治要求来培养人，可以从课程思政教学内容、教学效果、教师队伍等方面展开。

2019 年，习近平总书记在学校思想政治理论课教师座谈会上提出，推动思政课改革创新，要做到八大"统一"。第一，坚持政治性和学理性相统一；第二，坚持价值性和知识性相统一；第三，坚持建设性和批判性相统一；第四，坚持理论性和实践性相统一；第五，坚持统一性和多样性相统一；第六，坚持主导性和主体性相统一；第七，坚持灌输性和启发性相统一；第八，坚持显性教育和隐性教育相统一。八大"统一"的提出，亦是课程思政评价需要重视的评价内容，课程思政实施的效果如何必然与教师课程思政教学是否坚持八大"统一"息息相关。

15.1.2　国家对课程思政评价指标建立的指向

2017 年，中共中央、国务院印发的《关于加强和改进新形势下高校思想政治工作的意见》中强调："要进一步办好高校思想政治理论课，充分发挥思想政治理论课的主渠道作用，深入实施高校思想政治理论课建设体系创新计划，完善教材体系，提高教师素质，创新教学方法，增强教学的吸引力、说服力、感染力。"质言之，课程思政评价始终绕不开教材体系、教师素质、教学方法三个基本要素。

2020 年教育部印发的《关于加快构建高校思想政治工作体系的意见》中指出，"健全立德树人体制机制，把立德树人融入思想道德、文化知识、社会实践教育各环节，贯通学科体系、教学体系、教材体系、管理体系，加快构建目标明确、内容完善、标准健全、运行科学、保障有力、成效显著的高校思想政治工作体系……构建科学测评体系。建立多元多层、科学有效的高校思政工作测评指标体系，完善过程评价和结果评价相结合的实施机制"。这进一步丰富了课程思政评价的观测指标。

2020 年，教育部颁布的《高等学校课程思政建设指导纲要》中强调了对课程思政五大教学内容的建设，并针对三大教学体系、七个专业分类提出了课程思政建设的具体要求，有利于强化课程思政评价的规范性。课程思政评价要关注课程思政是否围绕习近平新时代中国特色社会主义思想、社会主义核心价值观、中华优秀传统文化、宪法法治、职业理想和职业道德等教学内容进行优化供给；公共基础课程是否注重提高大学生思想道德修养、人文素质、科学精神、宪法法治意识、国家安全意识和认知能力；专业教育课程是否能够深度挖掘提炼专业知识体系中所蕴含的思想价值和精神内涵；实践类课程是否能够注重增强学生创新能力、解决问题的实践能力，是否能够锤炼艰苦奋斗的意志品质。此外，不同专业课程要结合自身特色，深耕思政元素的挖掘和提炼并巧妙地将其融入教学内容当中。

15.2　课程思政评价理论研究

15.2.1　国内研究

以中国知网(CNKI)作为文献来源数据库，截至 2023 年 4 月 26 日，分别以"课程思政""课程思政＋评价"为题名对 2017 年至今的论文进行检索，得出以下结果：

检索题名	论文数量/篇
课程思政	37 810
课程思政 + 评价	428

1. 关于课程思政评价遵循的原则的研究

(1) 政治性原则。陈根(2021)强调，课程思政是有效落实弘扬社会主流意识形态的关键举措，正确的政治立场是中国特色社会主义语境下开展课程思政评价工作需要遵循的首要原则。陆道坤(2021)围绕学生政治素养"增值"这一中心点，进行课程思政评价设计。段云华(2021)认为，课程思政评价过程中要综合考查思政内容是否符合国家主流意识形态、分量是否合适、契合程度如何等指标。常莉(2021)指出，课程思政评价体系构建要始终牢记课程思政立德树人的初心，把好育人关、过好质量关、守好政治关，确保高校课程思政评价工作高质量发展。

(2) 整体性原则。杜震宇(2020)等强调课程思政要避免单调与刻板的教学形式，综合运用多元化的教学方式、丰富的专业知识点、形式多样的教学案例等，实现思政元素在各个教学环节的全面浸润，构建复合立体化的课程思政评价体系。孙跃东(2021)等围绕评价目标、评价主体、评价内容、评价方法等要素来阐释课程思政评价体系的构建理路。

(3) 实效性原则。周松、邓淑华(2021)指出，学生综合素养发展是一个循序渐进的过程，课程思政评价活动的目的在于实时掌控学生的综合素养发展情况，并以此为依据，适时适当地对课程思政的实施进行调整。朱平(2021)认为，课程思政评价要注重对课程思政育人质量的评价，突出课程思政教育教学活动育人的实效性。魏子秋、何雍祯(2021)提出课程思政评价要遵循实效性原则，采用定量与定性相结合的方式，建立科学的评价指标体系，提升课程思政评价的精准性。

综上所述，目前学界一致认为，政治学原则是课程思政评价需要遵循的首要原则。其次，课程思政评价强调整体性原则和实效性原则，坚持以提升课程思政质量为导向，构建整体完善的课程思政评价体系。此外，有些学者提出课程思政评价要遵循发展性、科学性等原则。

2. 关于高校课程思政评价当前面临的困境的研究

(1) 高校课程思政评价是教学实践整体系统中的薄弱环节。朱平(2020)从高校课程思政评价的系统性出发，论述了它是个从设计到实施，最后再到成效反馈的完整闭环，整个课程思政评价过程较为复杂，并且存在着一些不确定的影响因子，因此是研究的重点和难点。崔琬宜(2021)指出，部分高校课程思政相关考评制度不够完善，抑或是根本就没有设定，教学与评价"两张皮"的现象致使高校课程思政育人效果难以把控。张红玲(2021)强调，建立健全完善的课程思政体制机制是课程思政建设中必不可少的重要环节，当前，高校课程思政考评、监督、激励机制的构建仍是课程思政实施与推进进程中亟须解决的难题。

(2) 缺乏完善的课程思政评价的内容供给。高珊(2021)等指出，在现阶段的课程思政评价体系中，主要是对一些易于量化的指标进行考核，而对学生的情感、态度、价值观等评估缺乏科学有效的评判手段。何花(2021)采取层次分析法对四川多所高校进行实地调研，发现部分教师课程思政育人意识有待提高，育人能力有所欠缺，思政元素的挖掘与提炼不够深入等问题。

(3) 高校课程思政评价主体的评价能力短板。曹馨月(2021)认为，高校教师联动能力欠缺和知识融合能力短板是导致课程思政评价内生动力不足的重要原因。陆道坤(2021)从"学生思政素养"的维度，阐述了学生精准把握课程思政评价中的各项元素存在较大难度，并且课程思政的设计也不能有效激发学生积极主动参与课程思政评价的动力。

(4) 高校课程思政评价模式存在局限性。刘启营(2020)认为，合理的评价标准与科学的评价方法是课程思政建设取得良好效果的重要标志，模棱两可的评价标准会直接影响课程思政实施的效能。杜震宇(2020)强调，目前高校课程思政评价模式机械僵硬，掣肘了课程思政教学质量的提高。高帅(2021)指出，当前部分高校课程思政考评模式操作性不强、可视化较弱、具体化不够突出，不利于课程思政育人成效的实时把控。

综上所述，从认识维度和实践维度对当前高校课程思政评价的难点进行归因，主要有以下几点：多重主体对课程思政存在程度不同的认知偏差；高校课程思政评价体系不健全；教师主体课程思政意识及能力有待深化；学生主体对课程思政评价的积极主动性即内驱动力不足等。

3. 关于高校课程思政评价体系构建路径的研究

(1) 科学设定高校课程思政评价主体。王岳喜(2020)根据评价主体在课程思政评价中的角色和特征，将评价主体分为社会主体、管理主体、施教主体和受教主体。陆道坤(2021)从学生、教学、课程三个视角，将课程思政评价主体分为评学主体、教学评价主体和以课程为单元的评价主体三类。

(2) 研究制定合理的课程思政评价标准与方法。李佩文(2020)认为，专业知识与思政元素的融合度、有效度和针对性是课程思政的重要评价标准，她同时提出了自我评价和他人评价相结合的评价方法。孙跃东(2021)等通过设计同行(专家、督导)评价指标、学生评教指标、教师自评指标等22项评价标准，并运用网络层次分析法为各项指标赋予权重，以求构建科学系统全面的评价系统。

(3) 完善高校课程思政评价保障机制。郝志庆(2021)认为，高校课程思政的常态化推进离不开课程思政评价机制等相关制度的全面统筹与完善。郑美丹(2020)认为，完善"严宽结合"的高校教师考核评价制度是健全课程思政评价体系的重要举措。王明慧(2020)认为，优化高校课程思政评价体系的关键是推动基础研究，核心是加强顶层设计。

综上所述，学术界针对课程思政评价的现实境遇，从评价主体、评价标准、评价方法和保障机制方面提出了优化高校课程思政评价体系的设计方案。高校课程思政评价体系的建设是一项系统性工程，需要统筹谋划。从现有的文献来看，关于高校课程思政评价体系的构建路径，学术界多是从教育学和管理学的视角出发，为课程思政评价构建了指标体系，而基于马克思主义理论视角提出的方案，大多数从宏观方面进行论述，关于具体化措施的研究有待进一步深化。

4. 关于高校课程思政评价指标体系构建的研究

(1) 从学校层面提出课程思政评价的指标。何红娟(2017)提出创新合作机制，拓展教学资源，构建协同育人新机制。高燕(2017)注重探索"课程思政"一体化管理路径，将专业课教师、思想政治教育教师、辅导员及社会资源打造成"育人共同体"。王海威(2018)强调高校课程思政课程设置的差序格局。课程思政不仅要直接为专业培养目标服务，而且要本现不同类型高校的办学特色。比如研究型高校要突出创新意识、创新精神、创新人格的育人要求，应用型高校要突出敬业精神、工匠精神及责任意识等。许涛(2019)认为，要根据专业特点和课程目标规划思政教学的要点和中心，并体现在教学大纲、教学内容和教学方法上。课程开发是课程思政建设的必要前提。应充分利用其他各门专业课的育人资源。王婷(2022)初步构建了理工科院校课程思政评价指标体系，并且从管理部门的权责划分、思政资源的整合、评价机制、保障机制及奖励机制的构建等方面进行阐述。

(2) 以学习后的实际效果为中心对学生进行评价。陆道坤(2018)强调，专业课教师主要对学生在学科学习中所表现出来的情感、态度、价值观的变化进行评价，对学生对学科专业的忠诚度、对学科专业价值的认知进行评价，对学生在学科专业方面的操守、对与学科专业相关社会现象的分析能力等进行评价。项波、吴仰祺等(2020)强调指出，课程思政评价要突出实际效果的评价，绝不能忽视课程思政实施过程中学生思想和行为方面的转变，此外，在对学生进行考评时要包含对学生、同学、班主任、各科教师等的多元化综合性评价。孙亚伦(2022)从人文素养、科学态度、社会责任感、伦理道德、全球意识等方面综合考察课程思政实施前后学生综合素养的动态发展。

(3) 围绕课程思政教学过程和教学效果对教师进行评价。成桂英(2018)提出对教师实施课程思政的绩效考核，兼顾过程和结果，重在过程，注重教师的课程思政目标是否明确具体、在教学中做了什么和如何做。何玉海(2019)在评价对象上有着深刻见解，他认为课程思政教学评价侧重施教者不仅贴合教育规律，还抓住了问题的关键，评价学生为主应当转变为评价实施者为主。对教师进行评价时不仅要着重考量其政治认知，还要充分考查其多方面的基本素养：教育艺术的合理运用、教育依据的正确把握、教育理念的科学采用、教育方法的优化和选择等。高帅(2021)注重利用移动云教学管理平台第三方统计数据，采用过关的形式进行。先教做人，注重学生职业素养的培养。涵盖班级管理、班级活动、学生满意度、学情研讨 4 个方面 8 项内容，要求教师利用移动设备实施日常育人工作，记录日常点滴工作。邹智深等(2022)以"职业生涯发展与规划"这门课程为例，采用定量和定性相结合的研究方式，从教师的教学目标、教学内容、教学情景和教学方式四个方面，对教师展开评价。

在课程思政理念下，高校教师的角色定位是：从知识的传授者转变为学习共同体的参与者；从课程教材的执行者转变为思政资源的开发者；从多元文化的传播者转变为中国故事的讲述者；从谆谆教导的"师者"转变为尊善向善的"仁者"；从道德品行的规约者转变为品格德行的同构者。以上五个维度，既强调教师教学，又关注学生学习；既强调目标结果维度，又关注过程维度；既强调教学的方式方法，又关注教学的内容资源。这五个维度互相加强，都是从"教"与"学"的互动视角而不仅仅从"教"或"学"的单一视角来考察一堂好课。这种互动的视角体现了当前我国教学改革的精神实质。

综上所述，课程思政出现的时间不长，课程思政评价虽然取得了一定的研究成果，但现有研究仍存在一些不足。一是研究实证性不足，高校课程思政评价是一项强调实践性的教育活动。现有研究表明，不少学者把研究的重点放在高校课程思政评价的学理性上，研究方式大都以论述思辨为主，实证研究较为欠缺。二是我国课程思政建设还处于探索阶段，关于课程思政评价的研究还有待扩充。此外，课程思政的建设和实践探索必须建立健全科学的评价体系，只有根据相关的评价指标体系对课程思政的实施情况进行综合评估和合理调整，才能不断提高课程思政的育人效果。

15.2.2　国外研究

　　"课程思政"这个概念源于对上海相关高校综合改革的探索，而国外暂时没有出现"课程思政"的提法，但却有"学科德育""课程德育""价值教育""公民教育"等说法。德育工作历来被世界各国所重视，其中美国的德育情况和德育评价比较具有代表性。

　　至今为止，美国并没有开设专门的思想政治理论课程，但实质性的德育工作是实际存在的。19世纪以后，美国的两次工业革命为教育提供了较为丰富的物质基础，也在一定程度上转变了其国民的生活方式和价值理念，使美国的德育工作发生了质的飞跃，主要体现在两次德育改革上。第一次德育改革是在19世纪末期，主要抨击了传统德育忽视现实生活，注重社会古典宗教德育的做派，主张把道德教育融入各门各类学科之中。此次德育改革的代表人物杜威提出，教材的编写和选用不能只是强调专业知识的融入，而必须贴近现实的社会生活，符合道德教育的社会性标准。20世纪初，美国进行了第二次德育改革，体现在间接教育与直接教育方法的角逐，最终学者们广泛认为间接德育法应该推广开来。直接德育法主要指运用诸如说教的方式将道德标准和道德规范填鸭式地生硬地灌输给学生。间接德育法是比较科学、容易被学生所接受的方法，它推崇德育应该成为"软灌溉"而不是无止境的说教。间接德育法强调各门各类课程中都应该融入德育元素，以此提高德育工作的成效。

　　此外，美国德育形式和德育内容也比较具有代表性，主要聚焦于公民教育和道德教育。公民教育的内容主要围绕法律制度、爱国主义、公民基本权利等展开，旨在教育学生提高法律素养，做个爱国守法、积极参加劳动的良好公民。美国十分注重提高学生的爱国情怀和民族意识，往往会通过升国旗、奏国歌、宣誓词等仪式来潜移默化地影响学生。道德教育主要注重学生道德品质的培育，从而以正确的价值观引领学生的成长。对学生施加道德教育能让学生熟知道德规范与道德准则，并且引发学生的道德诉求，有利于学生的成长发展。隐性课程在引领学生成长方面发挥着关键作用，使学生逐渐养成诚信、果敢、爱国等优秀品质，有益于学生的未来发展。

　　美国较为重视理论教育与实践教育相结合的教学模式。学生会在学校的号召与组织下积极参与集体性的课外实践活动与社会实践，从而有效开发学生的智力、锻炼学生的体魄、加强学生解决实际问题的能力，还能加强道德品质的培育和兴趣爱好的培养，进而促进学生的全面发展。美国强调各门各类学科的横向联系和纵向渗透，虽然并未开设专门的德育课程，但开设了公民课、社科课等，让学生能够对社会有较为清晰明了的了解与认知，此外，在文史哲学类课程中歌颂赞美贤德，在以自然科学为背景的课程中赞誉为科学勇于献身的可贵品质。

　　美国各州教育部门各司其职，制定和实施本州的德育工作评价体系，并且各个州制定的评价指标体系不尽相同。评价方法较为丰富，例如调查法、情景测验法、问题评价法等，侧重学生学习态度、学习积极性的变化，同时强调学生情感态度及价值观的变化。在评价体系的参考框架上，丹尼尔森以准备和计划、教学环境、教学实施及专业责任作为教学评价的主要板块进行细化；马扎诺认为教学评价应该围绕班级策略、准备和计划、教学反思、合作与专业主义展开，并且也对相应的维度进行了细分。目前美国采用的德育评价体系并不是囿于权威性的文献，而是从相关研究成果中提炼出实操性较强的指标并加以总结概括得来的。综上所述，美国倾向于多元化的德育评价方式，并且各州的评价标准是基于自身的情况进行制定和完善，呈现出多样化的特征。此外，在评价的内容上强调对教学准备、教学实施、教学反思的评价。

第 16 章

系统思维视角下高校课程思政评价认识及构建

当今世界正经历百年未有之大变局，面对多种价值观冲突和多元文化冲击，培养大学生的独立思考意识与创新创造能力，引导大学生走出道德和价值观迷失的泥潭，践行社会主义核心价值观，已成为我国高校发展的必然趋势。习近平总书记要求所有教师都要有育人意识，所有课堂都要具有育人功能。《深化新时代教育评价改革总体方案》要求高等院校要建立科学合理的评价机制，赋能教育发展，提高人才培养质量。

系统思维是一种站在全局视野上，对复杂事物中各因素之间的结构和相互关系展开的全面而深刻的研究，进而在总体上掌握事物的发展，并促进整个系统的持续优化。要坚持用系统思维对高校课程思政建设和评价中遇到的困难进行分析，既能够保证高校课程思政工作的正确方向，也能够推进育人长效机制的建设。

16.1   系统思维及其特征

16.1.1   系统思维的内涵

系统，是指由一个或几个具有特定功能的要素或部分按照一定的次序排列组合而成的一个有机整体。系统论由美籍科学家冯·贝塔朗菲在 20 世纪中叶提出，并渐渐正式成为了一门科学。贝塔朗菲指出：系统论的观点是将系统视为一个由许多相互联系的部分结合而成的一体化整体，绝不会将系统视为处于孤立因果关系中的各部分的机械集合体。

系统思维起源于系统论。根据现有的相关研究结果，学者们通常将系统思维界定为一种拥有全局性视角的思维方法，认为事物之间是普遍联系的，对系统内部各要素之间和系统内外部环境之间的相互关系进行考察，并将其视为认识对象的最优方法。王萍(2020)认为，系统思维就是运用系统论的理论视野，把认知的对象置于一个具有普遍联系的有机系统中，通过系统和要素、要素和要素、要素和环境之间的动态变化来掌握事物的规律，以寻求最佳解决方案的一种思考方式。

系统思维是运用系统科学的理论和方法分析，把研究对象中众多的要素与要素之间、要素与环境之间进行有机整合，从系统的整体性以及各组成部分之间的相互关联中去考察系统的逻辑框架和结构，深入挖掘其中的运行机制和规律。

16.1.2 系统思维的一般特征

系统思维是现代科学界的一种思考模式，它既是对普通系统论体系整体思想的继承，又是对唯物辩证法的相关方法论的一种吸收。黄宁花(2022)认为系统思维有整体性、关联性、动态性三大特征；戴开成(2022)认为系统思维有非平衡有序性、开放性、整体性、非线性等四个主要特点；王珺楠(2022)认为系统思维有协同性、多维立体性、整体涌动性等三个特征。

1. 整体性

系统就是由许多相互关联、相互制约的各个部分所组成的一个个整体。这是系统最本质的特征，也是系统最本质的属性。由于系统的整体与要素、要素与要素、系统与环境之间存在着有机联系，系统的结构、功能和运动规律只能从整体上显示出来。另外，系统的整体性还体现在系统功能的整体性。一个系统中各部分的功能都要服从于整个系统的功能。一个系统的作用不是每个要素作用的简单叠加。整体性通常表述为整体大于它的各部分的总和。系统中的某一部分(要素)只有在整体中才体现出它所具有的意义。如手是人体的一个部分，手只有在人体这个"有机"的整体中才能发挥作用。一旦从人体中分离出去，那么手还是手，但却失去了手的功能。

整体性是一个系统生存与发展的基本条件。所以，在使用系统思维来看待事物时，我们必须从事物的整体着手，对组成它的每一个要素进行分析，才能进行更深入的研究。

2. 协同性

协同性是指在一个系统中，各个要素之间所保持的相互协作的状况和趋势。一个系统是许多具有多种功能的要素所组成的整体，在这个整体中，每个要素都处在互相协作的关系之中。如果某个要素失去了协作，那这一系统就不会被称为一个整体的系统。系统的这一特征决定了系统思维也相应地具有协同性。同时，我们面临着的是一个多层级的系统，协同协作是维护系统正常运行的基础。

一个系统所具有的协同特性，是通过系统中各要素的结合所呈现出来的总体功能的最直观体现。系统中各要素的协同程度愈高，则该系统的总体功能愈强大。系统中的个体能够既保持自身的独立性，又能融入整体彰显同一性。当我们用系统的思维来审视问题时，既要注意到系统中各要素之间的协同，又要考虑各要素之间、各要素与整体之间的关系，从而体现出系统思维的协同原则。

3. 动态性

系统理论指出：物质与运动是密切相关的，一切物质的性质、形态、结构、功能以及它们的规律都是以运动的形式呈现的。要理解一个事物，就必须从它的运动规律入手，物质的动态性质决定了它的生命周期。在一个开放的体系中，存在着与外部环境之间的物质、能量、信息等相互交流的过程。

一般来讲，系统的发展是一个有方向性的动态过程。宇宙万物具有系统的动态性说明宇宙万物永远随时间变化而发展，这种发展强度大、速度快、距离近时可以被人们观察到，这种发展强度小、速度慢、距离远时也许就不会被人们观察到，但无论人们是否观察到，宇宙万物总是永不停息地向前发展。系统所具备的动态性还表现为系统本身在与外部环境的相互作用下，在一定的范围内根据其内部要素的发展或者外部环境的改变，所表现出的对于未来某种发展趋向的预先确定状态或者趋势，这是系统对于未来发展的预见性。这就要求我们在考察具体事物时，不仅要看到它当前所处的状态，更应看到这一事物的未来发展前景。最后，系统的动态性是与其开放性紧密相连的。系统通过与外部环境进行物质、能量以及信息的交换，从而进一步识别外部环境的实际情况，根据情况对自身发展作出调整，使得系统自身发展的潜力能够充分被激发出来。

16.2　系统思维视角下高校课程思政评价的特征

当前国内关于系统思维的研究，主要集中于动力学和科学教育领域，有关人文学科、教育学科及评价方面的研究相对较少。将系统思维引入课程思政评价，能够在一定程度上解决高校课程思政建设中的碎片化和静态化问题，有利于推动课程思政的高质量发展。综合以上研究成果，结合课程思政的特点，本书认为系统思维视角下高校课程思政评价具有整体性、协同性、动态性等三个特征。

1. 课程思政评价设计的整体性

高校课程思政评价的整体性是指课程思政评价从顶层设计、谋划整体布局，到各个要素的融合，再到评价的运作机制，都与系统思维相融合，达到"1＋1＞2"的效果，能实现课程思政评价的整体有序、均衡运作。

(1) 评价目标的整体性。高校课程教学常常将知识、能力、价值割裂开来，或者仅仅是简单地追求知识的掌握程度和能力的高低，而忽略了价值观的引领作用。《高等学校课程思政建设指导纲要》明确提出：高校在组织实施教育教学的过程中，要充分发挥课程思政的价值引领作用，做到知识传授、能力培养和价值塑造三位一体。课程思政内容供给要"紧紧围绕坚定学生理想信念"这一中心，为培养德智体美劳全面发展的社会主义建设者和接班人的目标而服务。课程思政理念引入教育教学过程并不断深化，有益于高校课程教学重回正轨，促使思政教育内容融入专业教学内容的各个要素之中，以"润物细无声"的方式引领学生的价值观养成。

(2) 评价指标体系的整体性。课程思政评价的展开，从实质上讲，是一个涉及多因素、多环节、多层次的全面操作系统。其内蕴了组织领导、培养过程、资源保障、教师队伍、学生发展、质量保障和教学成效等多重关联性要素。基于对这些要素内部组成的研究，以及它们在课程思政教学实践中的定位思考，可搭建和形成与之有关的课程思政评价指标体系的整体性框架。

(3) 运行机制的整体性。评价的成效关键在于执行，运行机制的整体性包括组织、管理、平台、资源、成效、保障与人才培养的整体联动。高校课程思政评价要通过综合学校与外部的各种因素与优势，按"需"逐步推进教学，确保形成一种系统的、整体的、有计划的教育机制，培养堪当民族大任的时代新人。

2. 课程思政评价过程的协同性

在课程思政评价的过程中，要聚焦校内外资源与要素，建立全员协同、思政课与课程思政相互支持的课程体系一体化评价系统。

(1) 评价主体的协同性。课程思政的评价主体解决的是"谁来评"的问题。课程思政评价主体应该是多元性的，既包括专家组成员、专业课教师、学生以及用人单位等构成的参与性评价主体，也应包括思政课教师构成的专业性评价主体，同时也包括教育主管部门、高校党委、教务处等行政部门组成的课程思政主导性评价主体，以确保评价过程能够做到规范有效，提供最终的评价意见和结果，并进行持续改进。

(2) 课程体系评价的协同性。专业课程与思想政治教育课程之间存在着内容、结构和目标等许多层次上的不同，课程思政的评价不能千篇一律，要根据国家政策、教育规律、学校定位和专业课程体系育人的特点，整体设计相关专业的课程体系思政评价标准，并融入人才培养方案等进行评价体系的构建。

(3) 课程思政元素评价的协同性。在某门具体课程的课程思政实施过程中，要注重知识点和课程思政元素相结合的整体性和精准性，运用嵌入式、补充式等多种教学方法，不断破解专业教育与思政教育"两张皮"的问题。

3. 课程思政评价实施的动态性

系统论认为，系统是永远处于不停地运动、变化和发展之中的。按照系统思维的观点，课程思政的评价不仅仅要重视结果评价，更重要的是关注学生的发展。

(1) 评价管理的动态性。现行的课程思政评价模式主要是通过教学比赛、督导听课等方法对教师的课程思政效果进行评价，通过分数等级对课程思政实施效果进行考核，这种方法无法体现课程思政评价的动态性及发展趋势，无法体现时间因素对评价结果的作用。管理的动态性是指课程思政评价管理要从僵化死板的应试考试向灵活多样的动态评价管理转变，运用大数据、数字化信息技术、主题阅读、讨论、体验等评价工具和方法，坚持过程性考核和结果评价相结合的评价方法。

(2) 评价过程的动态性。课程思政是思想政治教育融入专业课程体系全过程的一种新的教学理念。人才培养是一个循序渐进的过程，包括培养方案的规划、教学大纲的制定、课程体系的支撑作用、课堂教学、实践教学、毕业要求等因素，它们相互影响形成一个动态的整体。

(3) 评价结果的动态性。课程思政的价值意义体现的是一个动态的缓慢性过程。在课程思政评价过程中，要改变过去重视诊断性评价和终结性评价的做法，转而向发展性评价转变，注重学生的学习适应度、学习效益的增值和学习的努力程度。要改变以往思想政治教育评价中的单项性和机械性评价，突出评价的长远性、双向性和价值性。要改变以往对于知识学习的成效考核，而要从价值引领的长远改造进行考查，突出持续改进的效果。

16.3　系统思维视角下高校课程思政评价指标体系的构建

16.3.1　评价指标体系的建立

指标体系作为一个整体，按照系统的观点，需要按课程思政评价过程进行层次分解并体现要素之间的相关性特征。本书参考教育部评估专业的相关指标体系，考虑系统思维，选取组织管理、培养过程、资源保障、教师队伍、学生发展、质量保障、教学成效等 7 个方面作为衡量高校课程思政效果的主要评价指标。采用专家评议和小组讨论等方法，对这 7 个方面进行综合，形成全面的指标体系，见表 16-1。

表 16-1 课程思政评价指标体系

一级指标	二级指标	指 标 解 释
组织管理	领导责任	课程思政人员有组织、有分工
	工作方案	具体制度和文件
培养过程	培养方案	课程思政融入培养方案
	教学大纲	课程思政融入教学大纲
	课程体系	课程思政融入课程检查和总结
		课程思政融入试讲
	课堂教学	课程思政融入课堂检查和总结
	实践教学	课程思政融入实践教学检查和总结
	考核要求	课程思政融入课程考核和总结
	毕业要求	课程思政融入毕业生就业质量报告
资源保障	基地、平台建设、图书资料(纸质和电子)	课程思政建设基地、资源库等
	教材	课程思政融入教材建设
	课程思政示范课程	课程思政融入一流课程、示范课程等
	经费	学校课程思政建设投入与使用情况
	教学改革	课程思政的信息化建设、教学模式、教学方法等
	学生工作	德智体美劳等课程材料
		学风建设中融入思政元素材料
		就业指导中融入思政元素材料
		文化活动中融入思政元素材料
教师队伍	师德师风	课程思政融入教师思政建设、师德师风考核管理等过程
		教师自觉遵守《新时代高校教师职业行为十项准则》等方面的情况
	教学投入	提升教师德育领导力的措施和路径
		教师开展课程思政教育教学研究与改革的成效
	教师发展	教师课程思政的培训、课程思政与教师职业发展等
		加强教师教学发展中心、基层教学组织和青年教师队伍建设的措施与成效

续表

一级指标	二级指标	指 标 解 释
学生发展	理想信念	学生对爱国主义、社会主义核心价值观、科学精神等内容的认同感
		加强学风建设，教育学生爱国、励志、慎思、笃行的情况
	学业成绩和综合素质	学生获得的知识、能力、素养
		学生应用所学的知识解决实际综合问题的能力
		开展通识教育、体育、美育、劳动教育的措施和成效
		校园文化、社会实践等第二课堂开展情况及课程思政成效
	支持服务	体现学生增值评价、学习体验、职业发展能力的措施和政策
质量保障	质量管理	课程思政融入教学巡查和督导过程中
		课程思政在本科教学状态数据采集中体现
		课程思政在专业教学质量评估中体现
		党委会讨论改进课程思政高质量建设情况
		教研室讨论改进课程思政高质量建设情况
		督导组讨论改进课程思政高质量建设情况
		学生评教过程中体现课程思政高质量建设情况
		信息员反馈材料中体现课程思政高质量建设情况
	质量改进	学校课程思政教学质量改进成效
		课程思政成效应用于专业持续改进
		课程思政效果应用于修订教学质量标准
教学成效	达成度	课程思政目标达成情况
		课程思政执行及跟踪成效
	适应度	面向国家和经济社会发展需要的就业质量和职业发展情况
	有效度	学校课程思政实施的各个环节都有序进行
		课程思政工作持续改进
		能提供毕业生德育方面的典型案例和经验
	满意度	学生增值发展的满意度
		教师教学的满意度
		用人单位满意度

16.3.2　基于灰色关联分析的综合评价模型的构建

　　高校课程思政评价是一个多指标综合评价问题，目前对高校课程思政的评价主要包括对课程开发、教学设计、教学过程等进行的过程性评价，包括基于成果导向的课程思政目标达成度评价、课程思政顶层设计、评价机制的工作评价等，这些方法提供了课程思政评价的科学手段和理论基础。本书综合考虑课程思政评价模型之间的关系，选用灰色关联分析法进行实证分析。灰色关联分析是灰色系统理论的一个分支，其模型是由邓聚龙教授提出的。它不仅可以用来对系统发展进行量化和预测，也可以考察系统各要素之间以及系统与各要素之间的关联度，同时也可以把系统作为一个整体，对各个要素进行量化分析，再根据分析结果对系统整体进行综合评价。灰色关联度分析可以对一个系统的发展和变化进行度量，非常适合对动态的现象和事物进行分析。具体操作步骤如下。

1. 构造原始评价矩阵

根据表 16-1 的课程思政评价指标体系，收集各个要素的量化指标，建立评估模型。在构建初始评估矩阵的时候，要按照研究模型来决定评估指标体系中的各个层级的集合。在本研究模型中，课程思政评价体系由两个评价指标集合构成，分别用集合 U 来代表一级评价指标集合，用 U_i 来代表二级评价指标集合，即 $U = \{u_1, u_2, u_3, u_4, u_5, u_6, u_7\}$，$U_i = \{u_{i1}, u_{i2}, \cdots, u_{im}\}$，$i = 1,2,3,4,5,6,7$，$m$ 为 U_i 含有的二级指标的数量。由评价对象和评价标准构造的原始评价矩阵如图 16-1 所示。

$$E = \begin{bmatrix}
u_{111} & u_{112} & u_{113} & u_{114} & u_{115} \\
u_{121} & u_{122} & u_{123} & u_{124} & u_{125} \\
u_{211} & u_{212} & u_{213} & u_{214} & u_{215} \\
u_{221} & u_{222} & u_{223} & u_{224} & u_{225} \\
u_{231} & u_{232} & u_{233} & u_{234} & u_{235} \\
u_{241} & u_{242} & u_{243} & u_{244} & u_{245} \\
u_{251} & u_{252} & u_{253} & u_{254} & u_{255} \\
u_{261} & u_{262} & u_{263} & u_{264} & u_{265} \\
u_{271} & u_{272} & u_{273} & u_{274} & u_{275} \\
u_{311} & u_{312} & u_{313} & u_{314} & u_{315} \\
u_{321} & u_{322} & u_{323} & u_{324} & u_{325} \\
u_{331} & u_{332} & u_{333} & u_{334} & u_{335} \\
u_{341} & u_{342} & u_{343} & u_{344} & u_{345} \\
u_{351} & u_{352} & u_{353} & u_{354} & u_{355} \\
u_{361} & u_{362} & u_{363} & u_{364} & u_{365} \\
u_{411} & u_{412} & u_{413} & u_{414} & u_{415} \\
u_{421} & u_{422} & u_{423} & u_{424} & u_{425} \\
u_{431} & u_{432} & u_{433} & u_{434} & u_{435} \\
u_{511} & u_{512} & u_{513} & u_{514} & u_{515} \\
u_{521} & u_{522} & u_{523} & u_{524} & u_{525} \\
u_{531} & u_{532} & u_{533} & u_{534} & u_{535} \\
u_{611} & u_{612} & u_{613} & u_{614} & u_{615} \\
u_{621} & u_{622} & u_{623} & u_{624} & u_{625} \\
u_{711} & u_{712} & u_{713} & u_{714} & u_{715} \\
u_{721} & u_{722} & u_{723} & u_{724} & u_{725} \\
u_{731} & u_{732} & u_{733} & u_{734} & u_{735} \\
u_{741} & u_{742} & u_{743} & u_{744} & u_{745}
\end{bmatrix}$$

图 16-1　原始评价矩阵

2. 计算指标权重

为了确保评价的客观和科学，我们使用离差法来确定二级评价指标 $u_{ij}(i=1,2,3,4,5,6,7;$ $j=1,2,\cdots,m)$ 的权重值。为了更好地将评价结果进行标准化，用表 16-2 来对二级指标评价值的标准及区间进行量化，从而能够得到二级指标的 5 个评价值及由这些评价值组成的评价向量 $\boldsymbol{u}_{ij}=(u_{ij1},u_{ij2},u_{ij3},u_{ij4},u_{ij5})$。

表 16-2　二级指标评价值的标准及区间

等级标准	优秀	良好	中等	差	较差
评价区间	[4.0,5.0]	[3.0,4.0]	[2.0,3.0]	[1.0,2.0]	[0,1.0]

接着，计算每个二级指标评价值的均值 $\bar{\boldsymbol{u}}_{ij}$ 和标准差 $\sigma(\boldsymbol{u}_{ij})$：

$$\bar{\boldsymbol{u}}_{ij}=\frac{1}{5}\sum_{k=1}^{5}u_{ijk} \tag{16-1}$$

$$\sigma(\boldsymbol{u}_{ij})=\sqrt{\frac{1}{5}\sum_{k=1}^{5}(u_{ijk}-\bar{\boldsymbol{u}}_{ij})^2} \tag{16-2}$$

得出二级指标的权重值：

$$\omega_{ij}=\frac{\sigma(\boldsymbol{u}_{ij})}{\sigma_s(\boldsymbol{u}_{ij})},\quad \sigma_s(\boldsymbol{u}_{ij})=\sum_{j=1}^{m}\sigma(\boldsymbol{u}_{ij}) \tag{16-3}$$

式中，σ_s 为标准差的和。

因此，二级评价指标的权重矩阵为

$$\boldsymbol{w}_i=[\omega_{ij}]_{1\times m} \tag{16-4}$$

采用标准差法计算一级评价指标的权重值：

$$W_i=\frac{s-s_i}{(n-1)s},\quad s=\sum_{i=1}^{n}s_i \tag{16-5}$$

式中，n 为一级指标的数量；s_i 为各二级指标权重值的标准差。所以一级指标的权重矩阵 $W=(W_1,W_2,W_3,W_4,W_5,W_6,W_7)$。

3. 确定参考序列

在灰色关联度分析中，为了体现系统的特性，要求用一个参照序列为基础，来代表参照序列指标和比较序列指标的相关程度。其数值可以用来衡量比对和参照，灰色关联系数代表着两组关系的强度。可以利用最大值归一化、最小值归一化和目标值归一化三种预处理方式对该系统的数值进行预处理，然后再进行灰色相关性分析。由于在课程思政评价中，评价数值越高，评价的效果越好，所以建议以最大值来确定参照序列。然后，设定课程思政评价的参考序列 $u_0=(5,5,5,5,5)$。

4. 计算关联系数

灰色关联分析法一般需要通过参考序列去映射反映系统状况，参考序列指标和比较序列指标之间的关系用灰色关联系数来表示，其数值大小可以表示关联程度。确定参考序列 u_0 和相关评价指标序列 u_{ij}，然后根据灰色系统理论中灰色关联的定义计算出灰色关联系数 γ_{ijk}。令 $A = \min\limits_{i} \min\limits_{j} |u_{ijk} - 5|$，$B = \max\limits_{i} \max\limits_{j} |u_{ijk} - 5|$，灰色关联系数为

$$\gamma_{ijk} = \frac{A + \delta B}{|u_{ijk} - 5| + \delta B} \tag{16-6}$$

式中，δ 为分辨系数，其取值区间为 $(0,1)$。δ 的数值越小，相关系数之间的差别越大，分辨率越强，通常取 $\delta = 0.5$。由此得出灰色关联评价矩阵：

$$\boldsymbol{R}_i = [\gamma_{ijk}]_{m \times 5} \tag{16-7}$$

5. 确定评价向量

根据灰色关联度标准，通过权重和灰色关联系数计算二级指标的灰色评价向量。二级指标评价向量为

$$\boldsymbol{y}_i = \boldsymbol{w}_i \boldsymbol{R}_i = (y_{i1}, y_{i2}, y_{i3}, y_{i5}, y_{i6}, y_{i7}) \tag{16-8}$$

所以二级指标的灰色评价矩阵为

$$\boldsymbol{Y} = (\boldsymbol{y}_1^{\mathrm{T}}, \boldsymbol{y}_2^{\mathrm{T}}, \boldsymbol{y}_3^{\mathrm{T}}, \boldsymbol{y}_4^{\mathrm{T}}, \boldsymbol{y}_5^{\mathrm{T}}, \boldsymbol{y}_6^{\mathrm{T}}, \boldsymbol{y}_7^{\mathrm{T}}) \tag{16-9}$$

同理，一级评价指标 u_i 的评价矩阵为

$$\boldsymbol{Z}' = \boldsymbol{W}\boldsymbol{Y} = (Z_1', Z_2', Z_3', Z_4', Z_5', Z_6', Z_7') \tag{16-10}$$

6. 计算最终评价结果

为了方便对结果进行后续分析，需要对评价结果进行归一化处理，从而得到最终的评价矩阵 $\boldsymbol{Z} = (Z_1, Z_2, Z_3, Z_4, Z_5, Z_6, Z_7)$，其中 Z_i 的计算公式如下：

$$Z_i = \frac{Z_i'}{Z_s}, Z_s = \sum_{i=1}^{5} Z_i' \tag{16-11}$$

依据隶属度最大的原则，得到最终的综合评价结果：

$$\boldsymbol{Z} = \max\{Z_i\} \tag{16-12}$$

为使课程思政评价模型具有科学性、合理性，以及方便对评价结果的分析与对比，还需对最终的评价结果进行量化，从而将其划分为 5 个等级标准和评价区间，如表 16-3 所示。

表 16-3　评价结果等级量化表

等级标准	优秀	良好	一般	差	特差
评价区间	[0.9,1.0]	[0.8,0.9]	[0.7,0.8]	[0.6,0.7]	[0,0.6]

16.4　系统思维视角下高校课程思政评价实例分析

为保证样本选取的科学性和问卷数据的真实性和可靠性，本书以某地应用型本科院校课程思政建设情况作为对象发放了调查问卷，使用 SPSS22.0 软件，通过 KMO 检验值和克朗巴哈系数(Cronbachα)分别对列表的信度和效度进行测量。结果表明，问卷的一致性信度较好，具有较高的效度。得到的课程思政评价体系的各二级指标的评价值如表 16-4 所示。根据公式(16-1)至(16-5)，计算得到各级评价指标的权重值，如表 16-5 所示。

表 16-4　二级指标的评价值

二级评价指标	评价值 1	评价值 2	评价值 3	评价值 4	评价值 5
领导责任	3.2	3.5	1.8	2.1	2.8
工作方案	4.1	4.1	4.4	3.5	3.3
培养方案	4.2	3.4	3.5	3.7	3.8
教学大纲	4.3	4.2	4.1	3.8	3.6
课程体系	3.8	4.1	4.3	4.3	3.9
课堂教学	3.5	3.5	3.8	4	4.1
实践教学	2.4	3.1	3.5	3.1	2.8
考核要求	2.4	1.8	3.2	3.1	2.5
毕业要求	2	3.2	3.5	3.1	2.3
基地、平台建设、图书资料(纸质版和电子版)	4.7	4.1	3.5	3.7	3.2
教材	2.7	3.1	3.5	3.3	2.3
课程思政示范课程	1.2	2.1	2.3	2.2	3
经费	4	4.5	3.2	3.8	4.1
教学改革	4	3.5	2.1	3.2	3.8
学工工作	3.4	3.6	3.9	2.6	2.1
师德师风	4.5	4.7	4.3	3.8	3.6
教学投入	4.7	3.8	3.7	4.1	2.8
教师发展	4.7	3.5	2.8	3.2	3.6
理想信念	4.7	4.1	3.8	3.5	4.1
学业成绩和综合素质	4.3	3.5	3.1	3.8	4.2
支持服务	2.1	2.4	3.1	2.5	3.1
质量管理	4.8	3.2	3	3.7	2.9
质量改进	2.4	3.1	2.5	2	2.4

续表

二级评价指标	评价值1	评价值2	评价值3	评价值4	评价值5
达成度	3.5	3	2.8	3.2	3
适应度	3.4	3.8	2.9	3.5	4.1
有效度	3.8	3.6	4.1	3.7	4.2
满意度	4.7	3.8	4	3.5	4.1

表 16-5　各级评价指标的权重值

一级评价指标	一级指标权重	二级评价指标	二级指标权重
u_1	0.13	u_{11}	0.611
		u_{12}	0.391
u_2	0.149	u_{21}	0.114
		u_{22}	0.107
		u_{23}	0.084
		u_{24}	0.102
		u_{25}	0.151
		u_{26}	0.209
		u_{27}	0.234
u_3	0.157	u_{31}	0.158
		u_{32}	0.131
		u_{33}	0.175
		u_{34}	0.129
		u_{35}	0.204
		u_{36}	0.203
u_4	0.147	u_{41}	0.249
		u_{42}	0.370
		u_{43}	0.380
u_5	0.161	u_{51}	0.320
		u_{52}	0.358
		u_{53}	0.320
u_6	0.112	u_{61}	0.662
		u_{62}	0.337
u_7	0.145	u_{71}	0.186
		u_{72}	0.318
		u_{73}	0.182
		u_{74}	0.313

根据公式(16-7)可得到灰色关联矩阵为

$$R = \begin{bmatrix} 0.912 & 1 & 0.646 & 0.689 & 0.816 \\ 0.829 & 0.829 & 1 & 0.617 & 0.569 \\ 1 & 0.667 & 0.696 & 0.762 & 0.800 \\ 1 & 0.933 & 0.875 & 0.737 & 0.667 \\ 0.722 & 0.867 & 1 & 1 & 0.765 \\ 0.733 & 0.733 & 0.846 & 0.943 & 1 \\ 0.718 & 0.875 & 1 & 0.875 & 0.800 \\ 0.809 & 0.708 & 1 & 0.971 & 0.829 \\ 0.667 & 0.909 & 1 & 0.882 & 0.714 \\ 1 & 0.667 & 0.500 & 0.545 & 0.444 \\ 0.781 & 0.877 & 1 & 0.934 & 0.704 \\ 0.684 & 0.812 & 0.848 & 0.829 & 1 \\ 0.747 & 1 & 0.519 & 0.667 & 0.778 \\ 1 & 0.831 & 0.563 & 0.754 & 0.924 \\ 0.836 & 0.895 & 1 & 0.662 & 0.586 \\ 0.833 & 1 & 0.714 & 0.526 & 0.476 \\ 1 & 0.609 & 0.583 & 0.700 & 0.424 \\ 1 & 0.538 & 0.424 & 0.483 & 0.560 \\ 1 & 0.636 & 0.538 & 0.467 & 0.636 \\ 1 & 0.673 & 0.579 & 0.767 & 0.943 \\ 0.770 & 0.827 & 1 & 0.848 & 0.944 \\ 1 & 0.439 & 0.410 & 0.532 & 0.397 \\ 0.829 & 1 & 0.850 & 0.756 & 0.829 \\ 1 & 0.839 & 0.788 & 0.897 & 0.839 \\ 0.736 & 0.867 & 0.619 & 0.765 & 1 \\ 0.789 & 0.714 & 0.937 & 0.750 & 1 \\ 1 & 0.538 & 0.600 & 0.467 & 0.636 \end{bmatrix}$$

然后，根据公式(16-8)~(16-9)计算出二级指标的灰色评价矩阵：

$$Y = \begin{bmatrix} 0.879 & 0.933 & 0.784 & 0.661 & 0.719 \\ 0.789 & 0.815 & 0.936 & 0.887 & 0.789 \\ 0.849 & 0.843 & 0.743 & 0.728 & 0.745 \\ 0.959 & 0.679 & 0.556 & 0.574 & 0.489 \\ 0.976 & 0.711 & 0.701 & 0.697 & 0.845 \\ 0.942 & 0.628 & 0.558 & 0.607 & 0.543 \\ 0.878 & 0.731 & 0.703 & 0.693 & 0.856 \end{bmatrix}$$

由公式(16-10)可以得到 $Z' = [0.887, 0.765, 0.716, 0.697, 0.720]$。

再通过公式(16-11)对 Z' 进行归一化处理，得到最终的评价结果矩阵 $Z = [0.234, 0.202, 0.189, 0.184, 0.190]$，即结果占比分别为23.4%、20.2%、18.9%、18.4%、19.0%。上述计算表明，课程思政评价等级属于优秀的占23.4%，良好的占20.2%，一般的占18.9%，差的占18.4%，极差的占19.0%。基于隶属度最大原则，对该高校课程思政建设的综合评价等级为优秀，这表明该高校课程思政建设体系比较合理。

本书引入系统思维思想，运用灰色关联分析法和综合评价法对高校课程思政的评价指标体系进行了研究。由实例分析结果得出某地应用型本科院校课程思政评价优秀的结果，这表明在立德树人背景下课程思政建设已经在各地、各高校落地、落实。但是我们也可以看出高校在课程思政建设方面还存在不足之处：一是需要对课程思政建设有统一的规划和发展计划；二是需要对学生的发展和课程思政成效进行深入的研究；三是需要关注课程思政建设和评价的持续改进。

以上基于系统思维视角分析了课程思政评价的三大特征：课程思政评价设计的整体性、课程思政评价过程的协同性、课程思政评价实施的动态性。建议高校在进行课程思政高质量建设过程中从以下七个层面进行优化：一是重视组织管理工作，特别是各部门的育人责任和制度建设；二是聚焦把课程思政建设融入高校的人才培养全过程的评价方式；三是提供更加有力的课程思政资源保障；四是重视高校教师的队伍建设，特别是要提升教师的德育领导力；五是聚焦对学生的发展，特别是理想信念的培育；六是强调高校课程思政建设中的质量保障机制，关注课程思政的持续改进建设；七是关注课程思政的教学成效，特别是课程思政目标达成情况。本研究提供了一种量化评价参考模型，对推进高校课程思政高质量发展具有一定的应用意义。

第 17 章

教师教学视域下高校课程思政评价认识及构建

17.1　教师教学视域下高校课程思政评价的特点

教师教学视域下高校课程思政评价指标体系的构建，是有效评价高校课程思政实施状况的"一剂良方"。

课程思政以专业课程为依托，注重思想政治教育和专业教育的深度融合，此特征赋予了教师教学视域下高校课程思政评价的三大特点。

1. 课程评价与教学评价相融合

课程思政强调以专业课程为载体，挖掘和提炼专业知识中蕴含的思政元素，而思政元素必须融入教学全过程才能实现育人功效。换言之，对于教师教学视域下高校课程思政评价而言，基于课程的评价和基于教学的评价，两者缺一不可。

2. 多主体、多渠道

课程思政是一项集复杂性、系统性、协同性于一体的工程。课程思政评价工作也富有一定的挑战性，其中，教师教学视域下高校课程思政评价工作能有效提高课程思政育人质量，因此，这一工作必须做，且必须做好。为尽可能得到比较客观、全面、准确的评价结果，教师教学视域下高校课程思政评价注重评价主体的多元性和评价方法的多样性，以达到发现课程思政育人过程中存在的不足之处，并分析其问题成因和提出有效解决之道的评价目的。

3. 过程性

教师教学视域下，以课程为依托，把课程思政理念贯穿于教学准备阶段、教学实施阶段、教学反馈阶段，并把相应的教学阶段细化为不同的教学环节。教师教学视域下高校课程思政评价致力于评估和检测课程思政育人过程中的每个阶段、每一环节，以此来发现该过程中存在的不足之处以便进行问题归因，进而因势利导，探寻出行之有效的解决之道。

而课程思政育人现状的发现，例如思政元素的融入是否贴切、巧妙，是否选用学生喜闻乐见的教学方法，是否突出教学的重难点等，都离不开具有一定实操性的评价指标体系的构建和应用。

17.2　教师教学视域下高校课程思政评价的功能

教师教学视域下高校课程思政评价具有导向、诊断、调控、激励等重要功能，它的开展对于提升课程思政育人质量和全面推进课程思政建设意义重大。

1. 导向功能

教师教学视域下高校课程思政评价可以把教学目标作为评价标准，而教学目标分为总体性目标和阶段性目标。总体性目标是指通过课程思政教学实现思想政治教育和专业教育协同育人，最终培育出德智体美劳全面发展的时代新人；阶段性目标是指通过某门专业或者是某个课时的课程思政教学所达到的阶段性成果。教学目标是评价活动的"指示灯"，依照教学目标进行评价实践，能明确课程思政的导向性，并了解课程思政育人成效与教学目标存在的差距，达到提高课程思政育人质量的最终目的。

2. 诊断功能

教师教学视域下高校课程思政评价围绕教学过程的每个阶段、每一环节进行分析，及时发现课程思政育人现状，尤其是教学过程中存在的不足之处，起到了良好的诊断作用。同时，对教学过程中出现的问题进行原因分析和采取行之有效的策略，适时、适当地调整和改进教师教学活动。

3. 调控功能

教师教学视域下高校课程思政评价的结果一定程度上能够反映课程思政育人的现状。根据反馈信息，管理部门可以进行课程思政相关工作的积极部署和紧抓落实；教师能够反思教学实施过程中教学内容的选择和教学方法的运用，并进行教学内容的优化供给和教学方法的改进；学生也可以及时了解到自己各方面的发展变化，并端正自身态度，谋求更好的发展。

4. 激励功能

激励功能主要体现在对施教主体和受教主体的双向激励。教师能以评价结果为参照，判断通过自身教学活动学生获得了何种成长，以及教学成效和教学目标之间存在何种差距，此种教学成就感和落差感会激励教师花费更多时间和精力，不断调整和改善教学活动来慢慢缩小教学成效和教学目标的差距。而学生群体也能够通过评价结果切实感受到作为受教主体在课程思政实施过程中的成长发展，此种获得感和成就感会成为激励他们不断向前的不竭动力。

17.3　教师教学视域下高校课程思政评价指标体系的构建

本书以课程思政相关政策和文件为导向，结合专家组意见，对教师教学视域下高校课程思政评价指标体系进行构建，并进行权重赋值。

17.3.1　一级指标的初步设计

教师教学视域下高校课程思政评价指标体系主要从三个一级维度展开构建，即教学准备、教学实施、教学反馈。设立的依据主要有三点：一是国家和教育部已经成熟的教学评价指标体系；二是巴班斯基提出的"教学过程最优化"理论；三是学界中已有的对教师教学评价指标体系的维度划分。

教学准备是一种创造性的劳动，它是指教师实施教学的一切准备活动，是教师上课的基础和影响教学质量的关键。因此，为了更好组织和实施教学活动，教师在教学准备阶段，要根据学生的具体情况，充分做好准备工作，如制定教学目标、进行教学设计、准备教学资源等。

教学实施是实现教学目标的中心阶段，通俗理解为"上课"，即教师在一定教学条件和教学情境下，按照既定的教学计划或者对其进行适当调整来主导各个教学环节，将预先设计的教学活动付诸实际，从而实现教学目标。在教学实施阶段，教学安排、教学内容和教学方法都需要充分考虑教学目标，并以其为导向。

教学反馈是教师教学的分析和总结阶段，本研究将其定义为一种师生双向互动的过程，即教师为实现教学目标、满足学生需求、实现"知识传授、价值引领、能力培养"三者相统一而提供的反馈。从反馈主体上来看，主要包括教师和学生；从反馈内容上来看，主要是学生知识、技能的掌握程度和综合能力、道德品质等的体现，以及教师基于自身教学能力、内容、方法等的反思和教学改进；从反馈时机上来看，可以分为及时反馈和延时反馈。

17.3.2　二级指标的初步设计

教学准备维度下设教学目标、教学设计、教学资源3个二级指标；教学实施维度下设教学安排、教学内容、教学方法3个二级指标；教学反馈维度下设教学考核、教学效果、教学反思和改进3个二级指标。上述9个二级指标主要围绕"教学过程最优化理论"中教学过程的基本要素以及参考目前已经成熟的教学评价指标体系进行展开。

（1）教学目标是教学所要达成的目的，是整个教学活动的出发点和归宿，教学目标可以用来衡量学生的学习成效。不同时代背景下，我国教育教学目标的侧重点也有所不同。从1949年中华人民共和国成立至20世纪末，教学目标主要以"双基"为主，即基础知识和基础技能，此时教师主要是根据自身经验设计教学目标；2001年正式提出了"三维目标"，即以"双基"为一维目标，过程与方法为二维目标，情感态度价值观为三维目标，这时教师教学目标的设计已经初具范式；2017年提出了以"立德树人"为"核心素养"的教学目标，这是对"双基"教学目标的继承和对"三维"教学目标的超越，当下我国教育教学目标才真正地回归了"以人为本"的教育教学理念。本研究中，教师教学目标的制定应该符合新课改下的要求，充分体现对学生"核心素养"的培养。

(2) 教学设计通常是指教师在开展教学活动之前，采取系统规划的方法并根据教学目标分析和安排教学活动的一种教学环节。本研究中，教师实施课程思政的教学设计主要是根据现有的教学设计理念，以提高和改善课程思政育人质量为最终目标，在综合分析教学目标、教学环境、教学对象等因素的基础上，对教学内容、教学策略、教学案例等进行设计的过程。

(3) 教学资源在《教育大词典》中的解释为：可以促进教学过程的人力和物质。有学者提出，教学资源一般是指能够对教师教学活动产生正向影响的各种条件，并且教学资源不只局限于教学内部，也可以来自教学外部环境；此外，教学资源不一定以有形的表现形式存在，它也可以是无形的，这进一步细化了教学资源的概念界定。本研究中，教学资源主要是指教师开展课程思政的过程中，为达成教学目标所利用的有助于教学活动顺利开展的所有条件。

(4) 教学安排可以简单理解为教育者为达成教学目标，有计划、有组织地安排教学活动的过程，主要包括教学内容、教学方法、教学步骤、教学进度、教学时间分配等。本研究中，由于教学内容、教学方法已经作为二级指标单独列出，因此，"教学安排"维度下三级指标的设计主要从教学步骤、教学进度和教学时间分配三方面进行考量。

(5) 教材内容与教学内容都服务于教学目标，但教学内容并不等同于教材内容，两者之间的概念极易被混淆。教材内容是教材中具有层次性、系统性、结构性的知识集合，而教学内容是教师教学活动中传授给学生、促进学生发展的知识、技能、思想观念、行为习惯等的总和。课程思政教学内容与思政课程教学内容的侧重点有所不同，思政课程教学内容侧重于思想政治理论教育，而课程思政强调知识传授与价值引领的同频共振，围绕家国情怀、道德品质、文化素养等进行教学内容的优化供给。实际上，课程思政与思政课程不仅在教学内容上存在差异性，两者在教学载体上也有所区别。最大的区别是课程思政教学内容的呈现除了要以思政课为载体，还需要借助专业课程为载体。

(6) 教学方法是一种艺术的方法，在教学过程中选择正确的教学方法能够有效将教师、学生、教学内容串联在一起，从而达成教学目标，完成教学任务。课程思政的目标在于"立德树人"，培育德智体美劳全面发展的时代新人。因此，教学方法的选择要以课程思政教学目标为指向。此外，在选择教学方法时应该充分考虑到教学内容的性质。课程思政的教学内容不仅蕴含了专业知识，还涵盖了思政元素，因此，课程思政教学方法要既能实现知识传授，又可以完成价值引领。最后，由于教学方法是师生之间双向活动的枢纽，因此需要结合学生的特点，选择学生喜闻乐见的教学方法，达成事半功倍的教学效果。

(7) 教学考核实质上是一种考查和评估的方法，即教师依照评价的指标和标准，考察和评估学生学习过程和学习效果所采取的方法。课程思政的教学考核能够在一定程度上检验课程思政教学效果和教学目标的达成度。本研究中，教学考核维度下初拟的观测指标主要围绕教学考核的性质、主体、形式来展开。

(8) 教学效果与受教育者的诉求有着紧密的联系，是一种非静态性的观念。它考察的对象主要是学生，是对学生通过学习取得的成果与设定的教学目标吻合程度的评价。课程思政的教学目标是多元化的，实施课程思政的目的在于促进学生综合素质的提高，因此在进行课程思政教学效果考察时，考察内容应该指向实施课程思政教学前后学生德智体美劳各个方面的提升或者是发生的变化。

(9) 教学反思的最终目的是以自身教学经验为载体，将教与学有机统一，深入思考教学过程中遇到的教学问题，并积极寻找解决之策，提高教学实践的合理性、科学性，促进教师的个人发展和学生的全面发展。教学改进是一项完整教学工作中的最后环节，是建立在教学反思基础上，通过采取相应措施提升教学质量的过程。课程思政教学反思和改进是一个持续的、动态的过程，教师要自觉主动地对自身的教学能力、教学内容、教学方法等进行全面系统的思考和审视，同时注重学生和同行的反馈，总结教学中的长处，深刻剖析教学中存在的问题，并及时、适当地进行教学改进。

17.3.3　观测指标的初步设计

通过对《高等学校课程思政建设指导纲要》和一些与评价指标体系构建有关的文献进行分析、整理、归纳，共提取出 27 项指标，作为本研究观测指标设立的重要依据。由于观测指标是参考、借鉴前人的研究成果，且观测指标的覆盖面较广，因此初拟的观测指标需要对从前人研究成果中提取的指标进行调整优化，并在后期的工作中进行查漏补缺。观测指标的设立依据具体如表 17-1 所示。

表 17-1　观测指标的设立依据

维　度	来　　源	提　取　指　标
教学目标	《高校课程思政协同创新研究》(戚静)、《理工科课程思政教学评价指标体系构建研究》(孙跃东)	教学目标多元化；教学目标与学生发展水平相契合；教学目标符合人才培养相关要求；教学目标与教学内容相契合
教学设计	《理工科课程思政教学评价指标体系构建研究》(孙跃东)	结合专业特点进行课程思政教学设计；讲解内容精炼、重点突出；根据理工科课程思政教学维度和专业教学的契合与融合，对课程结构、教学案例、教学策略进行了再设计
教学资源	《论高校课程思政评价体系的构建》(王岳喜)	教材内容、主要观点符合意识形态相关要求；建立相关课程的"思政元素"资源库
教学安排	《护理本科专业课课程思政教学评价指标体系的构建及应用》(马孟伟)	课程理论与实践学时分配合理；教学进度科学合理、严谨有序
教学内容	《教学大纲融入课程思政编写指南》(高校教师发展工作室)	家国情怀(责任担当)，如社会主义核心价值观、中华优秀传统文化等；科学观(如何做事)，如马克思主义方法论、创新意识；个人品格(如何做人)，如道德情操、健全人格等
教学方法	《高校课程思政教学评价指标体系构建研究》(孙亚伦)、《高校课程思政教学评价指标体系构建研究》(郑宇航)	调动学生积极性；课堂讨论；适时、适度运用教具和现代化技术手段，促进理论知识与育人实践紧密结合；讲授法；启发式教学

维 度	来 源	提 取 指 标
教学考核	《护理本科专业课课程思政教学评价指标体系的构建及应用》(马孟伟)、《高校课程思政协同创新研究》(戚静)	过程性考核与终结性考核相结合;考核形式多样化;考核主体多元化
教学效果	《生成论教学哲学启发课程思政育人导向》(王伟芳)、《高校课程思政协同创新研究》(戚静)、	运用马克思主义科学方法论分析和解决实际问题;乐于助人,积极参加公益活动;自觉维护国家安全、祖国统一
教学反思和改进	《理工科课程思政教学评价指标体系构建研究》(孙跃东)	反思并调整课程思政的教学内容和教学方法;重视学生、同行的反馈与自评的反思,并及时改进教学

将提取的指标进行调整优化,形成了 27 项观测指标,由于观测指标是描述性指标,故不对其内涵进行解析,具体如表 17-2 所示。

表 17-2 教师教学视域下高校课程思政评价指标体系框架(初拟)

一级指标	二级指标	观 测 指 标
A 教学准备	A1 教学目标	A4 教学目标多元化,如知识目标、能力目标、情感目标等
		A5 教学目标与学生发展水平相契合
		A6 教学目标与高校人才培养方案要求相契合
		A7 教学目标与教学内容相契合
	A2 教学设计	A8 结合专业特点进行教学设计
		A9 突出教学的重难点
		A10 教案、课件等根据不同思政元素进行精心设计
	A3 教学资源	A11 教材选用符合国家要求,如教材内容符合国家意识形态相关要求
		A12 课程思政素材资源库内容丰富
B 教学实施	B1 教学安排	B4 教学步骤循序渐进
		B5 时间分配科学合理
		B6 教学进度严谨有序
	B2 教学内容	B7 教师能够在专业知识的讲解中融入家国情怀(责任担当),如社会主义核心价值观、中国梦等
		B8 教师能够在专业知识的讲解中融入科学观(如何做事),如马克思主义方法论、创新意识等
		B9 教师能够在专业知识的讲解中融入个人品格(如何做人),如道德情操、健全人格等
		B10 教师能够组织学生对具有价值争议的知识点展开讨论

续表

一级指标	二级指标	观测指标
B 教学实施	B3 教学方法	B11 教师能够适时、适度运用教具和现代化技术手段展现专业知识中蕴含的思政元素
		B12 教师能采用讲授法，生动形象地向学生传授专业知识中的思政点
		B13 教师能够组织学生对学科重难点知识进行讨论，培养学生的思维能力和表达能力
C 教学反馈	C1 教学考核	C4 过程性考核与终结性考核相结合
		C5 考核形式多样化
		C6 考核主体多元化
	C2 教学效果	C7 学生能够用科学的认识论和方法论解决问题
		C8 学生的道德品质进一步提高，如能积极参加志愿者活动
		C9 学生的家国意识进一步增强，如能自觉维护国家安全、祖国统一
	C3 教学反思和改进	C10 教师能够积极对自身教学能力、教学方法、教学内容等进行反思
		C11 教师能够注重学生、同行的反馈和自评，并及时、适当地进行教学改进

17.3.4　教师教学视域下高校课程思政评价指标体系的修订

为确保本研究的科学性，特遴选 15 名专家，对教师教学视域下高校课程思政评价指标体系进行了两轮修订。专家遴选标准为：从事思想政治教育相关工作 10 年及以上；具有研究生及以上学历；具有副高级及以上职称；对本研究有一定的了解，愿意全程配合本研究的函询。

1. 教师教学视域下高校课程思政评价指标体系的第一轮修订

第一轮德尔菲专家咨询，指标条目修改意见如下：

五名专家认为，学情分析属于教学过程中至关重要的一环，应该将其纳入本研究评价指标体系构建的二级指标当中。故增设"学情分析"这一项二级指标。在二级指标"学情分析"下设计了五个观测指标，分别为"学生的学业基础分析""学生的日常行为分析""学生的心理特征分析""学生的学习兴趣分析""学生的学习困难分析"。

"A1 教学目标"中，两名专家认为"A5 教学目标与学生发展水平相契合"描述不够具体，结合专家意见，将其修改为"教学目标与学生'德智体美劳'各方面发展水平相契合"；两名专家认为"A6 教学目标与高校人才培养方案要求相契合"这一描述有些笼统，可以修改为"契合高校'立德树人'的人才培养方案要求"。

"A2 教学设计中"，三名专家认为教案、课件等属于教学资源，因此，"A10 教案、课件等根据不同思政元素进行精心设计"指标归属领域应该变更为"A3 教学资源"。

"A3 教学资源"中，两名专家认为丰富的网络课程思政资源，能有效提升"课程思政"实施效果，建议增设"网络课程思政资源配置完善"这一观测指标。

"B2教学内容"中，三名专家认为当前许多思政老师在进行思政素材与专业知识的融合时略显僵硬，不够贴切，建议增设"思政素材与专业知识巧妙融合，贴切不突兀"这一观测指标。

"C1教学考核"中，四名专家指出《深化新时代教育评价改革总体方案》中明确提出要围绕"改进结果评价，强化过程评价，探索增值评价，健全综合评价"科学进行教育教学评价，结合专家意见增设"专业考核和思政素养考核有效结合"这一观测指标。

"C2教学效果"中，两名专家认为"学生能够用科学的认识论和方法论解决问题"是学生综合能力的一种，建议将此项观测指标修改为"学生综合能力提高，如解决实际问题能力、创新能力等"；此外，"学习积极性""学生熟练掌握和运用所学知识、技能"也是教学效果的重要观测指标，建议增设"学生学习积极性提高，学习态度更为端正""学生熟练掌握和运用所学知识、技能"两项观测指标。

经过第一轮专家函询结果分析，本研究的评价指标体系框架如表17-3所示。

表17-3 教师教学视域下高校课程思政评价指标体系框架(第一轮专家函询)

一级指标	二级指标	观测指标
A 教学准备	A1 学情分析	A5 学生的学业基础分析
		A6 学生的日常行为分析
		A7 学生的心理特征分析
		A8 学生的学习兴趣分析
		A9 学生的学习困难分析
	A2 教学目标	A10 教学目标设立多元化，如知识目标、能力目标、情感目标等
		A11 教学目标与学生"德智体美劳"各方面发展水平相契合
		A12 教学目标契合高校"立德树人"的人才培养方案要求
		A13 教学目标与教学内容相契合
	A3 教学设计	A14 结合专业特点进行教学设计
		A15 突出教学的重难点
	A4 教学资源	A16 教案、课件等根据不同思政元素进行精心设计
		A17 教材选用符合国家要求，如教材内容符合国家意识形态相关要求
		A18 课程思政素材资源库内容丰富
		A19 网络课程思政资源配置完善
B 教学准备	B1 教学安排	B4 教学步骤循序渐进
		B5 时间分配科学合理
		B6 教学进度严谨有序

一级指标	二级指标	观测指标
B 教学准备	B2 教学内容	B7 教师能够在专业知识的讲解中融入家国情怀(责任担当)，如社会主义核心价值观、中国梦等
		B8 教师能够在专业知识的讲解中融入科学观(如何做事)，如马克思主义方法论、创新意识等
		B9 教师能够在专业知识的讲解中融入个人品格(如何做人)，如道德情操、健全人格等
		B10 思政素材与专业知识巧妙融合，贴切不突兀
		B11 教师能够组织学生对具有价值争议的知识点展开讨论
	B3 教学方法	B12 教师能够适时、适度运用教具和现代化技术手段展现专业知识中蕴含的思政元素
		B13 教师能采用讲授法，生动形象地向学生传授专业知识中的思政点
		B14 教师能够组织学生对学科重难点知识进行讨论，培育学生的思维能力和表达能力
C 教学反馈	C1 教学考核	C4 过程性考核与终结性考核相结合
		C5 考核形式多样化
		C6 考核主体多元化
		C7 专业考核和思政素养考核有效结合
	C2 教学效果	C8 学生学习积极性提高，学习态度更为端正
		C9 学生熟练掌握和运用所学知识、技能
		C10 学生综合能力提高，如解决实际问题能力、创新能力等
		C11 学生的道德品质进一步提高，如能积极参加志愿者活动
		C12 学生的家国意识进一步增强，如自觉维护国家安全、祖国统一
	C3 教学反思和改进	C13 教师能够积极对自身教学能力、教学方法、教学内容等进行反思
		C14 教师能够注重学生、同行的反馈和自评，并及时、适当地进行教学改进

2. 教师教学视域下高校课程思政评价指标体系的第二轮修订

第二轮德尔菲专家咨询，指标条目修改意见如下：

"A3 教学设计"中，一名专家认为思政元素的挖掘和提炼有利于教学目标的达成，并且只有对思政元素进行了挖掘和提炼才能更好地根据不同思政元素对教案、课件等进行精心设计，故建议增设"对各章节思政元素进行挖掘和提炼"这一项观测指标。

"A4 教学资源"中，两名专家认为在课程思政的实施过程中教师应该充分重视实践教学资源的应用，结合专家的意见，增设"实践教学资源能够满足教学要求"这一项观测指标。

"B2 教学内容"中，三名专家认为时事热点能帮助学生开阔视野，看清当前社会的发展形势，教师应该在专业知识的讲解中融入时事热点。结合专家建议，增设"教师能够在专业知识的讲解中融入时事热点，如疫情防控、环境保护等"这一项观测指标。

"B3 教学方法"中，一名专家认为以身作则也是一种良好的教学方法，可以增加"教师能够以身作则，发挥道德榜样的力量"这一项观测指标；两名专家认为"B11 教师能够组织学生对具有价值争议的知识点展开讨论"和"B14 教师能够组织学生对学科重难点知识进行讨论，培养学生的思维能力和表达能力"实际上都是运用讨论法进行教学，可以删除其中一项观测指标，结合专家意见删除前项；两名专家认为案例教学法有助于学生进行道德判断和道德评价，可以增设"教师能够选用相关学科的经典案例，引导学生作出道德判断和道德评价"这一观测指标；两名专家认为，网络教学、课堂教学、实践教学相结合的教学方式能强化课程思政的同频共振，故增设"教师能采用课堂教学、网络教学、实践教学相结合的方式，强化学生的参与感和体验感"这一项观测指标。

通过对两轮德尔菲专家函询结果的分析、整理，最终确定了包括 3 项一级指标、10 项二级指标、42 项观测指标的教师教学视域下高校课程思政评价指标框架，详情如表 17-4 所示。

表 17-4　教师教学视域下高校课程思政评价指标框架(最终版)

一级指标	二级指标	观 测 指 标
A 教学准备	A1 学情分析	A5 学生的学业基础分析
		A6 学生的日常行为分析
		A7 学生的心理特征分析
		A8 学生的学习兴趣分析
		A9 学生的学习困难分析
	A2 教学目标	A10 教学目标设立多元化，如知识目标、能力目标、情感目标等
		A11 教学目标与学生"德智体美劳"各方面发展水平相契合
		A12 教学目标与高校"立德树人"人才培养方案相契合
		A13 教学目标与教学内容相契合
	A3 教学设计	A14 结合专业特点进行教学设计
		A15 突出教学的重难点
		A16 对各章节思政元素进行挖掘和提炼
	A4 教学资源	A17 教案、课件等能够根据不同思政元素进行精心设计
		A18 教材选用符合国家要求，如教材内容符合国家意识形态相关要求
		A19 课程思政素材资源库内容丰富
		A20 网络课程思政资源配置完善
		A21 实践教学资源能够满足教学要求

续表

一级指标	二级指标	观 测 指 标
B 教学实施	B1 教学安排	B4 教学步骤循序渐进
		B5 时间分配科学合理
		B6 教学进度严谨有序
	B2 教学内容	B7 教师能够在专业知识的讲解中融入家国情怀(责任担当),如社会主义核心价值观、中国梦等
		B8 教师能够在专业知识的讲解中融入科学观(如何做事),如马克思主义方法论、创新意识等
		B9 教师能够在专业知识的讲解中融入个人品格(如何做人),如道德品质、健全人格等
		B10 思政素材与专业知识巧妙融合,贴切不突兀
		B11 教师能够在专业知识的讲解中融入时事热点,如疫情防控、环境保护等
	B3 教学方法	B12 教师能够适时、适度运用教具和现代化技术手段展现专业知识中蕴含的思政元素
		B13 教师能采用讲授法,生动形象地向学生传授专业知识中的思政点
		B14 教师能够组织学生对学科重难点知识进行讨论,培养学生的思维能力和表达能力
		B15 教师能够选用相关学科的经典案例,引导学生作出道德判断和道德评价
		B16 教师能采用课堂教学、网络教学、实践教学相结合的方式,强化学生的参与感和体验感
		B17 教师能够以身作则,发挥道德榜样的力量
C 教学反馈	C1 教学考核	C4 过程性考核与终结性考核相结合
		C5 考核形式多样化
		C6 考核主体多元化
		C7 专业考核和思政素养考核有效结合
	C2 教学效果	C8 学生学习积极性提高,学习态度更为端正
		C9 学生熟练掌握和运用所学知识、技能
		C10 学生综合能力提高,如解决实际问题能力、创新能力等
		C11 学生的道德品质进一步提高,如能积极参加志愿者活动
		C12 学生的家国意识进一步增强,如自觉维护国家安全、祖国统一
	C3 教学反思和改进	C13 教师能够积极对自身教学能力、教学方法、教学内容等进行反思
		C14 教师能够注重学生、同行的反馈和自评,并及时、适当地进行教学改进

17.3.5 教师教学视域下高校课程思政评价指标体系的权重赋值

结合专家对各项指标重要程度的反馈意见，通过层次分析法，通过建立递进层次结构模型、构建判别矩阵等进行了权重赋值，并对该评价指标体系的权重进行了一致性检验，证明了权重赋值的合理性。

1. 评价指标体系权重赋值的方法

探究教师教学视域下高校课程思政评价指标体系构建要经历多道复杂的程序。首先要拟定各项指标，其次是对整个指标体系中的各项指标进行科学、合理的权重赋值，最后才能形成具有实操性的评价指标体系。鉴于教师教学视域下高校课程思政评价指标体系层次结构多样且具体的指标较为复杂，故本研究选取层次分析法进行权重确定，相关操作流程如图 17-1 所示。

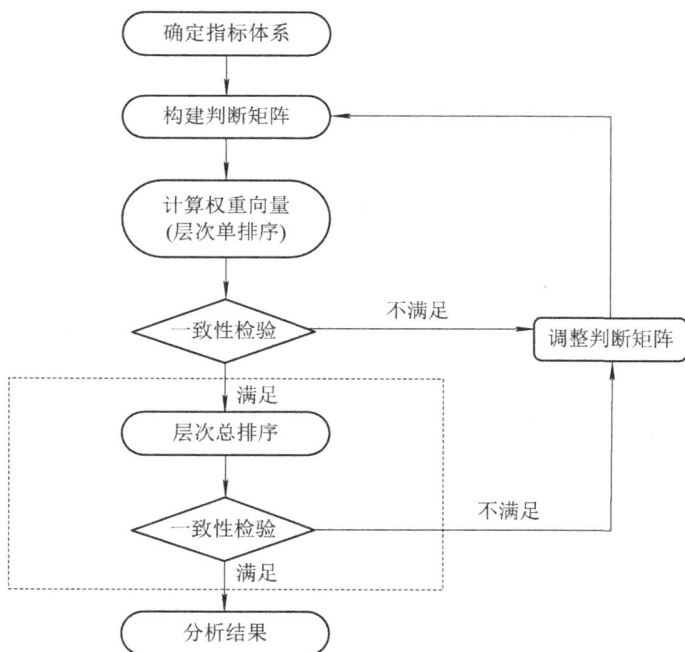

图 17-1 层次分析法计算流程图

2. 评价指标体系权重赋值的过程

1) 建立递进层次结构模型

建立递进层次结构模型必须依据决策目标深入剖析各级指标间层层递进的结构关系。本研究建立的递进层次结构模型一共分为四层：决策目标层是高校课程思政教学过程评价指标体系；准则层(3 项一级指标)和子准则层(10 项二级指标)作为中间要素层；最终层则是42 项观测指标，如图 17-2 所示。

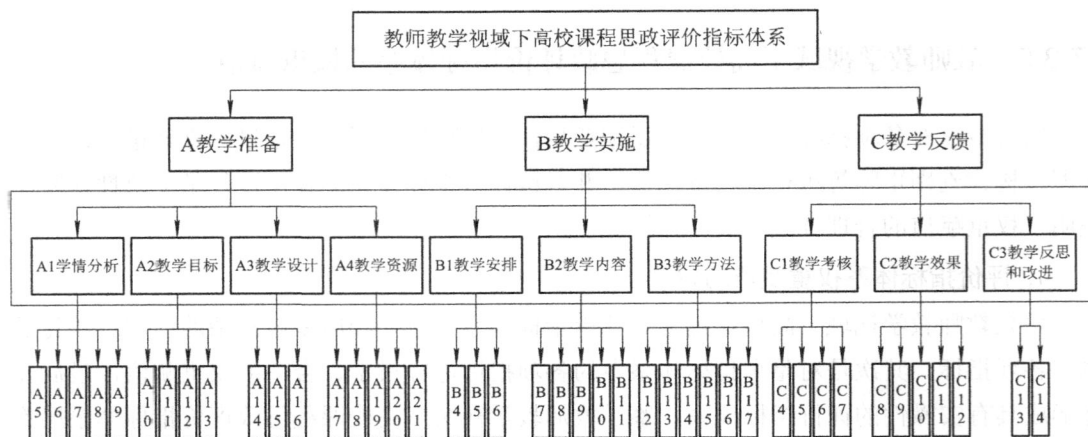

图 17-2　递进层次结构模型图

2) 构建判别矩阵

本研究采用 Saaty 标度表(见表 17-5)来表示两个指标之间的差值所对应的标度值,以此来确定同层指标之间的相对重要性。

表 17-5　Saaty 标度表

Satty 标度	含　义	两指标重要性均数的差值(B_t)
1	指标两两相比,两者重要性相等	0
3	指标两两相比,一个比另一个稍微重要	$0.25 < B_t \leq 0.50$
5	指标两两相比,一个比另一个较为重要	$0.75 < B_t \leq 1.00$
7	指标两两相比,一个比另一个明显重要	$1.25 < B_t \leq 1.50$
9	指标两两相比,一个比另一个绝对重要	$B_t > 1.75$
2、4、6、8:两指标重要性均数的差值为两相邻判断的中间值		

3) 层次单排序

层次单排序是根据判别矩阵中相同层次的各指标重要性标度赋值,依次计算各指标的权重。一般可以采用算术平均法和几何平均法进行权重运算。由于几何平均法得出的结果精确度较高,本研究通过其求解各指标权重。将每个判别矩阵的指标重要性标度赋值输入软件 Matlab 中:

(1) 将各行判断矩阵分值的乘积开 n 次方:

$$\omega_i = \sqrt[n]{\prod_{j=1}^{n} a_{ij}} \quad (i, j = 1, 2, 3, \cdots, n)$$

(2) 将其归一化后得到:

$$W_i = \frac{\omega_i}{\sum_{i=1}^{n} \omega_i} \quad (i = 1, 2, 3, \cdots, n)$$

4) 一致性检验

对于各指标的权重值进行一次性检验，是为了检验判别矩阵的构造是否符合逻辑。如果在同一个判别矩阵中出现了指标 A 比指标 B 重要，指标 B 比指标 C 重要，而指标 A 的重要性却小于指标 C，则说明该判别矩阵的构造缺乏合理性。因此，所有构造的判别矩阵都要经过严格的一致性检验流程。具体过程如下：

(1) 判别矩阵的最大特征值：

$$\lambda_{\max} = \frac{1}{n} \sum_{i=1}^{n} \frac{(AW)_i}{W_i}$$

(2) 一致性检验指标：

$$CI = \frac{\lambda_{\max} - n}{n - 1}$$

(3) 检验系数：

$$CR = \frac{CI}{RI}$$

其中 n 是判别矩阵的阶数，RI 是平均随机一致性指标，RI 的值如表 17-6 所示。

表 17-6　RI 的值

n	1	2	3	4	5	6	7	8	9
RI	0	0	0.52	0.89	1.12	1.26	1.36	1.41	1.46

当 CR 小于 0.1 时，表明判别矩阵一致性检验合格，否则就要适当调整判别矩阵的赋值，直至 CR 符合小于 0.1 这一条件时，方可通过判别矩阵的一致性检验。

5) 综合权重计算

通过数据整理结合公式 $X(K) = X(K) * X(K - 1)$，计算评价指标体系综合权重。

3. 评价指标体系权重赋值的结果

1) 一级指标权重赋值与一致性检验

对 A 教学准备、B 教学实施、C 教学反馈进行分析并赋值，填写判别矩阵，并按照上述方法计算出相应指标权重并进行一致性检验，其中 $\lambda_{\max}$、CI、RI、CR、W_i 计算结果如表 17-7 所示。

表 17-7　一级指标权重赋值与一致性检验

决策目标	A	B	C	W_i
A	1	0.5	2	0.3108
B	2	1	2	0.4934
C	0.5	0.5	1	0.1958
$\lambda_{\max} = 3.0536$；CI $= 0.0268$；RI $= 0.52$；CR $= 0.0515$				

2) 二级指标权重赋值与一致性检验

(1) A 层指标下的权重赋值与一致性检验。对 A 教学准备下的 A1 学情分析、A2 教学目标、A3 教学设计、A4 教学资源进行分析并赋值，填写判别矩阵，并按照上述方法计算出相应指标权重并进行一致性检验，其中 λ_{max}、CI、RI、CR、W_i 计算结果如表 17-8 所示。

表 17-8　A 层指标下的权重赋值与一致性检验

A	A1	A2	A3	A4	W_i
A1	1	0.5	1	0.5	0.165
A2	2	1	2	0.5	0.2775
A3	1	0.5	1	0.5	0.165
A4	2	2	2	1	0.3925
$\lambda_{max} = 4.0604$；CI $= 0.0201$；RI $= 0.89$；CR $= 0.0088$					

(2) B 层指标下的权重赋值与一致性检验。对 B 教学实施下 B1 教学安排、B2 教学内容、B3 教学方法进行分析并赋值，填写判别矩阵，并按照上述方法计算出相应指标权重并进行一致性检验，其中 λ_{max}、CI、RI、CR、W_i 计算结果如表 17-9 所示。

表 17-9　B 层指标下的权重赋值与一致性检验

B	B1	B2	B3	W_i
B1	1	0.3333	0.3333	0.1396
B2	3	1	2	0.5278
B3	3	2	1	0.3325
$\lambda_{max} = 3.0536$；CI $= 0.0268$；RI $= 0.52$；CR $= 0.0088$				

(3) C 层指标下的权重赋值与一致性检验。对 C 教学反馈下的 C1 教学考核、C2 教学效果、C3 教学反思和改进进行分析并赋值，填写判别矩阵，并按照上述方法计算出相应指标权重并进行一致性检验，其中 λ_{max}、CI、RI、CR、W_i 计算结果如表 17-10 所示。

表 17-10　C 层指标下的权重赋值与一致性检验

C	C1	C2	C3	W_i
C1	1	0.5	2	0.3108
C2	2	1	2	0.4934
C3	0.5	0.5	1	0.1958
$\lambda_{max} = 3.0536$；CI $= 0.0268$；RI $= 0.52$；CR $= 0.0088$				

3) 观测指标权重赋值及一致性检验

(1) A1 层指标下的权重赋值与一致性检验。对 A1 学情分析下的 A5(学生的学业基础分析)、A6(学生的日常行为分析)、A7(学生的心理特征分析)、A8(学生的学习兴趣分析)、A9(学生的学习困难分析)进行分析并赋值，填写判别矩阵，并按照上述方法计算出相应指标权重并进行一致性检验，其中 λ_{max}、CI、RI、CR、W_i 计算结果如表 17-11 所示。

表 17-11　A1 层指标下的权重赋值与一致性检验

A1	A5	A6	A7	A8	A9	W_i
A5	1	2	2	2	2	0.3264
A6	0.5	1	1	0.5	1	0.1421
A7	0.5	1	1	0.5	1	0.1421
A8	0.5	2	2	1	2	0.2474
A9	0.5	1	1	0.5	1	0.1421
$\lambda_{\max} = 5.0582$；CI $= 0.0146$；RI $= 1.12$；CR $= 0.0130$						

(2) A2 层指标下的权重赋值与一致性检验。对 A2 教学目标下的 A10(教学目标设立多元化，如知识目标、能力目标、情感目标等)、A11(教学目标与学生"德智体美劳"各方面发展水平相契合)、A12(教学目标与高校"立德树人"人才培养方案相契合)、A13(教学目标与教学内容相契合)进行分析并赋值，填写判别矩阵，并按照上述方法计算出相应指标权重并进行一致性检验，其中 $\lambda_{\max}$、CI、RI、CR、W_i 计算结果如表 17-12 所示。

表 17-12　A2 层指标下的权重赋值与一致性检验

A2	A10	A11	A12	A13	W_i
A10	1	2	0.5	1	0.2338
A11	0.5	1	0.5	0.5	0.139
A12	2	2	1	2	0.3933
A13	1	2	0.5	1	0.2338
$\lambda_{\max} = 4.0604$；CI $= 0.0201$；RI $= 0.89$；CR $= 0.0226$					

(3) A3 层指标下的权重赋值与一致性检验。对 A3 教学设计下的 A14(结合专业特点进行教学设计)、A15(突出教学的重难点)、A16(对各章节思政元素进行挖掘和提炼)进行分析并赋值，填写判别矩阵，并按照上述方法计算出相应指标权重并进行一致性检验，其中 $\lambda_{\max}$、CI、RI、CR、W_i 计算结果如表 17-13 所示。

表 17-13　A3 层指标下的权重赋值与一致性检验

A3	A14	A15	A16	W_i
A14	1	0.5	0.5	0.2
A15	2	1	1	0.4
A16	2	1	1	0.4
$\lambda_{\max} = 3$；CI $= 0$；RI $= 0.52$；CR $= 0$				

(4) A4 层指标下的权重赋值与一致性检验。对 A4 教学资源下的 A17(教案、课件等根据不同思政元素进行精心设计)、A18(教材选用符合国家要求，如教材内容符合国家意识形态相关要求)、A19(课程思政素材资源库内容丰富)、A20(网络课程思政资源配置完善)、A21(实践教学资源能够满足教学要求)进行分析并赋值，填写判别矩阵，并按照上述方法计

算出相应指标权重并进行一致性检验，其中 λ_{max}、CI、RI、CR、W_i 计算结果如表 17-14 所示。

表 17-14　A4 层指标下的权重赋值与一致性检验

A4	A17	A18	A19	A20	A21	W_i
A17	1	0.5	2	2	2	0.2474
A18	2	1	2	2	2	0.3264
A19	0.5	0.5	1	1	1	0.1421
A20	0.5	0.5	1	1	1	0.1421
A21	0.5	0.5	1	1	1	0.1421
$\lambda_{max} = 5.0582$；CI $= 0.0146$；RI $= 1.12$；CR $= 0.0130$						

(5) B1 层指标下的权重赋值与一致性检验。对 B1 教学安排下的 B4(教学步骤循序渐进)、B5(时间分配科学合理)、B6(教学进度严谨有序)进行分析并赋值，填写判别矩阵，并按照上述方法计算出相应指标权重并进行一致性检验，其中 λ_{max}、CI、RI、CR、W_i 计算结果如表 17-15 所示。

表 17-15　B1 层指标下的权重赋值与一致性检验

B1	B4	B5	B6	W_i
B4	1	0.5	0.5	0.1958
B5	2	1	0.5	0.3108
B6	2	2	1	0.4934
$\lambda_{max} = 3.0536$；CI $= 0.0268$；RI $= 0.52$；CR $= 0.0515$				

(6) B2 层指标下的权重赋值与一致性检验。对 B2 教学内容下的 B7{教师能够在专业知识的讲解中融入家国情怀(责任担当)，如社会主义核心价值观、中国梦等}、B8{教师能够在专业知识的讲解中融入科学观(如何做事)，如马克思主义方法论、创新意识等}、B9{教师能够在专业知识的讲解中融入个人品格(如何做人)，如道德情操、健全人格等}、B10(思政素材与专业知识巧妙融合，贴切不突兀)、B11(教师能够在专业知识的讲解中融入时事热点，如疫情防控、环境保护等)进行分析并赋值，填写判别矩阵，并按照上述方法计算出相应指标权重并进行一致性检验，其中 λ_{max}、CI、RI、CR、W_i 计算结果如表 17-16 所示。

表 17-16　B2 层指标下的权重赋值与一致性检验

B2	B7	B8	B9	B10	B11	W_i
B7	1	1	1	2	2	0.25
B8	1	1	1	2	2	0.25
B9	1	1	1	2	2	0.25
B10	0.5	0.5	0.5	1	1	0.125
B11	0.5	0.5	0.5	1	1	0.125
$\lambda_{max} = 5$；CI $= 0$；RI $= 1.12$；CR $= 0$						

(7) B3 层指标下的权重赋值与一致性检验。对 B3 教学方法下的 B12(教师能够适时、适度运用教具和现代化技术手段展现专业知识中蕴含的思政元素)、B13(教师能采用讲授法，生动形象地向学生传授专业知识中的思政点)、B14(教师能够组织学生对学科重难点知识进行讨论，培养学生的思维能力和表达能力)、B15(教师能够选用相关学科的经典案例，引导学生做出道德判断和道德评价)、B16(教师能采用课堂教学、网络教学、实践教学相结合的方式，强化学生的参与感和体验感)、B17(教师能够以身作则，发挥道德榜样的力量)进行分析并赋值，填写判别矩阵，并按照上述方法计算出相应指标权重并进行一致性检验，其中 λ_{max}、CI、RI、CR、W_i 计算结果如表 17-17 所示。

表 17-17　B3 层指标下的权重赋值与一致性检验

B3	B12	B13	B14	B15	B16	B17	W_i
B12	1	1	1	1	2	1	0.2
B13	1	1	1	1	2	1	0.2
B14	1	1	1	1	2	1	0.2
B15	0.5	0.5	0.5	0.5	1	0.5	0.1
B16	1	1	1	1	1	1	0.2
B17	0.5	0.5	0.5	0.5	1	0.5	0.1
$\lambda_{max} = 6$；CI $= 0$；RI $= 1.26$；CR $= 0$							

(8) C1 层指标下的权重赋值与一致性检验。对 C1 教学考核下的 C4(过程性考核与终结性考核相结合)、C5(考核形式多样化)、C6(考核主体多元化)、C7(专业考核和思政素养考核有效结合)进行分析并赋值，填写判别矩阵，并按照上述方法计算出相应指标权重并进行一致性检验，其中 λ_{max}、CI、RI、CR、W_i 计算结果如表 17-18 所示。

表 17-18　C1 层指标下的权重赋值与一致性检验

C1	C4	C5	C6	C7	W_i
C4	1	2	2	1	0.3333
C5	0.5	1	1	0.5	0.1667
C6	0.5	1	1	0.5	0.1667
C7	1	2	2	1	0.3333
$\lambda_{max} = 4$；CI $= 0$；RI $= 0.89$；CR $= 0$					

(9) C2 层指标下的权重赋值与一致性检验。对 C2 教学效果下的 C8(学生学习积极性提高，学习态度更为端正)、C9(学生熟练掌握和运用所学知识、技能)、C10(学生综合能力提高，如解决实际问题能力、创新能力等)、C11(学生的道德品质进一步提高，如能积极参加志愿者活动)、C12(学生的家国意识进一步增强，如自觉维护国家安全、祖国统一)进行分析并赋值，填写判别矩阵，并按照上述方法计算出相应指标权重并进行一致性检验，其中 λ_{max}、CI、RI、CR、W_i 计算结果如表 17-19 赋值所示。

表 17-19　C2 层指标下的权重赋值与一致性检验

C2	C8	C9	C10	C11	C12	W_i
C8	1	1	0.5	0.5	0.5	0.125
C9	1	1	0.5	0.5	0.5	0.125
C10	2	2	1	1	1	0.25
C11	2	2	1	1	1	0.25
C12	2	2	1	1	1	0.25
$\lambda_{\max} = 5$；CI = 0；RI = 1.12；CR = 0						

(10)　C3 层指标下的权重赋值与一致性检验。对 C3 教学反思和改进下的 C13(教师能够积极对自身教学能力、教学方法、教学内容等进行反思)、C14(教师能够注重学生、同行的反馈和自评,并及时、适当地进行教学改进)进行分析并赋值,填写判别矩阵,并按照上述方法计算出相应指标权重并进行一致性检验,其中 $\lambda_{\max}$、CI、RI、CR、W_i 计算结果如表 17-20 所示。

表 17-20　C3 层指标下的权重赋值与一致性检验

C3	C13	C14	W_i
C13	1	0.5	0.3333
C14	2	1	0.6667
$\lambda_{\max} = 2$；CI = 0；RI = 0；CR = 0			

通过对各级指标的计算,得到了组合权重表,结果如表 17-21 所示。

表 17-21　教师教学视域下高校课程思政评价指标体系综合权重

指标	权重	指标	权重	综合权重	指标	权重	综合权重
A	0.3108	A1	0.165	0.0513	A5	0.3264	0.0167
					A6	0.1421	0.0073
					A7	0.1421	0.0073
					A8	0.2474	0.0127
					A9	0.1421	0.0073
		A2	0.2775	0.0863	A10	0.2338	0.0202
					A11	0.139	0.012
					A12	0.3933	0.0339
					A13	0.2338	0.0202
		A3	0.165	0.0513	A14	0.2	0.0103
					A15	0.4	0.0205
					A16	0.4	0.0205

指标	权重	指标	权重	综合权重	指标	权重	综合权重
					A17	0.2474	0.0302
					A18	0.3264	0.0398
A	0.3108	A4	0.3925	0.122	A19	0.1421	0.0173
					A20	0.1421	0.0173
					A21	0.1421	0.0173
					B4	0.1958	0.0135
		B1	0.1396	0.0689	B5	0.3108	0.0214
					B6	0.4934	0.034
					B7	0.25	0.0651
					B8	0.25	0.0651
		B2	0.5278	0.2604	B9	0.25	0.0651
					B10	0.125	0.0326
B	0.4934				B11	0.125	0.0326
					B12	0.2	0.0328
					B13	0.2	0.0328
					B14	0.2	0.0328
		B3	0.3325	0.1641	B15	0.1	0.0164
					B16	0.2	0.0328
					B17	0.1	0.0187
					C4	0.3333	0.0203
		C1	0.3108	0.0609	C5	0.1667	0.0101
					C6	0.1667	0.0101
					C7	0.3333	0.0203
					C8	0.1250	0.0121
C	0.1958				C9	0.1250	0.0121
		C2	0.4934	0.0966	C10	0.2500	0.0242
					C11	0.2500	0.0242
					C12	0.2500	0.0242
		C3	0.1958	0.0383	C13	0.0383	0.0128
					C14	0.6667	0.0256

17.4　教师教学视域下高校课程思政评价实例分析

运用任意抽样法选取四所高校的 1039 名大学生及 20 名高校教师和专家作为评价对象，通过教师教学视域下高校课程思政评价指标体系进行教师教学视域下高校课程思政评价测度及分析。

17.4.1　教师教学视域下高校课程思政评价工具

根据表 17-21，设计出教师教学视域下高校课程思政评价指标体系量化表，具体如表 17-22 所示(注：为方便使用，各级指标的分数为 0.5 的整数倍)。

表 17-22　教师教学视域下高校课程思政评价指标体系量化表

一级指标	二级指标	观 测 指 标
A 教学准备 (31 分)	A1 学情分析 (5 分)	A5 学生的学业基础分析(2 分)
		A6 学生的日常行为分析(0.5 分)
		A7 学生的心理特征分析(0.5 分)
		A8 学生的学习兴趣分析(1.5 分)
		A9 学生的学习困难分析(0.5 分)
	A2 教学目标 (9 分)	A10 教学目标设立多元化，如知识目标、能力目标、情感目标等(2 分)
		A11 教学目标与学生"德智体美劳"各方面发展水平相契合(1.5 分)
		A12 教学目标与高校"立德树人"人才培养方案相契合(3.5 分)
		A13 教学目标与教学内容相契合(2 分)
	A3 教学设计 (5 分)	A14 结合专业特点进行教学设计(1 分)
		A15 突出教学的重难点(2 分)
		A16 对各章节思政元素进行挖掘和提炼(2 分)
	A4 教学资源 (12 分)	A17 教案、课件等根据不同思政元素进行精心设计(2.5 分)
		A18 教材选用符合国家要求，如教材内容符合国家意识形态相关要求(3.5 分)
		A19 课程思政素材资源库内容丰富(2 分)
		A20 网络课程思政资源配置完善(2 分)
		A21 实践教学资源能够满足教学要求(2 分)
B 教学实施 (49 分)	B1 教学安排 (7 分)	B4 教学步骤循序渐进(1.5 分)
		B5 时间分配科学合理(2 分)
		B6 教学进度严谨有序(3.5 分)

一级指标	二级指标	观测指标
B 教学实施 (49 分)	B2 教学内容 (26 分)	B7 教师能够在专业知识的讲解中融入家国情怀(责任担当)，如社会主义核心价值观、中国梦等(6 分)
		B8 教师能够在专业知识的讲解中融入科学观(如何做事)，如马克思主义方法论、创新意识等(6 分)
		B9 教师能够在专业知识的讲解中融入个人品格(如何做人)，如道德情操、健全人格等(6 分)
		B10 思政素材与专业知识巧妙融合，贴切不突兀(4 分)
		B11 教师能够在专业知识的讲解中融入时事热点，如疫情防控、环境保护等(4 分)
	B3 教学方法 (16 分)	B12 教师能够适时、适度运用教具和现代化技术手段展现专业知识中蕴含的思政元素(3 分)
		B13 教师能采用讲授法，生动形象地向学生传授专业知识中的思政点(3 分)
		B14 教师能够组织学生对学科重难点知识进行讨论，培养学生的思维能力和表达能力(3 分)
		B15 教师能够选用相关学科的经典案例，引导学生作出道德判断和道德评价(2 分)
		B16 教师能采用课堂教学、网络教学、实践教学相结合的方式，强化学生的参与感和体验感(3 分)
		B17 教师能够以身作则，发挥道德榜样的力量(2 分)
C 教学反馈 (20 分)	C1 教学考核 (6 分)	C4 过程性考核与终结性考核相结合(2 分)
		C5 考核形式多样化(1 分)
		C6 考核主体多元化(1 分)
		C7 专业考核和思政素养考核有效结合(2 分)
	C2 教学效果 (10 分)	C8 学生学习积极性提高，学习态度更为端正(1 分)
		C9 学生熟练掌握和运用所学知识、技能(1.5 分)
		C10 学生综合能力提高，如解决实际问题能力、创新能力等(2.5 分)
		C11 学生的道德品质进一步提高，如能积极参加志愿者活动(2.5 分)
		C12 学生的家国意识进一步增强，如自觉维护国家安全、祖国统一(2.5 分)
	C3 教学反思 和改进 (4 分)	C13 教师能够积极对自身教学能力、教学方法、教学内容等进行反思(1.5 分)
		C14 教师能够注重学生、同行的反馈和自评，并及时、适当地进行教学改进(2.5 分)

17.4.2　教师教学视域下高校课程思政评价结果

以学生、教师和专家对各项观测指标满意度得分均值为依据，进行各观测指标的打分，并运用 Excel 和 Matlab 软件进行数据统计、分析。

1. 学情分析得分情况

学情分析维度下，"学生的学业基础分析"得分较高，"学生的心理特征分析"与"学生的学习兴趣分析"得分差距不明显，"学生的日常行为分析"得分相对较低，具体见表 17-23。

表 17-23　学情分析得分情况

指　标	满意度得分	指标分值	指标得分	标准差
学生的学业基础分析	4.74	2	1.89	0.44
学生的日常行为分析	4.46	0.5	0.446	0.50
学生的心理特征分析	4.54	0.5	0.454	0.50
学生的学习兴趣分析	4.56	1.5	1.368	0.50
学生的学习困难分析	4.68	0.5	0.468	0.47
小计	—	5	4.626	—

2. 教学目标得分情况

教学目标维度下，"教学目标设立多元化，如知识目标、能力目标、情感目标等"得分较高，"教学目标与学生'德智体美劳'各方面发展水平相契合"与"教学目标与高校'立德树人'人才培养方案相契合"得分相同，"教学目标与教学内容相契合"得分相对较低，具体见表 17-24。

表 17-24　教学目标得分情况

指　标	满意度得分	指标分值	指标得分	标准差
教学目标设立多元化，如知识目标、能力目标、情感目标等	4.94	2	1.98	0.24
教学目标与学生"德智体美劳"各方面发展水平相契合	4.9	1.5	1.47	0.30
教学目标与高校"立德树人"人才培养方案相契合	4.9	3.5	3.43	0.30
教学目标与教学内容相契合	4.74	2	1.90	0.44
小计	—	9	8.77	—

3. 教学设计得分情况

教学设计维度下，"结合专业特点进行教学设计""突出教学的重难点"与"对各章节思政元素进行挖掘和提炼"得分相差较大，具体见表 17-25。

表 17-25　教学设计得分情况

指　标	满意度得分	指标分值	指标得分	标准差
结合专业特点进行教学设计	4.82	1	0.96	0.39
突出教学的重难点	4.82	2	1.98	0.39
对各章节思政元素进行挖掘和提炼	3.72	2	1.49	0.90
小计	—	5	4.626	—

4. 教学资源得分情况

教学资源维度下，"教材选用符合国家要求，如教材内容符合国家意识形态相关要求"获得满分，"课程思政素材资源库内容丰富"与"网络课程思政资源配置完善"得分相差不大，"教案、课件等根据不同思政元素进行精心设计"得分相对较低，具体见表 17-26。

表 17-26　教学资源得分情况

指　标	满意度得分	指标分值	指标得分	标准差
教案、课件等根据不同思政元素进行精心设计	3.98	2.5	1.99	0.80
教材选用符合国家要求，如教材内容符合国家意识形态相关要求	5	3.5	3.5	0
课程思政素材资源库内容丰富	4.8	2	1.92	0.40
网络课程思政资源配置完善	4.9	2	1.96	0.36
实践教学资源能够满足教学要求	4.62	2	1.86	0.49
小计	—	12	11.22	—

5. 教学安排得分情况

教学安排维度下，"时间分配科学合理"得分较高，"教学步骤循序渐进"与"教学进度严谨有序"得分差距不明显，具体见表 17-27。

表 17-27　教学安排得分情况

指　标	满意度得分	指标分值	指标得分	标准差
教学步骤循序渐进	4.41	1.5	1.32	0.50
时间分配科学合理	4.65	2	1.86	0.64
教学进度严谨有序	4.43	3.5	3.10	0.46
小计	—	7	6.28	—

6. 教学内容得分情况

教学内容维度下，"教师能够在专业知识的讲解中融入家国情怀(责任担当)，如社会主义核心价值观、中国梦等"得分较高，"教师能够在专业知识的讲解中融入科学观(如何做事)，如马克思主义方法论、创新意识等"与"教师能够在专业知识的讲解中融入个人品格(如何做人)，如道德品质、健全人格等"得分相同，"思政素材与专业知识巧妙融合，

"贴切不突兀"得分较低，具体见表 17-28。

表 17-28　教学内容得分情况

指　标	满意度得分	指标分值	指标得分	标准差
教师能够在专业知识的讲解中融入家国情怀(责任担当)，如社会主义核心价值观、中国梦等	4.86	6	5.87	0.35
教师能够在专业知识的讲解中融入科学观(如何做事)，如马克思主义方法论、创新意识等	4.76	6	5.71	0.43
教师能够在专业知识的讲解中融入个人品格(如何做人)，如道德情操、健全人格等	4.76	6	5.71	0.43
思政素材与专业知识巧妙融合，贴切不突兀	3.74	4	2.99	0.84
教师能够在专业知识的讲解中融入时事热点，如疫情防控、环境保护等	4.64	4	3.71	0.59
小计	—	26	23.99	—

7. 教学方法得分情况

教学方法维度下，"教师能够适时、适度运用教具和现代化技术手段展现专业知识中蕴含的思政元素"得分较高，"教师能够组织学生对学科重难点知识进行讨论，培养学生的思维能力和表达能力"与"教师能够选用相关学科的经典案例，引导学生作出道德判断和道德评价"得分差距不明显，"教师能采用课堂教学、网络教学、实践教学相结合的方式，强化学生的参与感和体验感"得分相对较低，具体见表 17-29。

表 17-29　教学方法得分情况

指　标	满意度得分	指标分值	指标得分	标准差
教师能够适时、适度运用教具和现代化技术手段展现专业知识中蕴含的思政元素	4.52	3	2.71	0.61
教师能采用讲授法，生动形象地向学生传授专业知识中的思政点	4.44	3	2.66	0.67
教师能够组织学生对学科重难点知识进行讨论，培养学生的思维能力和表达能力	4.34	3	2.60	0.77
教师能够选用相关学科的经典案例，引导学生作出道德判断和道德评价	4.36	2	1.74	0.75
教师能采用课堂教学、网络教学、实践教学相结合的方式，强化学生的参与感和体验感	4.28	3	2.56	0.76
教师能够以身作则，发挥道德榜样的力量	4.48	2	1.79	0.68
小计	—	16	14.06	—

8. 教学考核得分情况

教学考核维度下，"考核形式多样化"得分较高，"考核主体多元化"与"过程性考核与终结性考核相结合"得分较低，其中"专业考核和思政素养考核有效结合"得分最低，具体见表 17-30。

表 17-30　教学考核得分情况

指标	满意度得分	指标分值	指标得分	标准差
过程性考核与终结性考核相结合	4.44	2	1.76	0.70
考核形式多样化	4.84	1	0.97	0.37
考核主体多元化	3.82	1	0.76	0.90
专业考核和思政素养考核有效结合	3.40	2	1.36	0.88
小计	—	6	4.85	—

9. 教学效果得分情况

教学效果维度下，"学生的家国意识进一步增强，如自觉维护国家安全、祖国统一"得分较高，"学生综合能力提高，如解决实际问题能力、创新能力等"得分较低，具体见表 17-31。

表 17-31　教学效果得分情况

指标	满意度得分	指标分值	指标得分	标准差
学生学习积极性提高，学习态度更为端正	4.64	1	0.928	0.5627
学生熟练掌握和运用所学知识、技能	4.4	1.5	1.32	0.63887
学生综合能力提高，如解决实际问题能力、创新能力等	3.94	2.5	1.97	0.6824
学生的道德品质进一步提高，如能积极参加志愿者活动	4.7	2.5	2.35	0.5050
学生的家国意识进一步增强，如能自觉维护国家安全、祖国统一	4.78	2.5	2.39	0.4184
小计	—	10	8.958	—

10. 教学反思和改进得分情况

教学反思和改进维度下，与"教师能够注重学生、同行的反馈和自评，并及时、适当地进行教学改进"相比，"教师能够积极对自身教学能力、教学方法、教学内容等进行反思"得分较高，具体见表 17-32。

表 17-32　教学反思和改进得分情况

指　　标	满意度得分	指标分值	指标得分	标准差
教师能够积极对自身教学能力、教学方法、教学内容等进行反思	4.44	1.5	1.33	0.64
教师能够注重学生、同行的反馈和自评，并及时、适当地进行教学改进	4.04	2.5	2.02	0.73
小计	—	4	3.35	—

17.4.3　教师教学视域下高校课程思政评价结果分析

根据教师教学视域下高校课程思政评价结果可知，虽然目前高校教师课程思政实施已经取得了相对较好的成效，但仍需要进行以下方面的改进。

1. 需深化思政元素的挖掘和提炼

教学设计维度下，包含"结合专业特点进行教学设计""突出教学的重难点""对各章节思政元素进行挖掘和提炼"这三项观测指标。分析调查问卷结果可知，"对各章节思政元素进行挖掘和提炼"得分较低。

长期以来，"课程"与"思政"存在貌合神离的现象，一些高校教师只深耕于专业知识的传授，而忽视了专业知识中蕴含的思政元素。高校教师作为高等教育工作者，不仅要承担授业解惑的重任，更要扮演好思想政治教育工作者的角色，如此方能培育出品学兼优的高质量人才。教师想要提升自身挖掘和提炼思政元素的能力，需要深入理解课程思政理念的核心要义，不断提升自身的思想政治素养，不断总结自身课程思政教学经验并加强与同行的交流沟通。

2. 需强化专业教学和思政教学的自然融合

教学资源维度下，"教案、课件等根据不同思政元素进行精心设计"得分较低。此外，教学内容维度下，"思政素材与专业知识巧妙融合，贴切不突兀"得分较低。这说明教师把思政元素巧妙融合于整个课程思政教学全过程的能力还有所欠缺，究其原因，可能是教师课程思政教学经验不足，未能熟练把握专业教育与思政教育相融合的教学模式。

在教学准备阶段，教师可以结合专业特色，根据不同思政元素来对教案、课件进行精心设计。在教学实施阶段，在教学内容中穿插适量、恰当的思政素材，可以有效抓住学生的眼球，激发学生学习的趣味性和积极性。若是采用物理焊接的方式，机械地将思政元素和专业知识一股脑地连接在一起，那么思政元素的融入就会显得生硬、突兀，其效果也会微乎其微。课程思政具有一定的隐蔽性，思政元素与专业知识两者的融合应该像盐溶于水一般，这样才能在无声无息中潜移默化地影响学生，最终促进他们德智体美劳全面发展，尤其是能够"切实把社会主义核心价值观贯穿于生活的方方面面"。

3. 需提高学生的综合能力

教学效果维度下，"学生综合能力提高，如解决实际问题能力、创新能力等"得分较低。课程思政的出发点和落脚点都在于促进学生的全面发展，而综合能力的提升是衡量学生全面发展水平的关键因素，并且随着综合能力的不断提升，还能更好促进其各方面的进一步发展。当前社会竞争愈演愈烈，诸如创新能力、解决实际问题能力等综合能力的提升能够增强大学生的竞争力，帮助其在激烈的竞争中脱颖而出。因此，高校教师要充分重视学生综合能力的提升，在课程思政实施过程中，结合专业特色，因材施教，理论与实践相结合，进一步提高学生的综合能力。

4. 需加强教学考核策略性和科学性

教学考核维度下，"考核主体多元化"与"专业考核和思政素养考核有效结合"得分较低。

课程思政育人过程中，教学考核是检验教师教学效果的重要一环。工欲善其事，必先利其器，教学考核方式方法的选择和运用必须遵循形式多样、主体多元、科学合理的重要原则，力争获得相对客观的教学考核结果。因此，加强教学考核的策略性和科学性势在必行，只有摸清摸透课程思政教学效果的真实情况，才能因势利导、协调各方、共同发力，进而有效提高课程思政育人质量。

5. 需提升教师结合教学反思进行教学改进的意识

教学反思和改进维度下，"教师能够注重学生、同行的反馈和自评，并及时、适当地进行教学改进"得分较低。

课程思政强调知识传授、价值引领、能力提升相结合，但却并不是把专业教育和思想政治理论教育简单地两两相加，因此教师在整个课程思政教学过程中必然会遇到不少的教学问题，为了有效提升课程思政教学质量，教师需要自觉主动对自身教学内容、教学方法、教学能力等进行全方位的深入剖析、深刻反思，同时注重"他者"的反馈，采取行之有效的措施及时、适当地进行教学改进。

第 18 章

学生获得感视域下高校课程思政评价认识

18.1 学生获得感及其理论支撑

目前，提高课程思政的教学质量和教学水平，增强大学生对于课程思政的获得感，已经成为高校课程思政工作的重要目标和落脚点。但是，大学生在课程思政上的获得感是什么？有什么理论支撑？课程思政的获得感由哪些内容构成？这些都是亟待探讨的问题。

18.1.1 获得感的内涵

2015 年，习近平总书记在中央全面深化改革委员会第十次会议上指出："要让人民群众有更多'获得感'。""获得感"这个概念一经提出，立刻得到了广泛认可，并被《咬文嚼字》杂志评为 2015 年"十大热门词汇"。对于"获得感"的价值，学界从一开始的集中关注经济、社会发展、政府管理等方面，到后来逐步扩大到诸如思想政治教育、思想政治理论课、网络思想政治教育等方面。

获得感不仅是一种感受、情感，更是一种综合体验。从本质属性的角度来看，获得感有两层含义。一指人们因客观获得而产生的满足感。例如，石文卓把"获得感"理解为一种在取得某种好处之后所产生的满意感觉，它是一种在"需求得到了实现"之后所引起的主观的心理经验；李菊英把"获得感"看作一种满足，它包括客观的现实利益和主观的心理经验，也包括外在的物质利益和内在的精神满足。二是以目标获取为基础的积极的、正面的心理情感。比如，周金华将"获得感"视为一种由于得到某种东西而引起的正面的心理感觉；李昊婷从心理学的角度认为，获得感主要是指主体能够切实地得到一些现实的利益，从而在心理上或精神上产生的主观情绪反应，但是她更加强调，主体获得的利益必须是通过自身努力而得到的。

综上所述，"获得感"是建立在"客观获得"基础之上的"主观感受"，它是指现实生活中在物质或心理的利益基础上，人所具有的正面的感觉、体验和评价。"客观获得"包含了物质和心理两个方面，而"主观感受"则主要是指积极的情绪体验。同时，我们还应该看到，具有"客观获得"并不意味着具有积极正面的主观感觉。"获得感"是建立在人的现实需要和期望之上的，如果忽略了人的现实需要，那么人就不会"获得"，也就不会有"好感"，这就是人的现实需要得到了满足的逻辑。

课程思政获得感的提出正是以大学生的感受为出发点，是以大学生产生积极正向的主观感受、体验与评价为价值导向，这一价值导向要求课程思政教学以关注学生的学习效果以及学生的发展为中心。大学生课程思政教学获得感的评价标准要以大学生对课程思政教学的感受与体验为基础，核心要围绕着大学生对课程思政教学的需求与期待来设定。

18.1.2　学生获得感研究的理论支撑

科学的理论是研究大学生课程思政教学获得感的基石，为了使研究更具有理论性与科学性，应汲取马克思主义人的本质理论、思想政治教育过程理论以及建构主义理论的观点与思想智慧。

1. 马克思主义人的本质理论

以马克思主义人的本质理论作为研究的理论基础与理论依据，是源于马克思主义对人的本质问题分析的科学性与透彻性，该理论包含了人的现实性、社会性、实践性等内容，为课程思政教学关注学生、贴近学生与服务学生提供了有力的指导。

(1) "人的现实性"为研究课程思政教学获得感提供了前提依据。

"人的现实性"揭示出人是"现实的人"，是有生命的、真实存在的、活生生的人，而不是思考、想象与抽象出来的人。马克思主义人的本质理论以"现实的人"为根本出发点，认为人是历史的、具体的，是有主观能动性地从事实践的主体。课程思政教学获得感的主体是大学生，提升课程思政教学获得感要从大学生的学习获得与主观感受出发。在具体的教学实践中，尊重大学生的主体地位可以从两个方面作出努力：一是从大学生的具体实际出发，把握大学生的认知结构与接受习惯，充分了解大学生的学习状况与生活境遇；二是唤起与激活大学生的主体意识，注重发挥大学生的积极性与创造性，提高大学生在课程思政教学中的参与程度与融入程度，由被动学习转向主动学习，提升大学生的学习效能感。

(2) "人的社会性与实践性"为提升课程思政教学获得感提供了基本依据。

首先，马克思主义认为人的本质具有社会性。马克思指出"人的本质不是单个人所固有的抽象物，在其现实性上它是一切社会关系的总和"。课程思政教学要让大学生意识到人的本质具有社会性，个人与社会是统一的，人既在社会中塑造自身，同时也通过个人实践作用于社会。大学生作为新时代中国青年，是实现中华民族伟大复兴的生力军，承载着国家和民族的深切期望。提升大学生课程思政教学获得感，一是要引导大学生将个人发展融入社会发展进步之中，将个人奋斗置于实现中华民族伟大复兴的中国梦之中，通过课程思政教学将学生培养与塑造成符合社会发展需要的有用人才，让学生更好地适应社会，承担社会责任；二是满足大学生"社会交往"的需求。教育的目的不仅仅满足于"单向度"的"我"的发展，而且希望构建并拓宽"我们"的交往，希望培养更具批判性的思维力，涵养更深厚的情怀，具备更开阔的视野，拓展更广泛的社会关系。这样大学生才能更深刻地体会到参与课程思政教学的愉悦感。

其次，马克思主义认为人的本质具有实践性。马克思主义认为人的本质是一切社会关系的总和，人们在社会生活中无时无刻不在发生着一定的关系，而"全部社会生活在本质上是实践的"，提升课程思政教学获得感要从人的实践性出发设计符合人的本质的教学，要通过加强与改进课程思政实践教学，提高大学生理论指导实际的能力以及对所学知识检验与运用的能力和水平，增强大学生学以致用的效能感。

2. 思想政治教育过程理论

课堂教学是高校进行思想政治教育的主渠道，研究课程思政教学获得感应该充分挖掘专业课程中蕴含的育人理论和育人方法。思想政治教育是对受教育者施加有目的、有计划、有组织的教育，以促使受教育者形成社会所期望的思想品德的过程。人的思想品德的形成与发展最关键的在于如何将人的思想品德认知转化为思想品德行为，在认知向行为转变的过程中离不开情感要素、意志要素、信念要素的催化作用，思想品德的形成与发展实际上就是人内在的知、情、意、信、行等诸要素运动变化与发展的过程，了解与掌握思想政治教育过程有助于更好地对教育对象进行教育与引导，对提升教育对象的教育获得感而言也有一定的启发与帮助。

3. 建构主义理论

建构主义理论的代表人物是瑞士心理学家皮亚杰。该理论认为：学习是学习者的认知结构发生了改变，也就是说学习是要在学生已有知识结构的基础上重新建构起新的知识结构，还强调个体在认知结构构建的过程中，不断经历着"平衡—不平衡—新的平衡"的循环，以逐渐丰富和发展认知结构。同时，该理论还认为，获得知识的过程是学习者主动意义建构的过程，在这一过程中教师是意义建构的促进者。

在全面推进课程思政建设的过程中，要求教师在教学活动中充分发挥自身的主导地位，深入挖掘专业知识体系中所蕴含的思想价值和精神内涵，还要充分发挥学生的主体地位，引导学生在已有知识经验的基础上对新知识进行主动建构。所以，教师在选取思政教育资源时，需充分考虑学生已有的知识经验，选择与学生生活密切联系的案例，以达到与学生的共鸣，实现对他们的思想政治教育，最终能够潜移默化地完成对学生的立德树人教育。由此可见，建构主义理论对课程思政的建设具有重要指导意义。

18.2　学生获得感的特点和价值意蕴

18.2.1　学生获得感的特点

1. 主观与客观的整合

获得感由客观上的"获得"和主观上的"感"组成。从获得感的内涵中，我们不难发现，获得感建立在实实在在的"获得"的基础之上，如住房、收入、医疗、教育等，这些"获得"受政治、经济、社会、环境等客观因素的影响，具有客观性。个体在获取客观产物后，内心深处会产生一系列满足和幸福的主观感受，这种感受受个体感知力、动机、认知、情感等心理因素的影响，具有主观性，是个体对于自己所得所获的主观感知。获得感具有"钝化"现象，这种"钝化"现象，是指因为个人处于某种获得的状态，但由于心理等主观因素的影响，导致个体对获得的感知力下降，无法体验到与生活水平相适应的获得感。

2. 动机性

动机能够激发个体的行为，而行为结果对于动机的满足能够激发个体更高水平、更高层次的动机。也就是说，当个体的"获得"满足了个体的动机，个体会产生良好的获得感水平，而当个体的"获得"没有达到预期，或者个体没有"获得"，动机没有得到满足，个体就不会体验到获得感，或者体验到较低水平的获得感。高获得感有利于个体融入社会，有利于人格健全发展，同时，使个体有更强的动机投入学习工作中，从而提高个体对生活的满意度以及幸福感。

3. 可测性

虽然获得感是个体内心深处产生的主观感受，但获得感也具有可测性。心理测量虽然是一种间接测量，但心理决定行为，且通过行为外显出来，而行为具有可测性，研究者可以测量人的外显行为，通过外显行为推论他的心理特质。同时，个体对刺激(比如问卷题目)作出反应(即外显行为)是一种内在倾向，具有稳定的、独立的特征，所以研究者可以通过被试的反应来推断他的心理特点。所以，同其他心理特征一样，可以通过测量一个人对测验题目的反应来推断个体的获得感水平。

学生获得感作为一种教育获得感，既表现了教育与学生在内在需求、心灵体验上的契合程度，也呈现了当代大学生对社会主流思想和社会主义核心价值观"学""懂""通""信"的实现程度。学生获得感产生的前提一定是学生客观获得实际利益，实际获益中既包含物质利益也包括精神利益，也就是说获得感产生的前提一定是有所"获得"。学生获得感的本质是价值评价，是学生与评价客体之间的需要与满足的对应关系，是一种价值关系的体现。学生获得感产生的前提是学生对于教育的实际获益，教育被学生需要，对学生而言有价值，才能被学生意识感知到"获得"，从而产生获得感。

18.2.2　学生获得感的价值意蕴

学生获得感既是坚持以学生发展为中心的教育理念的彰显，也是评价课程思政价值的重要尺度。

1. 学生获得感是新时代大学生全面发展强大的推动力

学生获得感的提出明确了课程评价的目标与落脚点就在于提高大学生认识世界和改造世界的能力，促进学生的全面发展。大学生是新时代中国特色社会主义建设的生力军，高校是大学生学习、生活的主要场所，承担着立德树人、培根铸魂的人才培养重任。课程思政向青年学生传递理想信念、价值观念，对其进行道德培育，引导青年学生关注热点事件和社会现实。大学生在课程思政学习过程中的获得感越高，其自身全面发展所需要的精神动力就越充足，因而能够自觉践行社会主义核心价值观，搭建自身与社会之间的沟通桥梁，为自身全面发展的实现创造有利的客观条件。可以说，课程思政获得感水平越高，青年学生个体发展也就越全面、越充分。

2. 学生获得感是衡量课程高质量发展的标尺

教育部提出打一场提高高校思政课质量和水平的攻坚战，切实增强大学生对思政课的获得感。获得感是高校课程质量和水平的突破口、出发点和"度量衡"，这既是当前提升高校教育评价中学生成长指标显示度的要求，也是促进高校内涵式发展和教育评价改革的需要。金辉认为大学生课程思政学习不仅可以预测学生的课程思政学业表现，如课程思政学习收获与成就、课程思政学习兴趣与热情等，而且与学生的非学业表现息息相关，如人际互动、行为习惯、成长发展等。因此，探索大学生课程思政学习获得感的生成机制对高校课程思政建设提质增效具有重要意义。龚强认为"受教育的学生"是评价的主体，他们是否在接受教育后坚定了理想信念、增强了干事本领、明确了奋斗方向等应是衡量课程思政质量好坏的重要标准。

3. 学生获得感是衡量课程发展与改革成败的试金石

大学生获得感促使课程教学由侧重教学目标转变为关注青年学生主体性发展，体现了"以学生为本"的教育理念，遵循思想政治教育本质发展规律，是课程发展与改革的试金石。李鸿凯指出：大学生在思政课程的学习中居于主体地位，其感受和体验是思政课建设的生命线。学生获得感标志着大学生在课程学习过程中产生积极的情绪体验，前提必然是青年学生在思想、心理、行为等方面有实际获得。陈镇认为课程思政获得感对学生"三观"的塑造、职业素养的培养、思维模式的构建等有积极作用。只有青年学生在课程学习过程中有"收获感"，能够运用马克思主义理论、立场和方法解决实际问题，才能有效证明教育教学的实效性。获得感能够体现出课程改革成果与广大学生需要之间的契合度，是评价课程改革是否切中学生关心与期盼的重要标准。系统化地向青年学生进行与新时代相符的政治教育、思想教育和道德教育，提升其获得感，使青年学生在思想、心理上认同思政教育内容，并以此指导自己的行为，是新时代人才培养的内在要求，也是课程发展与改革的价值归属。

综上所述，学生获得感是基于课程学习后实际获取而产生的满足感，是一种积极、正向的主观感受。其中，学习课程思政后的实际获得既可以是显性的物质获得，也可以是隐性的精神获得。学生获得感作为一种积极正向的主观感受，是短时的情感体验，更是一种持久的精神满足。从学生获得感提出的社会背景与社会意义来看，学生获得感彰显了教育教学中"以学生发展为中心"的教育价值取向，是衡量教育主管部门和执行部门能力与水平的重要标准，体现出评估教育改革与发展成效的主体转向。

18.3　《课程思政教学评价指南》及其启示

18.3.1　《课程思政教学评价指南》简介

武汉大学制定了《课程思政教学评价指南》(后文简称《评价指南》)，针对课程思政实施的成效，教学设计中拟定的价值和能力目标是否能够实现，教学对象之情感、态度、价值观的变化如何测量三方面问题，结合自身工作中积累的经验，提出批判性思维、学习效能感、专业认同、爱国主义、核心素养、科学精神等六大评价内容，并提出各教学单位可根据自身教学需要和课程专业内容的属性进行适当修改。以下以批判性思维为例进行论述。

课程思政语境下的批判性思维，其一指批判性思维技能，即学生能否发现问题、解释问题实质、分析理解问题，能否进行归纳或推理，并对自我的思维过程进行元调控；其二指批判性思维倾向，即学生以探究的倾向、开放的思想和严谨的态度，自信地开展分析、概括、推理和反思等。批判性思维可归纳为批判性思维技能和批判性思维倾向两个方面，再参照国际通用的"加利福尼亚批判性思维倾向测量量表"(CCTDI)，可具体划分为7个方面的特质，即寻求真理(Truth-Seeking)、开放思想(Open-Mindedness)、分析能力(Analyticity)、系统化能力(Systematicity)、批判性思维自信度(Self-confidence)、求知欲(Inquisitiveness)和认知成熟度(Maturity)，如图 18-1 所示。

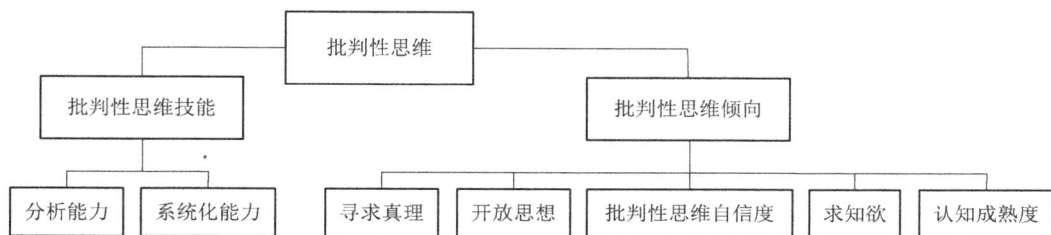

图 18-1 批判性思维考察的主要维度和内容

对批判性思维各个维度的具体解释如表 18-1 所示。

表 18-1 批判性思维考察的各维度解释

维　度		解　释
批判性思维技能	分析能力	能鉴定问题所在，以理由和证据去理解症结和预计后果
	系统化能力	有组织、有目标地处理问题
批判性思维倾向	寻求真理	对寻找知识抱着真诚和客观的态度。即使找出的答案与个人原有的观点不相符，甚至与个人信念背驰，或影响自身利益，也在所不惜
	开放思想	对不同的意见采取宽容的态度，防范个人偏见的可能
	批判性思维自信度	对自己的理性分析能力有把握
	求知欲	对知识好奇和热衷，并尝试学习和理解，就算这些知识的实用价值并不明显
	认知成熟度	审慎地作出判断，或暂时不作判断，或修改已有判断。有警觉性地去接受多种解决问题的方法。即使在欠缺全面知识的情况下，也能明白有时需要权宜地考虑问题

根据表 18-1 设计调查问卷，具体内容及题项设置如下：

A 卷

请根据自己的情况针对下列陈述勾选对应的分值选项。分值所代表的含义：1—完全不同意；2—比较不同意；3—无所谓；4—比较同意；5—完全同意。

维度	题　项	1	2	3	4	5
分析能力	我善于有条理地处理问题					
	当别人的构思缺乏充分的论据时，我会感到着急					
	生活的经验告诉我，处事不必太有逻辑(反向检测题)					
系统化能力	我善于列计划去解决复杂的问题					
	当新产品的说明书复杂难懂时，我会继续阅读直至读完					
	对于争议性话题，我的意见大多跟随最后与我谈论的人(反向检测题)					
寻求真理	即使我知道怎样作决定，我也会反复考虑其他的选择					
	初次接触某一消息时，我经常会寻找渠道求证					
	对某件事如果有四个理由赞同，而只有一个理由反对，我常常会选择赞同这件事(反向检测题)					
开放思想	我善于倾听并乐于了解别人对事物的想法					
	我正尝试少作主观的判断					
	我很少认真关注别人发表的意见(反向检测题)					
批判性思维自信度	对于自己能够想出有创意的选择，我很满意					
	作决定时，其他人期待我去制定适当的准则作指引					
	需要思考而非全凭记忆作答的检测较适合我					
求知欲	我喜欢去找出事物是如何运作的					
	解决难题是富有趣味性的					
	如果我不知道某样东西有什么用，我不愿意去学习(反向检测题)					
认知成熟度	对我自己所相信的事，我并非坚信不疑					
	即使付出高的代价(例如金钱、时间、精力等)，也不一定能换取更好的意见					
	当我持开放的态度，便不知道什么是真，什么是假(反向检测题)					

B 卷

请根据自己的情况针对下列陈述勾选对应的分值选项。分值所代表的含义：1—完全不同意；2—比较不同意；3—无所谓；4—比较同意；5—完全同意。

维度	题　　项	1	2	3	4	5
分析能力	我常常用直觉解决问题(反向检测题)					
	当我反对别人的意见时，我会先提出理由					
	处理问题时，我会先弄清问题的症结所在					
系统化能力	我经常反复思考实践和经验中的对与错					
	我需要以问题解决为最终目标才可以不断谈论某一问题					
	我很少能一步一步推导出复杂问题的解决思路(反向检测题)					
寻求真理	如果有事实证据与我的想法不符，我便不会坚持我的想法					
	对很多问题我都乐意去寻找事实的真相					
	我表达自己的意见时，有时会忽略客观事实(反向检测题)					
开放思想	对不同的世界观(例如有神论、进化论等)持开放态度，对我来说很重要					
	我不会探究众人都认为是理所当然的事(反向检测题)					
	个人有权利发表他们的意见，但我会理会和在意他们的意见					
批判性思维自信度	作决定时，其他人期待我去制定适当的准则作指引					
	对自己能够了解其他人的观点，我很满足					
	当问题变得棘手时，我会期待其他人帮我处理(反向检测题)					
求知欲	研究新事物能使我的人生更丰富					
	我会尽量去学习每一样东西，即使我不知道它们何时有用					
	主动尝试去解决各样的难题并非那么重要(反向检测题)					
认知成熟度	某一领域的权威专家所作的决定不一定是正确的决定					
	最好的论点并不来自于对某个问题的瞬间感觉					
	当出现某种知识能推翻我的决定时，我倾向于立即修改已有判断(反向检测题)					

最后，在评价使用说明中列出了评价对象、评分规则、评价时间节点的选择、评价方式，如表 18-2 所示。

表 18-2　评价使用说明

评价对象	评 分 规 则	评价时间节点的选择	评价方式
全体上课学生	(1) 该问卷为李克特五分量表，评价者根据自身真实感受进行 5 级打分，1 代表完全不同意、2 代表比较不同意、3 代表无所谓、4 代表比较同意、5 代表完全同意。每个维度的得分为各题项平均分。分数越高，代表被测对象批判性思维技能和倾向越高。 (2) 表格中标注"反向检测题"的题项需要特殊处理。该类题目的提问指向与其他题目相似，但提问的思路方向则与其他题目相反。主要是用于检测填答者对于问题回答的态度是否认真仔细，以及检测问卷填答的质量信度是否过关。因此在使用这些问卷进行测评时，首先在问卷制作阶段应删除"反向检测题"等标识文字，避免给填答者以提示。然后在问卷印制时将这些题目的分值选项倒序排列(对反向题进行分数转换)。第三步，在问卷回收后，应首先查验反向检测题的答案，以便剔除无效问卷(当填答者反向题和普通题打分处于同级时该问卷无效)。最后再进行问卷分数统计。 (3) 反向检测题分数转换的规则：1—5；2—4；3—3；4—2；5—1	(1) 前测时间：建议第一节课正式上课前 10～15 分钟实测。 (2) 后测时间：最后一节课最后 10～15 分钟实测	(1) 同一群体纵向对比：同一批学生，在课程正式开始前和结束后各进行一次评价，对比前后得分差异。可以分别使用 A/B 卷作为前测和后测问卷。 (2) 不同群体横向对比：选择两个其他基本素质差不多的班级，在课程结束后统一进行评价，对比两个班级的得分差异

18.3.2　《课程思政教学评价指南》的启示

《评价指南》对研究基于学生获得感的高校课程思政评价指标体系的构建有三点启示。

1. 优化高校课程思政评价内容的供给

目前许多专家认为课程思政获得感属于心理特质，具有内隐性的特点，是在大学期间逐步形成发展的，难以对课程思政评价进行有效测量。目前学界对课程思政进行评价主要通过三个维度：一是评老师，评价内容是教师在教学活动中对学生思想观念和价值观方面所产生的影响；二是评课程，试图从学校、专业、课程、教师、学生等方面构建全方位评价体系；三是评学生，主张学生本人、班级评价小组、专业课教师、专业课程的管理人员、思想政治理论课教师、辅导员、实践导师、学业导师等各自从自己的角度，分别对学生情感、态度、价值观等进行定性为主的评价。总体而言，学者们认识到课程思政量化评价的重要性，且对评价内容进行了较为深入的探讨，并提出了众多方向性的评价注意事项。他们归纳了课程思政评价的原则和要点，但对可操作化评价内容的认识仍较为模糊，难免陷入"不可知论"，使评价内容成为现有其他教育评价内容的复制品。而《评价指南》为我们提供了六大课程思政评价内容，也是课程思政评价中急需解决和人们最关心的问题，令人耳目一新。

2. 构建科学合理的高校课程思政评价方法

评价方法重在对思政目标的分解与细化，构建以目标为导向、以落实为核心的评价体系。《评价指南》中不仅优化了课程思政的评价内容，而且针对评价内容进行了分解。同时针对每个三级指标提出详细的问题，运用调查问卷的形式进行量化和形成性评价分析。最后，在数据收集方面，实现多主体、多渠道、多形式的数据收集机制。《评价指南》对每个指标的评价对象、评分规则、评价时间节点的选择、评价方式进行了详细说明，实现了定量数据的效果评价与定性数据的过程评价相结合。

3. 评价要分专业、分科目

不同专业的思政功能定位不同，不同学科有不同侧重，要形成可落实、可复制、可推广的经验。《评价指南》指出：课程思政建设的重点是在专业课程教学中融入思政教育，它的实施必然依赖于专业知识。因此各教学单位在使用《评价指南》测评时可以根据自己的实际情况加以改造，使它更加具有学科特色，同时也更能精准地指向专业知识与思政元素之间的结合点。

以文学院"现代文学史"课程的问卷量表改进为例，挖掘出同理心和共情力作为文学史课程思政评价的主要指标。因为同理(共情)是文学阅读的必备素养之一，共情力不仅可以提升学生个人核心素养，同时对于学生社会责任感、文学感知力的培养也具有重要意义。

18.4　学生获得感视域下高校课程思政评价指标体系的构建

《高等学校课程思政建设指导纲要》指出，全面推进课程思政建设，必须将价值塑造、知识传授和能力培养三者融为一体、不可割裂，帮助学生塑造正确的世界观、人生观、价值观，这是人才培养的应有之义，更是必备内容。同时结合心理学和教育学中的知情意行理论，本研究将对高校课程思政评价指标体系的三个一级维度即"知识获得感""价值观获得感""行动获得感"逐一进行剖析。

1. 知识获得感

知识获得感体现在课程思政教学内容的传授中。教学内容是指在教学过程中向学生呈现和传递的知识。教学的目标决定了教学内容，因此课程思政的教学内容应以课程思政的教学目标为准。课程思政与思政课程的最大区别在于，前者以专业课程为载体实现知识传授和价值引领的目标，而不是依赖于思政课程。因此，教学内容中要实现知识传授与价值引领的实质性的、深层次的和自然化的融合。首先，所有课程都具有育人资源，为知识传授和价值引领提供了可能性，但要避免形式化，需要在知识层面上补充来凸显价值引领的效力；其次，对于不同学科或专业，应充分揭示其内涵，深度挖掘其中的育人元素；最后，实现知识与价值融合，应立足于专业课程来选择思政元素，而不是本末倒置，这样才能在知识传授的过程中自然地实现价值引领。

专业课程的思政教育是一种打破专业与思政教育对立分割的有效衔接，目的是实现教学育人功能最大化。课程思政知识获得感一级指标下包含了"价值追求""国家之情""个人品格""科学品质""法治素养""中国共产党人精神谱系""新时代强国发展战略"等7个二级指标。二级指标的设置遵循做人做事的道理和社会主义核心价值观的要求，将实现民族复兴的理想和责任融入各类课程教学之中，使学科的学习本身变成一种思政教育的实践，从而更好地满足国家政策的要求和学生的需求。

2. 价值观获得感

价值观是教育客体对自己内心世界的一种肯定，是衡量现实世界美丑价值观念的内在尺度，也是教育客体在学习和生活中发挥积极性、主动性、创造性的关键因素，决定着人们的行为方向。课程思政价值观获得感围绕教学目标和确定的问题，以锚定思政元素的教学内容为载体，通过知识背后蕴含的价值观、名人事迹、时事热点、研究前沿等开展课堂教学解读，潜移默化地引导学生树立社会主义核心价值观，增加学生的文化自信和认同感，给予学生精神能量，帮助他们系好人生的第一粒扣子。课程思政价值观的获得是隐性的获得，具有长期性和不易观测的特点，这要求课程思政教学采用一种润物无声、如盐入汤的育人方式。

课程思政价值观获得感一级指标下包含了教育客体对专业课程中蕴含的"伦理""品质""情感认同"及"价值取向"等4个二级指标。这4个指标分别从道德、规范、积极性、心理认同等方面对课程思政进行价值判断。伦理是关注人与社会的道德问题；品质指个体具备的政治、道德的原则和规范；情感认同主要是指教育者、被教育者对课程思政活动的积极性态度，是对教育活动模块的参与热情和强烈的认同感，体现出由表层认同到表层接受再到真正接受的复杂心理过程；价值取向认同是价值主体通过观察、体验社会价值规范，认为某种价值规范对自己有益，在此基础上不断调整自身的价值观念，使自身价值结构重新获得定位的动态发展过程。

3. 行为获得感

行为获得感又叫实践获得感，是指通过课程思政实践活动，使教育客体在行为上发生改变而产生的一种心理满足状态。习近平总书记强调："一种价值观要真正发挥作用，必须融入社会生活，让人们在实践中感知它，领悟它。"课程思政本质上就是影响和改变大学生思想和行为的社会实践活动，是为了培养社会主义的建设者和接班人。行为是思想道德素质的外在表现，是评判课程思政有效性的主要标志，也是课程思政教学获得感最外显的内容。它通过内化于心、无意识的、自觉的行为方式，使教育客体按照国家意识形态的规范要求在实践中对他人及社会作出习惯化反映，从而实现所思与所想相连贯、相统一。

课程思政行为获得感一级指标下包含了"自我调节""自我发展""适应社会""行为习惯养成""完善人格养成"等6个二级指标。这些二级指标之间是递进的关系，也体现了行为养成的过程。课程思政行为养成的目标是使大学生养成践行正确的价值观的行为习惯，将正确的价值观贯彻到日常生活学习当中，从自发情感转化为自觉行为，明确自己身上所肩负的时代责任，在勤学苦读、努力增长知识才干的基础上，坚定四个自信并在社会实践过程中体现出来，成为德智体美劳全面发展的新时代青年。

　　总之，课程思政评价获得感的结构成分复杂多元，是一个既相互联系，又相互作用的有机统一体。课程思政获得感结构中的知识获得感、价值获得感、行为获得感三种组成成分是相互联系互相促进的，处于一个互动的、开放的统一体中。其中，知识获得感是基础，是价值获得感和行为获得感产生的依据，处于获得感层次中较低的基础层面。价值获得感是行为获得感的内在动力、精神支撑和重要环节。行为获得感是课程思政评价获得感的外在表现和检验依据，是知识获得感和价值获得感的目标和落脚点。

参 考 文 献

[1]　高嘉蔚. 论高校专业教师的德育职责[J]. 安徽工业大学学报(社会科学版)，2010，27(06)：149-150.

[2]　侯静. 教师作为价值观教育主体的本质论析[J]. 东北师大学报(哲学社会科学版)，2015(03)：219-223.

[3]　胡琦，厉嘉尧. 新时代高校生态德育的价值功能和实施路径[J]. 浙江理工大学学报(社会科学版)，2021，46(03)：342-347.

[4]　胡泽民，杨元妍，宋思萦. 教师德育领导力的三重维度[N]. 中国教育报，2019-10-24(07).

[5]　李涛. 深入贯彻落实科学发展观　构建高校和谐德育体系[J]. 科技信息，2009(06)：50.

[6]　李晓航，周会燕，赵伟斌. 新时代高校德育系统建设路径研究[J]. 吉林省教育学院学报，2022，38(04)：28-34.

[7]　满园春. 浅谈高校德育评价体系改革中的人本性原则[J]. 吉林省教育学院学报(中旬)，2013，29(07)：83-84.

[8]　欧金华. 英美高校德育主体的构成和职责[J]. 广西青年干部学院学报，2008(06)：31-33.

[9]　庞卡. 教师职业内涵、特征的新阐释[J]. 继续教育研究，2017(07)：95-97.

[10]　戎静. 以人为本视域下高校德育评价体系探析[J]. 安徽工业大学学报(社会科学版)，2021，38(03)：106-107+110.

[11]　孙亮. "三全育人"视域下新时代高校德育工作的路径创新[J]. 湖南社会科学，2022(01)：144-149.

[12]　印丹榕. 高校学生德育评价指标体系构建初探[J]. 南京财经大学学报，2013(02)：102-104.

[13]　张子秀. 董仲舒德育思想及其当代价值研究[D]. 锦州：辽宁工业大学，2021.

[14]　文茂伟. "组织领导力发展"内涵探讨[J]. 外国经济与管理，2011，33(12)：26-32.

[15]　齐二石，张庆文，傅俊清，等. 基于战略的组织领导力开发[J]. 企业管理，2016(06)：117-119.

[16]　朱建民. 齐晖药业管理团队领导力提升策略研究[D]. 上海：华东理工大学，2016.

[17]　高欢. 儒家人文精神与团队领导力影响要素研究[D]. 济南：济南大学，2015.

[18]　王吉平. 提升青年干部的团队领导力[J]. 中国电力教育，2023(02)：1.

[19]　刘厚余. "青马工程"深入实施背景下的大学生领导力培养研究[D]. 洛阳：河南科技大学，2022.

[20]　黄云峰. 专业视域下教师课程领导力实践路径探寻[D]. 重庆：西南大学，2015.

[21]　丁叙文，杨新云. 组织领导力发展理论下高校学生干部管理实践路径[J]. 领导科学论坛，2018(15)：43-45.

[22]　郭晓娟. 校长领导力的四个重要维度[J]. 教育理论与实践，2022，42(14)：20-22.

[23]　杨雪. 大思政视域下大学生领导力的培养研究[J]. 淮南职业技术学院学报，2021，

21(06)：80-82.

[24] 王铮. 高校大学生领导力的培养困境与突破路径[J]. 领导科学，2022(09)：107-111.

[25] 谷玉玲. 中小学教师道德领导力研究[D]. 新乡：河南师范大学，2015.

[26] LIEBERMAN A, MILLER L. Teacher leadership[M]. San Fran-cisco: Josseybass, 2004：86.

[27] 蔡其勇，李学容. 校长德育领导力的意蕴及提升[J]. 中国德育，2015(02)：10-13.

[28] 徐向英. 中小学校长德育领导力提升的现实困境及实践路径[J]. 教育理论与实践，2019，39(05)：24-25.

[29] 朱帅玲，胡泽民，钟洁. 教师德育领导力要在"四力"上下功夫[J]. 教育观察，2020，9(05)：76-77+129.

[30] 姚兰. 依托课程思政全面提升高校教师德育领导力研究与实践[J]. 教育观察，2020，9(14)：100-101+134.

[31] 曹兴泽. 中小学校长领导力分析框架及提升策略[J]. 中国电力教育，2008(23)：218-220.

[32] 胡泽民. 高校教师德育领导力的价值认同和促进机制研究[J]. 桂林航天工业学院学报，2021，26(03)：308-312.

[33] 睦依凡. 简论教育理念[J]. 江西教育科研，2000(8)：6-9.

[34] 王玉兰. 对教育理念的若干思考[J]. 现代教育科学，2002(12)：21-22.

[35] 邱开金. 从思政课程到课程思政，路该怎么走[N]. 中国教育报，2017-3-21.

[36] 邱伟光. 课程思政的价值意蕴与生成途径[J]. 思想理论教育，2017(7)：7.

[37] 陆道坤. 课程思政推行中若干核心问题及解决思路：基于专业课程思政的探讨[J]. 思想理论教育，2018(3)：64.

[38] 舒畅. 走进"新基础教育"：华东师大叶澜教授访谈录[J]. 基础教育月刊，2004(5)：6-7.

[39] 联合国教科文组织. 反思教育：向"全球共同利益"的理念转变？[M]. 北京：教育科学出版社，2015.

[40] 金浏河，高哲. 对"课程思政"的几点思辨[J]. 现代职业教育，2017(18).

[41] 王立仁，姚菁菁. 思想政治教育的内涵解读[J]. 吉林师范大学学报(人文社会科学版)，2016(3)：114-118.

[42] 张耀灿，郑永廷. 现代思想政治教育学[M]. 北京：人民出版社，2006：129.

[43] 哈肯. 协同学：大自然构成的奥秘[M]. 上海：上海译文出版社，2015：15.

[44] 付文军. "课程思政"的学术探索：一项研究论述[J]. 兰州学刊，2022(01)：1-9.

[45] 潘懋元，王伟廉. 高等教育学[M]. 福建：福建教育出版社，1995：127.

[46] 邢智波. 大学课程价值的哲学思考[D]. 呼和浩特：内蒙古大学，2016.

[47] 王坤庆. 现代教育哲学[M]. 北京：教育出版社，2003：42.

[48] 沈德立. 非智力因素与人才培养[M]. 北京：教育科学出版社，1992：7.

[49] 叶琳. 协同创新视域下高校人才培养研究[M]. 北京：中国水利水电出版社，2018：57.

[50] 郑吉春. 协同理论视域下的高校大学生思想政治教育工作机制优化研究[M]. 北京：科学出版社，2016：90.

[51] 廖圣河. 教师课程论[M]. 北京：中国社会科学出版社，2016：24.

[52] 陈锡喜. 高校哲学社会科学类课程与思想政治理论课"同向同行"的必要性和可行路径[J]. 马克思主义理论学科研究，2017，3(01)：154-163.

[53] 石书臣. 同向同行：高校思想政治教育协同创新的课程着力点[J]. 思想理论教育，2017(07)：15-20.

[54] 习近平. 在哲学社会科学工作座谈会上的讲话[N]. 人民日报，2016-05-19.

[55] 潘懋元. 潘懋元高等教育学文集[M]. 汕头：汕头大学出版社，1997.

[56] 习近平. 把思想政治工作贯穿教育教学全过程开创我国高等教育事业发展新局面[N]. 人民日报，2016-12-09.

[57] 习近平. 思政课是落实立德树人根本任务的关键课程[J]. 求是，2020(17)：4-16.

[58] 习近平. 在教育文化卫生体育领域专家代表座谈会上的讲话[N]. 人民日报，2020-09-22.

[59] 杜尚泽. "'大思政'课我们要善用之"(微镜头·习近平总书记两会"下团组"·两会现场观察)[N]. 人民日报，2021-03-07.

[60] 习近平. 习近平在中国人民大学考察时的讲话[N]. 人民日报，2022-04-25.

[61] 中共中央、国务院印发关于加强和改进新形势下高校思想政治工作的意见[N]. 人民日报，2017-02-28.

[62] 陈根. 高校课程思政评价的原则、模式与方法[J]. 盐城工学院学报(社会科学版)，2021，34(05)：95-98.

[63] 陆道坤. 课程思政评价的设计与实施[J]. 思想理论教育，2021(03)：25-31.

[64] 段云华. 高校"课程思政"实效评价体系构建[J]. 湖北经济学院学报(人文社会科学版)，2021，18(11)：105-107.

[65] 常莉. 高等教育改革视域下课程思政理念论析[J]. 思想教育研究，2021(11)：114-118.

[66] 杜震宇，张美玲，乔芳. 理工科课程思政的教学评价原则、标准与操作策略[J]. 思想理论教育，2020(07)：70-74.

[67] 孙跃东，曹海艳，袁馨怡. 理工科课程思政教学评价指标体系构建研究[J]. 江苏大学学报(社会科学版)，2021，23(06)：77-88+112.

[68] 周松，邓淑华. 高校课程思政建设存在的问题及路径优化[J]. 学校党建与思想教育，2021(10)：58-60.

[69] 朱平. 高校课程思政的动力激励与质量评价[J]. 思想理论教育，2020(10)：23-27.

[70] 魏子秋，何雍祯. 基于 CIPP 模型构建课程思政评价体系：以"供应链管理"课程为例[J]. 河北科技大学学报(社会科学版)，2021，21(03)：76-81.

[71] 何花. 工科大学生课程思政实践研究[D]. 成都：电子科技大学，2021.

[72] 曹馨月. 新时代高校课程思政实现路径研究[D]. 锦州：辽宁工业大学，2021.

[73] 刘启营. 高校课程思政实施效能提升影响因素及路径[J]. 教育评论，2020(11)：106-109.

[74] 高帅. 立德树人视域下高校课程思政建设论析[J]. 学校党建与思想教育，2021(11)：30-32.

[75] 项波，吴仰祺，杨路萍. 高校课程思政建设的"四个维度"[J]. 黑龙江高教研究，2020，38(04)：152-155.

[76] 何玉海. 关于"课程思政"的本质内涵与实现路径的探索[J]. 思想理论教育导刊, 2019(10): 130-134.

[77] 邹智深, 邹明. 课程思政教学评价初探: 以《职业生涯发展与规划》课程为例[J]. 对外经贸, 2022, (01): 156-160.

[78] BOYDD. The legacies of liberalism and oppressive relations: facing a dilemma for the subject of moral education[J]. Journal of Moral Education, 2004(1): 3-22.

[79] ZHU X. Moral education and values education in curriculum reform in China[J]. Frontiers of Education in China, 2006, 1(2): 191-200.

[80] HAWKESN. Values and quality teaching at west kidlington primary school[M]. Values Education and Quality Teaching. Springer Netherlands, 2009: 8-40.

[81] RANDALLC, DORN C. Patriotic education in a global age: a briefintroduction[J]. Journal of Social Philosophy, 2021, 52(3).

[82] SUNJl. Study on ideological and political work in college from the perspective of moral education[J]. The Frontiers of Society, Science and Technology, 2020, 2(2).

[83] AIMINT. The authentic moral life and the development of life resources in moral education curriculum[J]. Curriculum Teaching Material& Method, 2007. 05.

[84] BANDINI J, MITCHELL C, EPSTEIN-PETERSON ZD, et al.Student and faculty reflections of the hidden curriculum[J]. American Journal of Hospice & Palliative Care. 2017. 02.

[85] 檀传宝. 当代东西方德育发展要览[M]. 北京: 人民教育出版社, 2013: 58.

[86] 杨佳. 习近平扶贫论述中的系统思维研究[D]. 扬州: 扬州大学, 2022.

[87] 黄宁花, 禹旭才. 系统思维视域下高校课程思政建设的价值意蕴、实践反思与优化路径[J]. 高校教育管理, 2022, 16(05): 106-115.

[88] 王珺楠, 郑博文, 张丽娟, 等. 基于系统思维和灰色关联法的新工科大学生创新能力评价体系构建[J]. 系统科学学报, 2023(02): 123-126.

[89] 周丏晓, 刘恩山. 系统化思维研究新进展及其在科学教育课程改革中的重要作用[J]. 生物学通报, 2018, 53(02): 13-17.

[90] 张晓乾. 初中数学教师教学准备状况研究[D]. 上海: 华东师范大学, 2017.

[91] 李雯婧. 基于地理核心素养的高中地理教学目标设计策略研究[D]. 延吉: 延边大学, 2022.

[92] 徐英俊, 曲艺. 教学设计: 原理与技术[M]. 北京: 教育科学出版社, 2011: 4.

[93] 顾明远. 教育大词典[M]. 上海: 上海教育出版社, 1990: 257.

[94] 李秉德. 教学论[M]. 北京: 人民教育出版社, 1991: 195.

[95] 浦珩. 改革考核模式, 增强教学效果: 以"概论"课为例, 论高校思政课考核模式的改革[J]. 课程教育研究, 2016(06): 35-36.

[96] 沈玉顺, 陈玉琨. 运用评价手段保障高校教学质量[J]. 中国地质大学学报(社会科学版), 2002(04): 50-53.

[97] 李如密. 现代教学原则体系新论[J]. 教育改革, 1997(02): 14-17.

[98] 姜广运. 浅谈教学反思的内容、策略及作用[J]. 教育探索，2010(10)：50-51.

[99] 李建敏. 教师评价对教学改进的影响研究[D]. 上海：上海师范大学，2020.

[100] 邓雪，李家铭，曾浩健，等. 层次分析法权重计算方法分析及其应用研究[J]. 数学的实践与认识，2012，42(07)：93-100.

[101] 王学俭，石岩. 新时代课程思政的内涵、特点、难点及应对策略[J]. 新疆师范大学学报(哲学社会科学版)，2020，41(02)：50-58.

[102] 朱梦洁. "课程思政"的探索与实践[D]. 上海：上海外国语大学，2019：2-6.

[103] 习近平. 习近平谈治国理政(第一卷)[M]. 北京：外文出版社，2014：249.

[104] 彭文波，吴霞，谭小莉. 获得感：概念、机制与统计测量[J]. 重庆师范大学学报(社会科学版)，2020(02)：92-100.